嶺 營 藏 版

영영장판과
영남의
출판문화

정재훈

현 경북대학교 사학과 부교수. 주요 저서로는 『조선전기 유교 정치사상 연구』 등이 있고, 주요 논문으로는 「19세기 조선의 출판문화 — 관찬서(官撰書)의 간행을 중심으로—」, 「18세기 연행과 정조(正祖)」 등이 있다.

김남기

현 안동대학교 한문학과 교수. 주요 역서로는 『關東十境』, 『華東書法』 등이 있고, 주요 논문으로는 「列聖御製에 실린 조선 국왕의 題畫詩 연구」, 「청송의 樓亭 漢詩 연구— 讚慶樓 · 秀孤亭 · 玉流亭 등을 중심으로」 등이 있다.

옥영정

현 한국학중앙연구원 인문학부 고문헌관리학전공 교수. 주요 저서로는 『목판의 행간에서 조선의 지식문화를 읽다』(공저), 『조선시대 책의 문화사』(공저), 『해외 한국본 고문헌자료의 탐색과 검토』(공저) 등이 있고, 주요 논문으로는 「새로 발견된 『朝鮮經國典』의 書誌學的 가치」, 「한글본 명니의궤의 서지적 분석」 등이 있다.

손계영

현 대구가톨릭대학교 도서관학과 조교수. 주요 저서로는 『목판의 행간에서 조선의 지식문화를 읽다』(공저) 등이 있고, 주요 논문으로는 「조선후기 책판의 간행공간에 관한 연구」, 「地方官과 先祖 文集 刊行」 등이 있다.

박 순

현 한국국학진흥원 기록유산센터 전문연구원. 주요 저서로는 『유교책판 — 나무에 수를 놓다』 등이 있고, 주요 논문으로는 「조선시대 목판의 구조연구」, 「경북지역 책판현황과 유교책판의 성격」 등이 있다.

박용찬

현 경북대학교 국어교육과 교수. 주요 저서로는 『해방기 시의 현실인식과 논리』, 『한국현대시의 정전과 매체』 등이 있고, 주요 논문으로는 「한국전쟁 전후 문학 매체의 현황과 성격 연구」, 「근대계몽기 대구의 문학장 형성과 우현서루」 등이 있다.

영영장판과 영남의 출판문화

찍은 날 2017년 12월 14일 • **펴낸 날** 2017년 12월 21일
지은이 정재훈·김남기·옥영정·손계영·박순·박용찬 • **펴낸이** 김상동 • **펴낸 곳** 경북대학교출판부
출판등록 1973년 10월 10일 ㉶97호 • **주소** 대구광역시 북구 대학로 80
전화 053-950-6741~3 • **팩스** 053-953-4692
이메일 press@knu.ac.kr • **홈페이지** http://knupress.com
ISBN 978-89-7180-475-9 93910

정가는 뒤표지에 있습니다. 파본은 바꾸어 드립니다.

嶺營藏版

영영장판과 영남의 출판문화

집필 — 정재훈 · 김남기 · 옥영정
손계영 · 박순 · 박용찬

기획 — 경상북도 · 경북대학교
영남문화연구원

경북대학교출판부

서문

'영영장판(嶺營藏版)'에서 영영(嶺營)은 곧 경상감영(慶尙監營)을 말하며, 장판(藏版)은 소장 판목을 가리킨다. 따라서 영영장판은 조선 시대에 경상감영에 소장되어 있던 목판을 말한다. 본 서는 영영장판을 통해 조선 시대 영남의 출판문화를 살피고, 나아가 근대 이후에 미친 영향을 검토하려는 생각에서 저술되었다.

인류의 역사에서 책은 지식의 전파와 새로운 문화 창조에 필수불가결한 존재로 인식되어 왔다. 특히 지금과 같은 기술의 발전이 이루어지지 않았던 시절 책의 가치는 지금 우리의 상상을 초월하는 것이었다. 우리나라에서도 마찬가지였다. 특히 조선 시대에는 책을 통한 지식의 전파와 그 영향이 이전의 어느 시대보다도 컸다. 이는 한편으로는 인쇄술의 발전에 힘입은 것이고, 다른 한편으로는 당대의 지식계층이 이전 시기보다 확대된 데 기인한 것이었다. 인쇄술의 경우 이미 고려 시대에『직지(直指)』로 대표되는 금속활자가 발명되었지만, 조선 시대에는 목판도 크게 기여하였다. 또 국가만이 아니라 사대부들 역시 성리학을 매개로 지식 확산에 주체적 역할을 수행하였다.

조선 시대 초기에는 대체로 중앙 정부가 앞장서 출판을 주도하였다. 다른 부문에서도 그러하였겠지만 특히 출판에 요구되는 고도의 전문성,

막대한 비용이나 물력을 개인이 감당하기에는 역부족이었기 때문이다. 중앙 정부는 우선 금속활자로 중요한 책을 간행하였다. 그러나 금속활자로 책을 간행하는 데는 한계가 있었다. 한 번 인쇄를 하고 나면 자판이 흐트러지는 등 대량출판에는 적합하지 않았기 때문이다. 그래서 지방의 감영들은 중앙 정부에서 간행한 금속활자본의 서적을 모본으로 삼아 목판본을 제작·확산시켰다. 목판은 활자본에 비해 제작하기 어려웠지만, 한번 만들고 나면 이를 이용해 책을 대량으로 간행할 수 있다는 장점이 있었다. 이로 인해 지방 감영은 출판의 중추 역할을 수행하게 되었고, 나아가 지역 출판문화의 중심이 된 것이다. 이러한 역할은 조선 시대에만 국한되지 않았는데, 대구의 경우 근대에 와서도 문학과 잡지 출판의 메카가 될 정도로 출판의 중심지 역할을 수행하였다.

그럼에도 불구하고 당시 대구 경상감영에 소장되어 있던 목판은 지금에 와서는 찾아보기 어렵게 되었다. 이 중 일부가 서울대학교 규장각한국학연구원에 소장되어 있을 뿐, 그 전모는 아직 다 확인되지 않고 있다. 이에 영영장판과 그 판본 연구를 통해 조선 시대 경상도의 출판문화를 우선적으로 조사·정리할 필요성이 제기되었고, 2016년 경상북도가 경북대학교 영남문화연구원에 관련 연구를 의뢰하였다. 본 서는 그 결과물이다.

지방자치제가 도입된 지 20여 년이 지났지만 현실은 시간이 갈수록 정치·경제·사회·문화 등 모든 면에서 중앙 집중 현상이 심화되는 모순에 빠져 있다. 조선 시대 출판문화에 대한 탐색이 이러한 문제 상황에 대한 해답을 모두 제시할 수는 없을 것이다. 그러나 이 시대 중앙과 지방이 출판을 매개로 활발하게 교류·소통한 점, 지방 감영이 지역 출판문화의 거점으로 기능한 점 등은 지금의 독자들도 다시 한 번 되새길 만한 부분이라 할 수 있다.

경제적으로 발전하여 부국이 되는 것만으로는 선진국이라 할 수 없다. 궁극적으로 사람을 사람답게 하는 문화가 발전할 때 진정한 선진국이 될 수 있을 것이다. 이제 우리는 우리 주변의 문화를 차분하게 발견하고 키워 나가 정착시킬 때라고 생각한다. 예나 지금이나 책과 출판은 문화의 중심에 있다. 지역의 책과 출판이 살아나면 대구와 경북 지역, 나아가 우리나라의 지역문화도 살아날 것이다. 이 책이 그런 원대한 목표에 조금이나마 기여할 수 있기를 희망한다. 아울러 지역문화 활성화 노력에 물꼬를 틔워 준 경상북도청에도 감사의 마음을 전한다.

2017년 11월

필자를 대표하여 정재훈 씀

제1장

조선 시대 지방 감영의 출판문화

_정재훈

1. 머리말

전통 시대에나 지금이나 책은 지식과 문화를 담고 있는 가장 중요한 그릇이다. 서적의 가치나 중요성은 인쇄술이 발달한 지금보다 기술적 수준이 낮았던 전통 시대에 오히려 더욱 높았다고 볼 수 있다. 한 사회의 지적 수준이나 사회·문화적 역량을 집약적으로 압축하고 있는 서적은 이를 통해 당대 사회를 조명할 수 있다는 점에서 매우 소중하게 다루어야 할 소재이기도 하다.

이 글에서는 조선 시대에 지방 감영에서 이루어진 출판과 그를 둘러싼 문화를 살피고자 한다. 조선 시대 지방에서의 출판문화를 이해하기에 앞서 조선 시대의 출판문화 전반에 대해 먼저 이해하여야 지방, 특히 감영에서의 출판문화를 이해할 수 있다.

조선은 그 이전 시대와 비교하여, 혹은 동 시기의 다른 나라와 비교하여 볼 때 서책을 출판하는 문화가 그 어느 시기, 어느 지역보다도 활발하였던 특징이 있다. 이는 여러 가지 측면에서 그 원인을 들 수 있을 것이다. 우선 전통적으로 금속활자를 일찍부터 활용하여 인쇄 간행하였던 출판의 전통이 있었기에 수준 높은 인쇄기술이 뒷받침되었던 것이 중요한 배경이 될 수 있다. 서양의 금속활자보다 200년이나 앞서 최초의 금속활자를 만든 것, 현존하는 간행본만으로 보아도 구텐베르크보다 78년이나 앞서 『직지심체요절』을 만든 것이 그러한 예이다.

그뿐만 아니라 조선은 유학, 특히 성리학을 이념으로 삼았던 나라이기에 성리학 지식으로 국가 운영의 방편을 삼으려는 경향이 그 어느 때보다 강하였다. 성리학 관련 서적은 비단 철학이나 경학 같은 원론적이고 원칙적인 방면만이 아니라 국가 운영의 실질적인 측면을 반영하는 지식 분야에도 다양하게 걸쳐 있었다. 따라서 국가 운영을 위해서는 정치, 법, 경제, 사회, 교화, 문화 등 다양한 분야에서 이를 내용으로 담고 있는 서적을 간행할 필요가 있었고, 실제로 이를 적극적으로 활용하였던 것이 조선 시대 출판문화의 현실이었다. 다른 어느 시기, 어느 지역보다 조선에서 출판문화의 활동이 활발하였던 이유이다.

그래서 조선 초기에는 세계에서 그 유례를 찾기 힘들 정도로 활자인쇄가 고도로 발달하였다. 그 결과 갑인자(甲寅字)와 같은 정교하고 아름다운 활자본 등이 다양하게 생산되어 많은 서적을 인쇄할 수 있었다. 물론 조선 초기부터 출판이 모두 활자인쇄로 이루어진 것은 아니었다. 활자인쇄는 인쇄 가능 부수의 한계가 있었기 때문에, 1403년(태종 3) 주자(鑄字) 인쇄가 시작된 이후에도 수요가 많은 서적은 목판본을 통해 공급되었다. 따라서 조선 초부터 중앙에서는 활자인쇄와 함께 목판본을 통한 출판이 활발하게 이루어졌다.

중앙에서의 목판인쇄는 교서관(校書館)이나 전교서(典校署), 또는 주자소(鑄字所)가 담당하였다. 또한 특정 분야의 전적은 관련되는 관청에서 직접 간인(刊印)하기도 하였다. 관상감이나 사역원, 춘방, 종부시, 내의원, 군기시, 성균관 등이 이에 해당하는 관청이다.

다만 중앙에서 많은 서적을 간행하였음에도 불구하고, 서적의 수요를 모두 감당할 수 없었기에 지방에서의 출판은 불가피하였다. 1427년(세종 9)에 명에서 들여온 『성리대전(性理大全)』을 경상도에서 번각(飜刻)하여 목판본으로 간행한 것이 대표적인 사례이다. 그다음 해에는 강원도에서 『사서대전(四書大全)』, 경상도에서 『오경대전(五經大全)』 가운데 『주역·서대전(周易書大全)』과 『춘추대전(春秋大全)』의 일부가 각각 번각의 목판본으로 판각되었다.

이처럼 지방관서에서의 목판인쇄는 세종 대 이후 점차 활발해졌다. 『고사촬요(故事撮要)』에 따르면 조선 초부터 조선 중기의 선조 연간까지 팔도의 지방에서 만들어진 책판이 980종으로 알려져 있다.

이와 같이 활발하게 판각되었던 목판은 대략 다음의 몇 가지 범주로 구분하여 볼 수 있다.

첫 번째는 통치이념과 관련된 서적인 경서(經書)이다. 조선 시대의 경우 통치이념은 유학, 곧 성리학이었으므로 통치이념서 역시 유가경전과 성리학서였다. 이에 해당하는 대표적인 책은 『대학(大學)』·『논어(論語)』·『맹자(孟子)』·『중용(中庸)』의 사서(四書)와 『시경』·『서경』·『주역』의 삼경(三經) 및 『근사록』, 『주자어류』, 『주자대전』, 『성리대전』 등이다. 이들 서적은 주자성리학의 기본 이념을 습득할 수 있는 책이므로 주로 관청이나 향교, 서원 등에 두어 두루 볼 수 있게 하였다. 이와 같은 서적들은 과거시험 공부에도 기본적으로 필요한 서적이었다.

두 번째는 통치이념과 관련되는 서적 가운데 사서(史書)를 들 수 있다. 조선 시대에는 경경위사(經經緯史)라고 할 만큼 사서(史書)를 경전(經傳) 못지않게 중시하였다. 따라서 사서(史書) 역시 주요한 출판 대상이었다. 사서로 많이 읽힌 책으로는 『강목』, 『통감절요(通鑑節要)』, 『십구사략(十九史略)』 등의 중국사서와 『동국통감(東國通鑑)』 등의 한국사서가 대표적이다.

세 번째는 통치이념과 관련되는 책 가운데 정치와 관련된 서적들이다. 『국조오례의(國朝五禮儀)』나 『국조속오례의(國朝續五禮儀)』, 『국조상례보편(國朝喪禮補編)』과 같은 의례서, 『대명률(大明律)』이나 『경국대전(經國大典)』, 『수교집록(受教輯錄)』과 같은 법령서, 『천의소감(闡義昭鑑)』, 『명의록(明義錄)』과 같은 의리서(義理書) 등 정교(政教)와 관련된 서적들은 통치이념을 보다 상세하면서도 다양하게 풀어내는 기능을 감당하였다.

네 번째는 통치이념을 백성들에게 보다 상세하게 전파하고, 교화하는 것과 관련된 서적을 들 수 있다. 일명 교화서(敎化書)로 불리는 책들로서 『삼강행실도(三綱行實圖)』, 『이륜행실도(二倫行實圖)』 등의 행실도류 서적, 『소학』, 『격몽요결(擊蒙要訣)』과 같은 아동교육서, 『내훈(內訓)』, 『송명신언행록(宋名臣言行錄)』, 『주자경재잠(朱子敬齋箴)』 등의 서적이 이에 해당한다.

다섯 번째는 실생활과 밀접한 관련이 있는 의학이나 농업 등 산업에 관련된 책들이다. 『두과휘편(痘科彙編)』, 『두창회통(痘瘡會通)』, 『동의보감(東醫寶鑑)』과 같은 의학서, 『사시찬요(四時纂要)』와 같은 농서(農書), 『병학지남(兵學指南)』과 같은 병서(兵書) 등이 이에 해당한다.

여섯 번째는 개인의 문집이다. 이에 해당하는 책으로는 『삼봉집(三峯集)』, 『정암집(靜菴集)』, 『퇴계집(退溪集)』, 『월사집(月沙集)』, 『남계집(南溪集)』 등을 들 수 있다.

이러한 다양한 내용의 책들이 목판으로 제작된 것은 목판이 가지고 있었던 대량 출판의 가능성 때문이었다. 금속활자로는 제한된 부수만을 출판할 수 있었던 것에 비해 목판본을 이용하면 많은 양의 서적을 간인해 국가 통치에 활용하거나 백성 교화 및 실생활에 쓸 수 있었기에 목판본이 지속적으로 만들어질 수 있었다.

2. 지방 감영과 출판문화

조선 시대에 지방의 감영은 지방 통치의 중심지였으며, 출판문화 측면에서도 각 지방의 거점으로서의 역할을 하였다. 그러나 지방에서의 출판이 각 지역의 판단대로 이루어진 것은 아니다. 예를 들어 세종은 지방에서의 출판에 대해 다음과 같이 경계하였다. 세종은

> 예조에 전지하기를, "각 도의 감사들이 제 마음대로 서책을 간행하고, 혹은 다른 도에서 이미 간행한 글을 간행하기도 하고, 혹은 긴요하지 않은 글을 간행하면서 한갓 재력(財力)만 허비하게 되니 실로 불편한 일이다. 지금부터 반드시 계문(啓聞)하고 간행하게 하라." 하였다.[1]

1 『세종실록』 권57, 세종 14년 8월 3일(기축).

라고 하여 각 지방의 감사들이 자의적으로 출판하게 됨에 따른 중복 출판 등의 문제점을 지적하고, 중앙에서 출판을 통제하려 하였다. 물론 이후에 이러한 세종의 생각이 모두 그대로 실현되지는 않았다. 각 도에서 관찰사들이 자율적으로 추진하던 서적의 출간을 모두 제어할 수는 없었다.

이와 같이 지방 감영에서의 출판은 대체로 두 종류로 나뉘었다. 왕명에 의해 시작되는 경우와 감영에서 독자적으로 추진하는 경우였다. 물론 지방에서의 출판은 비단 감영에서만 이루어졌던 것은 아니다. 군현에서의 간행이나 향교 및 서원에서의 간행, 사찰에서의 간행, 문중이나 개인의 사간본 등도 있었다. 그렇지만 감영에서의 출판본이 가장 중심이 되었던 것이다.

감영에서 왕명에 의해 공적으로 책을 간행하는 경우는 주로 국가의 필요에 의한 책을 출판하는 경우였다. 예를 들어 국왕이 주체가 되어 편찬에 관여한 어정(御定)이나 어찬(御撰)의 책, 법령 관련 서적, 또는 국가의 필요에 따라 각 도에 나누어 간행하도록 명령한 책이다. 어정이나 어찬의 예로는 『양한사명(兩漢詞命)』, 『어제운한편(御製雲漢編)』, 『주서백선(朱書百選)』, 『사기영선(史記英選)』 등이 있다. 법령에 관한 책으로는 『대전통편(大典通編)』, 『수교집록』, 『육전조례(六典條例)』, 『흠휼전칙(欽恤典則)』 등이 있었다.

또 국가에서 정교를 펴는 데 필요한 서적으로서 각 도에 명해 간행한 책으로는 『대학』·『논어』·『맹자』·『중용』의 사서(四書), 『주자어류대전(朱子語類大全)』, 『명의록』, 『천의소감』 등이 있었다. 이 밖에 민생에 도움이 되는 『두창회통』과 같은 의학서, 『천자문(千字文)』, 『격몽요결』, 『당송팔대가문초(唐宋八大家文抄)』와 같은 교육서 등이 포함되었다.

여기에 더해 감영이 주체가 되어 간행하기는 하지만 감사 개인과 관련하여 간행한 책들도 있었다. 족보나 문집이 이에 해당하는데, 이러한 책들은 감사와 혈연이나 지연, 또는 학연으로 연결되어 있는 인물에 관한 것이 다수였다. 이러한 책들은 대체로 목판으로 제작되고, 감영 인근의 사찰이 목판을 보관하여 관리하였다. 이는 판각에 필요한 목재를 공급하거나 판각할 때 승려 등을 동원하였기 때문일 수도 있으나, 사적 인연에 의한 출판이라는 한계도 작용한 것으로 보인다.

특히 문집의 경우 조선 초기에는 여말선초에 살았던 유명한 인물 중 극소수의 작품만이 간행 대상이 되었으며, 그들의 후손이나 왕명에 의해 문집으로 간행되었다. 이때 문집을 간행하는 주체는 대체로 후손들이 많았지만, 간접적인 왕명으로 이루어지는 경우도 적지 않았다. 이러한 방식은 성종 대에 저자의 유교를 편집하도록 명하여 왕이 을람(乙覽)한 뒤 교서관에서 간행하도록 하는 적극적인 방식으로 바뀌었다. 당연히 문집의 간행대상이 된 저자의 후손들은 이를 큰 영광으로 받아들였다.

이후 16세기 들어 사림 세력이 역사적으로 부각되면서 문집 간행의 대상이 되는 인물들이 급격하게 늘어났고, 명현(名賢)의 문집을 국가 주도로 교서관에서 간행, 배포하는 것은 곧 한계에 도달하였다. 이에 자연스럽게 문집 간행의 주체가 중앙에서 지방으로 바뀌게 되었다. 여기에는 지방의 물적 자원과 인력이 중앙보다 풍부하다는 점도 고려되었을 것이다. 이는 결과적으로 감영이 문집을 간행하는 중심의 역할을 수행하게 되는 배경이 되었다. 명현의 문장을 보존하려는 공적인 목적과 개인으로서의 지방관이 관련 인물의

유고(遺稿)를 보존하려는 사적인 목적이 결합되어 감사가 주도하는 문집의 간행이 관행화되었던 것이다.[2]

지방에서의 문집 간행에는 관찰사뿐만 아니라 군수나 현령에 이르기까지 다양한 지위의 지방관들이 간여할 수 있었다. 하지만 일반적으로 관찰사인 감사가 출판에 대한 절대적인 권한을 가지고 있었고, 감영이 아닌 곳에서 출판하도록 의뢰할 수도 있었다. 곧 감사는 책판과 종이, 먹 등의 물적 지원과 각수, 서수 등의 인적 지원을 받아 감영에서 직접 문집을 간행할 수도 있었고, 도내의 하위 지방관인 수령에게 간행을 주선하는 등 간접적인 방법을 택할 수도 있었던 것이다. 이러한 이유 때문에 문집 간행은 감사의 체직 등으로 중단되기도 하고, 기간행된 문집의 목판이 감영이 아닌 사찰이나 개인의 근거지로 옮겨지기도 하는 등 사적인 성격도 지녔다.

감영에서의 관판본(官版本) 출판에서 간인(刊印) 방식은 목판 판각과 활자 간인으로 나눌 수 있다. 목판 판각은 다시 관서의 독자적인 판각과 중앙 반사본(頒賜本)의 번각으로 나눌 수 있고, 활자 간인은 관서(官署) 활자에 의한 인행(印行)과 민간 활자에 의한 인행으로 구분할 수 있다. 그러나 지방에서의 활자 간인은 그 사례가 매우 적다. 경상감영에서 활자로 간인한 경우도 거의 확인되지 않는다. 다만 19세기 후반 경상감영 영리청(營吏廳)에 목활자 41,061자를 비치하였다는 기록이 있는데, 이로 미루어 볼 때 일부는 목활자에 의해 간행되었다고 상정해 볼 수 있다.[3]

---

2 손계영, 「조선 시대 監營의 문집간행과 그 배경 연구」, 『인쇄술과 역사발전』, 청주고인쇄박물관, 2012.

3 『한국의 책판목록』(정형우 · 윤병태 공편), 보경문화사, 1995, 1187쪽.

감영에서 목판본을 독자적으로 판각하는 경우는 판각, 간행하여 중앙에 올리는 경우와 경상도에 나누어 주기 위해 간행하는 경우가 있었다. 전자의 경우 중앙에 필요한 책을 각 도에서 나누어 판각하거나 혹은 경상도 한 도에서 판각하여 올렸다. 후자의 경우 대체로 유교를 높이는 정책이나 지방민에 대한 교육을 장려하는 목적으로 간행한 것이 많았다. 경상도의 경우 『사서삼경대전(四書三經大全)』이나 역사서 등이 이러한 목적으로 판각되었다. 번각 또한 경상도의 경우 중앙에서 영영(嶺營)으로 하여금 번각하게 한 『사서삼경대전』이 대부분이며, 그 가운데서도 시기적으로는 영조·순조 대에 판각된 것이 대종을 이루었다. 활자본의 번각은 을해자, 갑진자, 무신자, 임진자, 정유자 등 다양한 번각본이 판각되었다.

간행의 방법은 감영 자체에서 전적으로 간역(刊役)을 담당한 경우가 대부분이며, 다른 읍에 나누어 간행하는 경우도 있었다. 조선 전기의 경우 주로 경상감사가 돌아다니는 행영(行營)의 형태였기에 간행 또한 한 곳에서만 이루어진 것이 아니라 도내의 여러 곳에서 이루어졌다. 이뿐만 아니라 감사의 간행 요청을 수용한 해당 군현의 수령이 간행에 참여한 경우도 있었다. 예를 들어 세종 15년(1431) 8월 25일에 경상감사가 새로 간행한 『송양휘산법(宋楊輝算法)』 100건을 올렸는데, 이 책은 그해 1월 경주부에서 간행한 것이었다. 이 외에도 『삼국사기(三國史記)』(경주, 1393), 『송명신언행록』(청도, 1501), 『성리대전서절요(性理大全書節要)』(청도, 1546), 『입학도설(入學圖說)』(영주, 1547) 등 경주, 청도, 영주 등에서 간행한 경우도 있었다.

그러나 조선 후기, 대체로 17세기 이후 한 지역에 감영이 정착하는 유영(留營)의 형태가 되면서 감영이 주체가 되어 이루어지는 출판은 아예 해당 지역의 감영을 표기하는 방식으로 바뀌어 간행되었다. 영남의 경우 '영영판(嶺營板)'으로 목판에 표기되었으며, 호남은 '완영판(完營板)', 경기는 '기영판(畿營板)' 등으로 표기한 것이 그 예이다.

각 지방 감영의 인쇄출판 활동을 살펴보자. 평안도의 기영(箕營)에는 기존 조사에 따르면 104종의 책판이 있었으며, 그 가운데 경부(經部)는 27종, 사부(史部)는 22종, 자부(子部)는 39종, 집부(集部)는 16종이었다. 전존본(傳存本)의 경우 대체적으로 병가류(兵家類), 별집류(別集類), 지리류(地理類)의 책이 많이 간행되었다.[4] 충청도에서는 충주와 공주, 청주의 감영에서 모두 125종의 도서가 간행되었는데, 경부 21종, 사부 14종, 자부 39종, 집부 51종이었다.[5]

경상감영의 경우 목판의 간행본을 기준으로 현재까지 233종이 확인되는데, 경부 62종, 사부 75종, 자부 23종, 집부 74종이다.[6] 이 간본의 특징을 보면, 사서삼경은 총 종수가 14종으로 제한적이지만 실제로는 44종이 간행되어 매우 활발하게 간행된 것을 알 수 있다. 이를 포함하여 경서나 사서(史書), 예서(禮書), 유가류(儒家類), 유서류(類書類) 등 모두 111종이 경서와 유가류 관련 서적이다. 이를 통해 경상감영 간행본은 다른 지방에 비해 종수로 보나 비율로 보나 유학의 비중이 높음을 알 수 있게 해준다.

정교류(政敎類) 23종은 중앙에서의 요청에 의해 간행한 교화 관련 자료가 대부분이다. 시문류(詩文類) 17종은 두보 시를 포함한 당송

---

4 남권희, 「《三五庫重記》로 본 箕營의 出版文化」, 『조선 시대 지방 감영의 인쇄출판 활동』, 휴먼컬처아리랑, 2009 참조.

5 김성수, 「忠淸監營의 刊行圖書에 관한 분석」, 『조선 시대 지방 감영의 인쇄출판 활동』, 휴먼컬처아리랑, 2009 참조.

6 장인진, 「경상감영의 인쇄문화가 지역 출판에 끼친 영향」, 『한문학연구』 17, 2003, 245쪽.

의 시문이나 가사집을 중시하고 있으며, 『용비어천가(龍飛御天歌)』, 『두공부시언해(杜工部詩諺解)』 등 귀중서를 포함하고 있다. 이 밖에도 의서(醫書)나 병서, 농서 등 실용 분야의 도서도 17종이나 간행되었다. 문집은 57종이 간행되었는데, 이는 다른 감영에 비해 많은 수이다. 이 밖에 족보 2종, 실기(實記) 2종, 방목(榜目) 4종 등도 포함되는데, 대체로 감사 개인과 관련된 것이 다수이다. 간행 시기는 17세기 23종, 18세기 82종, 19세기 56종, 미상 76종으로 18세기와 19세기의 비중이 높다.

전라감영에서 간행한 도서는 정확한 총수가 확인되고 있지 않지만 대체로 유가류와 별집류가 높은 비중을 차지하는 것을 확인할 수 있다.[7] 시기적으로는 조선 후기에 간행된 것이 많지만 주제별로 구분해 보면 오히려 조선 전기에 다양한 분야의 책들이 간행되었다고 할 수 있다. 조선 전·후기를 통틀어 유가류와 별집류의 비중이 높았다. 전기의 경우 농가류와 의가류(醫家類)의 간행 비중이 높은 점이 특징이다. 판종으로 보면 대체로 목판본의 비중이 높아 주종을 이루었다. 목판본 가운데 번각본이 많은 것은 중앙의 금속활자본을 번각한 것이기 때문이다. 번각본은 조선 전기의 원본(元本)이나 명본(明本)의 중국본을 번각한 것, 목활자본, 금속활자본의 번각본(초주갑인자번각본 『고금역대십구사략』) 등이 있으며, 그 외의 번각본은 을해자본의 번각본이 많다. 조선 후기에는 전기와 마찬가지로 유가류와 별집류의 비중이 높지만 이 외에도 예류와 정법류, 소학류, 잡사류, 조령·주의류(詔令·奏議類), 전기류(傳記類) 등에서 간행의 건수가 많아졌다. 조

7　옥영정, 「조선 시대 完營의 인쇄문화에 대한 고찰」, 『서지학연구』 50, 2011 참조.

선 후기의 판종은 전기에 비해 다양한 양상을 보인다. 목판본의 비중이 여전히 높지만, 그 외에도 정리자본 『향례합편(鄕禮合編)』의 금속활자번각본, 『동의보감』의 목활자번각본, 『명의록언해(明義錄諺解)』의 목판본번각본, 목활자본이 있다.

강원감영이 있던 원주에서는 조선 전·후기를 통틀어 대체로 55종의 간행서적이 확인되는데, 간행 시기가 영·정조 대에 집중되는 현상을 볼 수 있다. 목판본이 대부분이며 조선 후기에 문집이나 족보가 많았던 점은 다른 지역과 공통된 특징이다.[8] 주제별로 구분해 보면 조선 전기에 간행된 서적은 왕명의 수행(5종), 조상의 문집 간행(4종), 학문의 전파(2종), 불경의 간행(2종)으로 구분할 수 있다.

조선 후기의 목판인쇄는 왕명에 의해 강원도 감영에서 판각을 수행한 것이 13종이며, 대체로 영조와 정조 시기에 만들어졌다. 이는 상대적으로 출판활동이 미약했던 강원도에서도 영·정조 시기 출판활동이 활발하였다는 점을 보여 준다. 나머지 8종은 선조의 문집이나 족보를 간행한 경우인데, 원주와 관련이 있는 것은 한백겸의 『구암유고(久菴遺稿)』(1643)와 『용인이씨족보』(1723)이다. 그 외에는 원주와 관련 없이 강원감사로 부임한 인연으로 만들어진 문집 5종, 저술 1종이 있다. 한편 목활자인쇄로 된 족보 3종도 특징적이라고 할 수 있다.

함경감영인 함영(咸營)의 경우 책판목록에 수록된 서적 97종은 경부 22종, 사부 19종, 자부 38종, 집부 18종이다. 15세기 1종, 16세기 2종, 17세기 16종, 18세기 22종이 간행되었다. 국왕으로 구분해 보면 영

---

8 최경훈, 「조선 시대 原州지역의 인쇄문화연구」, 『조선 시대 지방 감영의 인쇄출판 활동』, 휴먼컬처아리랑, 2009 참조.

조, 숙종, 광해군의 순으로 많이 간행되었다. 특히 함영에서는 영조 대에 유교 경전의 간행이 많았고, 전존본의 경우에도 17세기 후반에서 18세기까지 무사층 양성이나 군사훈련에 필요한 병서류 서적보다 유학 관련 서적이 많이 간행된 것으로 나타난다.[9] 이는 17세기 이후 함영에서 중앙으로 인재를 진출시키고자 했던 의도가 반영된 것으로 추정된다.

함영에서도 선조나 스승의 문집 간행이 이루어졌고, 유생 및 도민(道民)의 교육을 위한 사서(四書)·유학서(儒學書)·운서(韻書), 지방민의 통치를 위한 법률서·지리서, 국토 방어를 위한 군사훈련과 병법에 관한 병서, 관혼상제와 같은 일상생활의 편의를 위한 의례서, 질병 치료를 위한 의학서 등이 주로 간행되었다.

이상과 같이 몇 개의 감영을 중심으로 감영 간행본의 특징을 살펴보았다. 감영에서의 출판 방식은 대체로 목판인쇄가 주를 이루었고, 간행은 신간(新刊)이나 중간(重刊), 개간(改刊), 복각(復刻), 보각(補刻) 등이 있었으며, 전담 간행하는 것이 많았다.

3. 경상감영과 영영장판

조선 시대에는 전국을 8도 체제로 나누어 지방을 운영하였다. 그 가운데 경상도는 다른 도에 비해 땅은 넓고 인구는 조밀하다는 특징이 있었다. 중앙정부에서도 경상도를 '인재(人才)의 부고(府庫)', '국가 재부(財富)의 원천'이라 표현할 정도로 경상도를 다른 도에 비해

9 최우경, 「조선 시대 함영(咸營)의 서적 간행에 관한 연구」, 『조선 시대 지방 감영의 인쇄출판 활동』, 휴먼컬처아리랑, 2009 참조.

각별하게 인식하였음을 살필 수 있다.

경상도의 지세는 경상도를 영남(嶺南)이라고 일컫는 데서 대강 짐작할 수 있다. 여기에서 영(嶺)은 높은 산의 준령(峻嶺)을 뜻하는데, 태백산, 소백산, 속리산, 덕유산, 지리산에 있는 죽령, 조령, 추풍령, 육십현, 팔양치 등의 고개를 말한다. 그 가운데서도 특히 죽령과 조령 이남 지역을 가리킨다. 그리고 다른 도에 있는 강이 여러 도를 거치는 것에 비해 도내의 한가운데를 관통하는 강으로 낙동강이 있다. 이러한 산과 고개 사이로, 또 낙동강의 본류와 지류의 유역을 따라 수많은 분지(盆地)형 마을들이 위치하였던 것이 경상도의 지형적 특징이다.

조선 시대에는 지방에 대해 군현 단위를 기초로 설정하여 통치를 수행하였다. 다만 군현 단위의 지방 행정은 8도의 책임자인 관찰사에 의해 감독되고 조정되었다. 이러한 체제는 현재의 시·도-구·군의 체계와 유사하기는 하지만 현재에 비해 중앙집권적 경향이 높았고, 군현에 대해 감독 기능이 주로 행사되었다는 점에서 차이도 적지 않았다.

특히 조선 전기에는 관찰사가 한 곳에 머물지 않고 도내의 각 지역을 순행하는 행영의 형태로 운영되어, 관찰사가 한 곳에 머무는 유영의 체제와는 크게 달랐다. 태종 때 8도 체제가 성립되었고, 경상도에서는 조선 초 경주에 감영이 있다가 태종 말 세종 초에 상주로 옮겨 임진왜란 때까지 유지되었다. 경상도 지방 행정의 중심이었던 경상감영을 중심으로 관찰사는 군현 수령의 업무를 파악하고 일상적으로 평가하였으며, 때로는 군현 단위에서 행하는 국가의 부세(賦稅) 수취나 군정(軍政) 등의 일을 조정하기도 하였다.

조선 전기에는 낙동강을 중심으로 경상도를 동서로 나누어 좌도와 우도로 구분하기도 하였지만, 선조 대에 이덕형의 건의에 따라 대구에 감영을 두었고 이후 대구는 경상감영의 소재지가 되었다. 행영 체제 당시의 감영은 도의 행정을 총괄하여 수행하는 중심지였기에 상징적 대표 읍으로서의 성격이 강했다. 감영이 설치된 읍은 감사가 순력(巡歷)을 시작하거나 휴식하는 곳이면서 동시에 도내의 각종 문서를 보관하는 곳이기도 했다.

그러나 대구에 감영이 옮겨지면서 관찰사가 한 곳에 머무는 유영의 체제가 되었고, 이는 이전과 달리 감영의 인원과 업무가 확대되는 것을 의미하였다. 정 3품의 중군(中軍)인 새로운 막료가 신설되었고, 이에 따라 군관 및 각종 장교, 병사가 대폭 증강되었다. 또 화원현이나 풍각현이 감영 소속의 읍으로 편입되었고, 예산도 확장되었다. 이렇게 대구를 중심으로 감영이 안정되고 확대될 수 있었던 데에는 대구가 경상도의 한가운데에 위치하며, 교통의 중심지라는 점이 고려되었다. 또 대구 주변의 농업이 발전하면서 이를 기반으로 한 시장이 증대한 점, 즉 대구의 성장도 밑받침이 되었다.[10]

조선 후기에는 경재소의 혁파로 향청이 수령에게 장악되고, 감사와 수령으로 이어지는 관권이 강화되면서 감영을 중심으로 한 지방 행정이 더욱 강화되었다. 대구의 감영을 중심으로 인구와 물산이 집결되면서 대구는 점차 도시화되었으며, 근대 도시로 발전할 수 있는 토대를 갖추게 되었다.

영영장판은 경상감영에서 만들어 소장하던 목판이다. 이에 대해

10 김무진, 「조선 후기 경상감영에 대한 연구」, 『學林』 36, 2015, 133~134쪽.

서는 우선 기록상으로 남아 있는 목판본을 살펴보고, 다시 이를 바탕으로 간행하였던 목판 간행본의 서적을 가늠하여 보겠다.

기록상으로 남아 있는 목판본인 책판에 관해서는 여러 가지 기록을 통해 확인할 수 있다. 경상감영에서 소장하고 있던 책판은 『경상도각읍소재책판(慶尙道各邑所在冊版: 大邱營上)』, 『서책목록(書冊目錄: 營上)』, 『영호열읍소재책판목록(嶺湖列邑所在冊版目錄: 大邱)』, 『누판고(鏤板考: 嶺營藏板)』, 『책판록(冊版錄: 大邱營上)』 등을 참조하면 대체로 19세기 말 경상감영이 68종, 대구가 33종의 책판을 소장하고 관리하였음을 확인할 수 있다.[11] 그 가운데 대구부의 일부 책판은 대구 지역의 외곽에 위치한 사찰인 동화사(桐華寺)나 용천사(龍泉寺), 용연사(龍淵寺) 등에서 관리되기도 하였다. 19세기의 소장 상황을 보여 주는 책판 목록을 정리하면 〔표 1〕과 같다.

이러한 책판은 물론 경상감영이 소장하였던 목판의 책판을 모두 보여 주는 것은 아니다. 다만 경상감영 소장 목판의 특징은 경서와 사서(史書), 유가류의 책들이 주를 이루었음을 확인할 수 있다.

이러한 점은 현재 규장각에 남아 있는 규장각의 목판에서도 확인된다. 현재 규장각에 소장되어 있는 영영장판의 목판은 주로 무신자(戊申字) 또는 정유자(丁酉字) 등의 금속활자본을 번각한 책판으로 추정된다. 규장각에는 현재 책판이 전체 104종 17,821장 소장되어 있는데, 그 가운데 17종 4,139장이 영영장판이다.[12]

---

11 남권희, 「경상감영 간행본과 낙육재 소장도서 분석」, 『경상감영의 종합적 연구』, 2004, 288쪽 참조.

12 김남기, 「규장각 소장 嶺營藏版의 현황과 성격」(본 서 2장 게재) 참조. 종래 영영장판으로 알려졌던 임전(任錪, 1560~1611)의 문집인 『명고집(鳴皐集)』의 경우 김남기의 고증에 따르면 영변부장판(寧邊府藏版)으로 포함시켜야 하며, 1704년 대구감영에서 목판본으로 간행한 초간본은 일실된 것으로 추정하였다. 본 서에서는 이를 따라 종래에 알려진 18종보다 1종 적은 17종으로 규장각 소장의 경상감영 목판인 영영장판의 범위를 규정하였다.

표 1 19세기 경상감영 소장 책판

책판목록명	시기	소장 책판 서명	비고
『장판고(藏板考)』	19세기 중반	『강의소학(講義小學)』, 『양한사명』, 『한서(漢書)』, 『절작통편(節酌通編)』, 『당감(唐鑑)』, 『주자경재감』, 『여사제강(麗史提綱)』, 『육례의집(六禮疑輯)』, 『온공서의(溫公書儀)』, 『종덕신편구해(種德新編具解)』, 『주서요류(朱書要類)』, 『반계수록(磻溪隧錄)』	
『서책목록(書冊目錄)』	1870년대	『종덕신편(種德新編)』, 『종덕신편언해(種德新編諺解)』, 『동국통감』, 『성학십도(聖學十圖)』, 『논어언해(論語諺解)』, 『통감(通鑑)』, 『주서요류』, 『강목』, 『여사제강』, 『만병회춘(萬病回春)』	
『세자시강원책역소일기(世子侍講院册役所日記)』	1880년대	『예기(禮記)』, 『사략언해(史略諺解)』, 『아통(雅通)』, 『사략대전(史略大全)』, 『대학대전(大學大全)』, 『중용대전(中庸大全)』, 『중용언해(中庸諺解)』	

17종의 책판목록은 주로 사서삼경이 대종을 이룬다. 『논어언해(論語諺解)』, 『논어집주대전』, 『맹자언해(孟子諺解)』, 『맹자집주대전』, 『중용언해(中庸諺解)』, 『중용장구대전』, 『대학언해(大學諺解)』, 『대학장구대전』, 『시경언해(詩經諺解)』, 『시경대전』, 『서전언해(書傳諺解)』, 『서전대전(書傳大全)』, 『주역언해(周易諺解)』, 『주역전의대전』, 『상례비요(喪禮備要)』, 『소미가숙점교부음통감절요(少微家塾點校附音通鑑節要)』, 『소학언해(小學諺解)』인데 17종 가운데 3종을 제외한 14종이 사서삼경 관련 책판이므로 경서의 비중이 단연 압도적으로 높다.

경서의 비중이 높았던 것은 목판 간행본에서도 확인된다. 목판이 아니라 실제 책판으로 간행한 목판본은 현재 233건으로 조사, 확인되고 있다.[13] 이에 따르면 경상감영의 간본은 사서삼경류만 14종 44건으로 적지 않은 비중을 차지하고 있다.([표 2] 경상감영 간행 목판본)

목판 간행본이 간행된 시기를 기준으로 보면 17세기에 23건,

13 장인진, 앞의 논문(2003), 245쪽.

표 2 경상감영 간행 목판본

구분		목판 간행본(건수)
經	四書(27)	『大學大全』(5), 『大學諺解』(3), 『中庸大全』(5), 『中庸諺解』(2), 『論語大全』(4), 『論語諺解』(2), 『孟子大全』(4), 『孟子諺解』(2)
	三經(17)	『詩傳大全』(4), 『詩經諺解』(2), 『書傳大全』(3), 『書傳諺解』(2), 『周易大全』(3), 『周易諺解』(3)
	기타(經書, 禮書)(18)	『經書釋義』, 『御定五經百編』, 『禮記類編』, 『禮記集說大全』, 『春秋經傳集解』, 『春秋左氏傳』, 『家禮』, 『家禮考證』, 『四禮訓蒙』, 『三禮儀』, 『喪禮備要』(4), 『禮記淺見錄』, 『六禮疑輯』, 『儀禮經傳通解補』, 『纂圖互註周禮』
史	史書(23)	『東國地理志』, 『東萊先生音註唐鑑』, 『史漢一統』, 『十九史略通攷』, 『十九史略諺解』, 『史記英選』, 『麗史提綱』, 『通鑑節要』, 『史補略』, 『皇明通紀』, 『續史略翼箋』, 『通鑑纂要』, 『漢書十志』, 『資治通鑑綱目』, 『東國通鑑』, 『莊陵誌』, 『帝王韻紀』, 『季漢書』, 『白江年譜』, 『寒水齋年譜』, 『皇明世說』, 『江陵金氏族譜』, 『杞溪俞氏族譜』
	字書(3)	『三韻聲彙』, 『奎章全韻』, 『千字文』
	政教(23)	『大明律』, 『受敎輯錄』, 『國朝五禮儀』, 『國朝續五禮儀』, 『闡義昭鑑』, 『闡義昭鑑諺解』, 『國朝喪禮補編』, 『兩漢詞命』, 『御製雲漢篇』, 『御製百行源』, 『明義錄』, 『明義錄諺解』, 『續明義錄』, 『續明義錄諺解』, 『御製王世子册禮後各道身布折半蕩減綸音』, 『大典通編』, 『增修無冤錄大全』, 『增修無冤錄諺解』, 『鄕禮合編』, 『欽恤典則』, 『六典條例』, 『警世問答』, 『諭中外大小臣庶綸音(正祖)』
	農書(1)	『農家集』
	兵書(7)	『兵學笏記』, 『兵學指南』, 『三略直解』, 『東國兵鑑』, 『兵將圖說』, 『吳子』, 『演機新編』
	醫書(9)	『萬病回春』, 『東醫寶鑑』(2), 『痘科彙編』, 『痘瘡會通』, 『醫學正傳』, 『原病式』, 『皇帝素問』, 『濟嬰新編』
	類書(3)	『百家類纂』, 『新編古今事文類聚』, 『類苑叢寶』
	榜目(4)	『丁卯式年司馬榜目』, 『庚申增廣司馬榜目』, 『丙午式年司馬榜目』, 『丁酉增廣司馬榜目』
	기타(2)	『袖珍韻』, 『酒德頌』
子	儒家(20)	『易學圖說』, 『內訓』, 『三綱行實圖』, 『二倫行實圖』, 『朱書要類』, 『聖學十圖』, 『種德新編』, 『種德新編諺解』, 『節酌通編』, 『薛文淸公從政名言』, 『磻溪隧錄』, 『朱子語類大全』, 『敦孝錄』, 『朱書百選』, 『宋名臣言行錄』, 『司馬氏書儀』, 『易學啓蒙』, 『朱子敬齋箴』, 『周子篇』, 『退溪先生言行錄』
	童蒙(3)	『訓義小學』, 『小學諺解』, 『擊蒙要訣』
集	詩文(17)	『杜工部詩諺解』, 『龍飛御天歌』, 『纂註杜詩澤風堂批解』, 『唐宋八大家文抄』, 『唐宋八子百選』, 『杜律分韻』, 『南軒集』, 『雅頌』, 『趙註杜律』, 『唐詩鼓吹』, 『詩藪』, 『五柳集』, 『柳文』, 『濂洛風雅』, 『韓文』, 『虞註杜律』, 『陸奏約選』
	文集(57)	『洪崖遺稿』, 『拙翁集』, 『稼亭集』, 『坡谷遺稿』, 『佔畢齋集』, 『南坡相公集』, 『漫浪集』, 『靜菴集』, 『月沙集』, 『鳴皐集』, 『龍溪遺稿』, 『梧里續集』, 『雲谷集』, 『楊湖遺稿』, 『明谷集』, 『獨石集』, 『南溪集』, 『立巖集』, 『率庵遺稿』, 『陰崖集』, 『閔文忠公奏議』, 『獨庵遺稿』, 『久堂集』, 『芸齋遺稿』, 『靑泉集』, 『壺隱集』, 『正菴集』, 『兼山集』, 『晉庵集』, 『北窓古玉兩先生詩集』, 『閑靜堂集』, 『三峰集』, 『揖翠軒遺稿』, 『水北遺稿』, 『直庵集』, 『生六臣集』, 『休翁集』, 『海峯集』, 『鷗浦集』, 『桂苑筆耕』, 『四溟集』, 『靑陸集』, 『淸陰集』, 『聽松集』, 『鶴泉集』, 『壺谷集』, 『后溪集』, 『東里集』, 『畏齋集』, 『習齋集』, 『醒翁集』, 『定齋集』, 『睡谷集』, 『太華集』, 『朴正字遺稿』, 『白沙集』, 『南原集』

18세기에 82건, 19세기에 56종, 미상 72건으로 분류된다.[14] 이를 통해 문화가 가장 융성했던 18세기에 지방의 감영에서도 출판활동이 활발하였던 것을 확인할 수 있다.

전라감영인 완영(完營)에서 간행한 책판인 목판은 현재 전북대 박물관에 5,059판이 보관되어 있다. 전국적으로 볼 때 감영에서 간행한 책판이 현재 남아 있는 경우가 많지 않은데, 영남과 호남의 책판이 남아 있어 지방의 출판문화를 파악하는 데 크게 도움이 된다.

경상감영에 소장되어 있던 목판의 책판이 규장각에 소장된 경위는 자세히 밝혀져 있지는 않다. 다만 그 사이에 밝혀진 사실로 추정해 보면 1911년 규장각에서 조선총독부 취조국으로 책 100,187권, 활자 653,921개와 함께 책판 9,501매가 옮겨졌다가, 이어 1912년 4월 취조국에서 참사관분실로 인계되었다. 이듬해 9월 다시 이 자료를 정리하였는데, 이 가운데 책판은 9,184매로 정리되었다. 이 자료 가운데 책은 경성제국대학으로 옮겨졌다. 그러나 책판은 1930년 당시까지 경복궁의 천자고(千字庫)에 남아 있었다.

이후 정확한 소장 상황은 알 수 없으나 한국전쟁을 거친 후 1965년 경복궁 천자고의 수도관이 파열되었을 때 보관 중이던 책판에 미친 영향에 대한 조사가 있었다. 1971년 9월 22일 책판의 보존 상태에 대한 조사가 있었고, 시정장치(施錠裝置)의 수를 확인하기도 하였다. 이후 1974년 4월 책판에 대한 개략적인 조사를 하여 경·사·자·집의 사부(四部)에 걸쳐 모두 17,637매의 책판을 조사하였다. 이후 이 책판들은 서울대학교로 옮겨져 현재의 규장각에 소장되었다.

14 장인진, 앞의 논문(2003), 246쪽.

4. 맺음말 – 영영장판과 영남의 출판문화

경상감영인 영영을 중심으로 이루어진 출판은 앞서 살펴보았듯이 목판본을 중심으로 세상의 기준을 제시한 경서나 사서의 비중이 높았다. 감영에서 보관하고 출판하였던 책판 가운데는 경서의 비중이 높았지만 그 외의 책판들은 서원이나 사찰에 보관되어 관리되기도 하였다.

서원에 보존되어 관리된 책판의 경우 『역학도설(易學圖說)』, 『생육신선생집』, 『퇴계선생언행록(退溪先生言行錄)』, 『가례고증(家禮考證)』 등 4종은 동락서원(東洛書院), 용계서원(龍溪書院), 도산서원(陶山書院), 도잠서원(道岑書院) 등에 장판되었다. 또 사찰에 보존되어 관리된 책판의 경우 『정암집』·『외재집(畏齋集)』·『백강연보(白江年譜)』 등은 용천사에서, 『겸산집(兼山集)』·『독석집(獨石集)』·『용계집』·『해봉집(海峯集)』·『수곡집(睡谷集)』 등은 동화사에서, 『삼봉집』·『진암집(晉庵集)』·『동리집(東里集)』·『월사집』·『태화집(太華集)』·『입암집(立巖集)』·『음애집(陰崖集)』 등은 용연사에서, 『청천집(青泉集)』·『명곡집(明谷集)』·『구당집(久堂集)』·『박정자유고(朴正字遺稿)』 등은 해인사(海印寺)에서, 『천자문』·『사례훈몽(四禮訓蒙)』은 쌍계사(雙溪寺)에서, 『파곡유고(坡谷遺稿)』는 천주사(天柱寺)에서, 『한수재연보(寒水齋年譜)』는 단양(丹陽)의 상선암(上仙庵)에서 각각 관리하였다.

이와 같이 감영의 책판을 감영에서 관리하지 않고 서원(4곳, 4건)이나 사찰(7곳, 23건)에서 관리한 경우가 27건이나 된다. 이들 책판 중 특히 문집들은 감사의 개인적인 인연으로 간행된 경우가 많은데, 이러한 이유로 감영보다는 사찰에 보관되었다고 볼 수 있다. 이유가 무엇이든 간에 목판이 서원이나 사찰에 보존되어 관리된 경우는

표 3 경상도 서원 간행본[15]

구분	經	史							子		集	
	經書	史書	傳記	族譜	院志	法帖	榜目	字書	儒家	童蒙	文集	其他
건수	16건	10건	43건	8건	7건	16건	1건	1건	30건	2건	142건	1건

관판의 목판이 민간에 직접 영향을 미친 경우이다. 사찰의 경우 경상감영에서 간행된 목판의 판각을 주로 담당하였기 때문에 판각을 한 뒤 옮기지 않고 그대로 보존한 것으로 볼 수 있다.

서원의 경우 경상감영의 책판 외에 서원에서 별도로 출간한 서적들도 많았다. 선행 연구에 의하면 경상도에서는 103개 서원에서 총 277건(件)의 서적이 간행되었다.[16] 이러한 책들은 대체로 〔표 3〕과 같이 나눌 수 있다.

이들 간행본을 보면 사서삼경의 경서류나 정교에 관련된 책들을 감영이 담당한 것에 비해, 서원 간행본은 유가류의 성리학 관련 서적이나 전기류, 법첩류가 많고, 특히 문집이 대다수를 차지한 것을 볼 수 있다. 문집의 경우 주로 서원에 향사된 인물의 문집이 다수를 차지하였다. 유가류는 성리학의 공부에 필요한 이론을 담은 책이 다수였다. 사서삼경의 경우 경상감영에서 간행된 것은 출간하지 않았고, 대체로 사서삼경을 보완하여 설명할 수 있는 책들이 출간되었다. 이를 보면 간행본이 중복되지 않고 역할이 분담되어 지역의 출판문화를 구성하였음을 확인할 수 있다.

서원 외에 경상도 지역에서 사적으로 출판된 도서는 많은 경우

15 장인진, 앞의 논문(2003), 250~252쪽의 서원본 참조.

16 장인진, 「경상도 儒家의 出版文化」, 『慶尙道 七百年史』, 1999, 674~686쪽.

문집이 주를 이루었다. 1910년까지 경상도에서 간행된 문집의 총수는 1,003건으로 조사되었는데, 이 가운데 서원에서 간행된 142건을 제외하면 861건이 민간에서 간행된 것이다. 이들 문집은 18세기 87건, 19세기 370건, 20세기 초에서 1910년까지 198건으로서 주로 19세기 후반 이후에 절반이 넘게 간행되었다. 이 밖에도 민간에서 간행한 책은 족보 90여 건, 실기류 50여 건으로 확인된다. 대개 19세기 이후의 간행본이다.

한편 판매를 목적으로 간행한 방각본의 경우 대구를 중심으로 한 경상도 지역은 비교적 늦은 시기에 간행이 이루어졌다. 방각본 출판이 발달한 전라도에서는 19세기 초반에 이미 하경룡장판으로 간행한 칠서(七書)가 등장하는 등 판매용 책이 나타나 한글소설 등으로 확대되었다. 그에 비해 대구를 비롯한 경상도 지역은 감영이나 서원 등을 중심으로 19세기 말까지 출판이 이루어졌기 때문인지 방각본의 출현이 늦었다.

대구에서 방각본을 간행하였던 대표적인 서점은 재전당서포(在田堂書舖)이다. 이 서점에서는 감영의 영영판인 『중용장구대전』, 『중용언해』, 『시경언해』, 『서전언해』, 『주서백선』 등에 재전당서포의 판권지 또는 고무인을 날인하여 도서를 펴냈다. 이후 19세기 말부터 간기(刊記)를 넣은 도서를 간행하였다. 『대학언해』, 『대학장구대전』, 『동몽선습』, 『보유신편(保幼新編)』, 『전운옥편(全韻玉篇)』 등 교육이나 실생활에 활용할 수 있는 도서 10여 종을 간행하였다. 이 밖에 칠성당서포(七星堂書舖), 광문사(廣文社) 등에서 간행된 책도 있었다.

재전당서포가 주로 유학서 중심으로 전통적인 서적을 출간하여 상업적 이익을 도모한 반면에 광문사는 김광제, 서상돈과 연결되어

교육과 관련된 계몽출판에 관심이 많았다. 그 결과 합방 이후 광문사의 활동은 약화되었지만 재전당서포는 한문세대나 구독자층의 수요를 충족시키며 1930년대까지 왕성한 출판활동을 이어 갔다.[17]이러한 광문사와 재전당서포의 출판활동은 감영의 출판을 근대로 이어 출판문화가 연결되는 다리의 역할을 하였다는 점에서 의의가 있다.

이후 해방과 한국전쟁기를 거치는 동안 대구는 출판활동의 중심지였다. 1946년에 대구와 경북 지역에서 잡지 21종, 신문 17종, 교과서류 14종이 출판될 정도로 출판활동이 활발하였다. 이 시기 대구는 신문, 잡지, 각종 교육용 교재, 전선문학 매체 등을 통해 과거 활발했던 출판활동의 맥을 잇게 되었다. 서울에 못지않은 아동문학 매체였던 『아동』이나 『새싹』이 출간될 수 있었던 이유이다.

17 박용찬, 「출판 매체를 통해 본 근대문학 공간의 형성과 대구—일제강점기와 해방기를 중심으로」, 『어문논총』 55, 2011, 39~40쪽 참조.

참고문헌

윤병태, 「慶尙監營과 大邱地方의 出版印刷文化」, 『한국출판학연구』 31, 1989.

『한국의 책판목록』(정형우·윤병태 공편), 보경문화사, 1995.

조정화, 「朝鮮朝後期 嶺南官板本에 관한 硏究」, 성균관대학교 박사학위논문, 1995.

류탁일, 「慶尙監營의 出版文化」, 『경상도 칠백년사』, 1999.

류탁일, 「慶尙監營 出版圖書」, 『嶺南地方 出版文化論考』, 세종출판사, 2001.

장인진, 「경상도 儒家의 出版文化」, 『慶尙道 七百年史』, 1999.

장인진, 「경상감영의 인쇄문화가 지역 출판에 끼친 영향」, 『한문학연구』 17, 2003.

남권희, 「경상감영 간행본과 낙육재 소장도서 분석」, 『경상감영의 종합적 연구』, 2004.

남권희·이승철, 「慶尙監營 刊行本과 樂育齋 所藏書册 分析」, 『조선 시대 지방 감영의 인쇄출판 활동』, 휴먼컬처아리랑, 2009.

남권희, 「《三五庫重記》로 본 箕營의 出版文化」, 『조선 시대 지방 감영의 인쇄출판 활동』, 휴먼컬처아리랑, 2009.

옥영정, 「조선 시대 完營의 고인쇄문화에 대한 고찰」, 『조선 시대 지방 감영의 인쇄출판 활동』, 휴먼컬처아리랑, 2009.

옥영정, 「조선 시대 完營의 인쇄문화에 대한 고찰」, 『서지학연구』 50, 2011.

손계영, 「조선 시대 監營의 문집간행과 그 배경 연구」, 『조선 시대 지방 감영의 인쇄출판 활동』, 휴먼컬처아리랑, 2009.

김성수, 「忠淸監營의 刊行圖書에 관한 분석」, 『조선 시대 지방 감영의 인쇄출판 활동』, 휴먼컬처아리랑, 2009.

최경훈, 「조선 시대 原州지역의 인쇄문화연구」, 『조선 시대 지방 감영의 인쇄출판 활동』, 휴먼컬처아리랑, 2009.

최우경, 「조선 시대 함영(咸營)의 서적 간행에 관한 연구」, 『조선 시대 지방 감영의 인쇄출판 활동』, 휴먼컬처아리랑, 2009.

박용찬, 「출판 매체를 통해 본 근대문학 공간의 형성과 대구—일제강점기와 해방기를 중심으로」, 『어문논총』 55, 2011.

김무진, 「조선 후기 경상감영에 대한 연구」, 『學林』 36, 2015.

제2장

규장각 소장 영영장판의 현황과 성격*

_김남기

1. 규장각 책판의 분류와 제작 시기 비정

규장각한국학연구원(이하 '규장각'으로 약칭)은 고도서 17만 5천여 책, 고문서 5만여 점, 책판 1만 8천여 점 등 총 30만여 점의 자료를 소장하고 있는 한국학 연구의 본산이다. 이들 자료 중에는 현재 국보로 지정된 『조선왕조실록(朝鮮王朝實錄)』 등 10종 7,166책, 보물로 지정된 언해본 『대불정여래밀인수증요의제보살만행수능엄경(大佛頂如來密因修證了義諸菩薩萬行首楞嚴經)』 등 26종 2,328책, 유네스코 지정 세계기록유산인 『승정원일기(承政院日記)』 등 4종 9,788책이 포함되어 있다. 모든 자료는 역사적·문화사적으로 중요한 의미가 있지만, 위

* 이 글은 「규장각 소장 책판의 현황과 가치」(김남기, 『古典籍 2』, 한국고전적보존협의회, 2006)와 「규장각 소장 嶺營藏板의 현황과 성격」(김남기, 『嶺南學』 61, 경북대학교 영남문화연구원, 2017)을 수정 · 보완하고 일반인들도 이해할 수 있도록 풀어쓴 것이다.

의 자료들은 더욱 특별한 가치를 지니고 있기 때문에 우리나라의 국보·보물 또는 유네스코 지정 세계기록유산이 된 것이다.

그런데 글과 그림 등을 모아 편집한 도서는 인류의 경험과 정보를 집성한 순도 높은 역작이자 인식의 새로운 전환을 가능하게 하는 매개체이다. 인류 문화의 총화인 도서는 다양한 형태가 존재하지만 1차적으로 필사본(筆寫本)에서 출발하였다. 그러나 필사본은 수요층의 소유 및 구매 욕구에 적극적으로 대응하여 대량으로 보급하는 것이 불가능하였다. 이를 해결하기 위하여 등장한 것이 목판과 활자를 이용한 도서의 출판이다. 간본(刊本)의 출현에 따라 도서의 출판과 보급이 보다 간편하고 광범위하게 이루어져 인류의 문화 혁명이 크게 진척되었다. 출판 혁명이 바로 문화 혁명이라 할 수 있다. 목판본(木版本)과 활자본(活字本) 도서 모두 중요한 문화사적 의미를 갖지만 목판본이 활자본보다 먼저 출현하여 광범위한 출판이 진행되었으며, 우리나라의 경우 활자본 도서는 국가 주도로 간행된 반면 목판본은 민간과 국가 주도로 간행되었기에 그 의미가 적지 않다.

일례로 한국국학진흥원이 소장하고 있는 한국의 유교책판(儒教冊板)을 들 수 있다. 이들 유교책판은 조선 시대 유학자들의 저작물을 간행했던 목판인데, 2015년 10월에 718종 64,226장이 유네스코 세계기록유산으로 지정되었다. 이들 책판은 305개 문중과 서원에서 보관하고 있던 것을 기증·기탁받은 것으로, 제작 연대는 16세기에서 20세기 중반까지 다양하며, 내용도 문학, 정치, 경제, 철학, 대인관계 등 폭넓은 분야에 걸쳐 있다. 역사적·문화사적 의미 못지않게 세계 출판사에 있어서도 주목할 만한 유산이기 때문에 세계기록유산으로 등재된 것이다. 이것은 경상남도 합천군 해인사에 보관된 『고려대장경판(高麗大藏經板)』 및 제경판(諸經板) 8만 1,258판도 마찬가지이다. 이 경판은 불경을 총집하여 판각한 목판으로 불교 연구에 핵심적인 자료인데, 판각 기술이 우수하고 보존이 완벽하여 세계 목판 제작 역사에서 갖는 의미가 커서 2007년 유네스코 지정 세계기록유산에 등재되었다.

규장각 소장 책판의 가치도 한국국학진흥원의 책판에 뒤지지 않는다. 규장각은 현재 책판 104종 17,821장을 소장하고 있다.[1] 규장각에서는 소장 책판을 조사·정리하여 공간(公刊)하지 않은 채 내부적으로 관리하다가 2004년 12월에 이르러서야 『규장각소장책판목록(奎章閣所藏冊板目錄)』 1책을 간행하여 학계 및 시민들에게 공개·보급하였다. 『규장각소장책판목록』이 간행됨으로써 규장각 책판의 현황과 정보를 일목요연하게 접할 수 있게 되었고, 또한 책판 이미지를 연동하여 제공함으로써 연구자들이 자료를 자유롭게 이용할 수 있게 되었다.

『규장각소장책판목록』은 전통적인 사부(四部) 분류 체계, 곧 경부(經部)·사부(史部)·자부(子部)·집부(集部)에 따라 책판을 분류하고 각부(各部) 내에서 서명(書名)을 가나다 순서로 배열하였다. 책판에 대한 정보는 청구기호, 목판번호, 편·저자명, 간행사항, 형태사항, 주기사항, 내용[목차], 간략 해제, 비고 등의 순서로 기술하였다. 주기사

1 『奎章閣所藏冊板目錄』(서울대학교 규장각, 2004) 刊行辭에는 "나라의 공식 출판 업무를 담당하였던 官署인 校書館의 책판 102종 17,821장이 소장"되어 있다고 하였으나 『坤輿全圖』(청구기호 假24)와 『肅宗御筆』(청구기호 假22) 2종을 빠뜨리고 합산한 결과이다. 그러나 『奎章閣所藏冊板目錄』에는 앞의 2종도 수록되어 있다.(http://e-kyujanggak.snu.ac.kr) 그리고 규장각 소장 책판에는 내각[奎章閣]과 교서관[芸閣]뿐만 아니라 춘방 · 보양청 · 영영 · 영변부 등의 책판도 다수 포함되어 있다.

항에서는 서발(序跋) 및 간기(刊記) 등을 중심으로 해당 책판의 편찬·간행 관련 사항을 기술하였고, 간략 해제에서는 찬술 시기와 편찬 경위 등을 밝혔으며 비고에서는 책판의 보존 상태와 결판(缺板) 내지 파손 여부를 적었다.

『규장각소장책판목록』에서는 사부(四部) 분류에 따라 책판의 현황을 경부 54종, 사부 21종, 자부 17종, 집부 12종으로 정리하였다. 동일 도서의 책판을 제외하고, 서명으로만 본다면 경부 24종, 사부 18종, 자부 15종, 집부 12종으로 총 69종이다. 수록 순서에 따라 서명과 종수(種數)를 보이면 다음과 같다.

경부에는 『논어언해(論語諺解)』 3종, 『논어집주대전(論語集註大全)』 3종, 『대학언해(大學諺解)』 3종, 『대학장구대전(大學章句大全)』 3종, 『동몽선습(童蒙先習)』 1종, 『맹자언해(孟子諺解)』 3종, 『맹자집주대전(孟子集註大全)』 3종, 『삼경사서정문(三經四書正文)』 1종, 『상례비요(喪禮備要)』 2종, 『서전대전(書傳大全)』 3종, 『서전언해(書傳諺解)』 3종, 『시경언해(詩經諺解)』 3종, 『시전대전(詩傳大全)』 3종, 『어정규장전운(御定奎章全韻)』 1종, 『예기집설대전(禮記集說大全)』 1종, 『전운옥편(全韻玉篇)』 1종, 『주역언해(周易諺解)』 3종, 『주역전의대전(周易傳義大全)』 3종, 『중용언해(中庸諺解)』 3종, 『중용장구대전(中庸章句大全)』 3종, 『진초천문(眞草千文)』 1종, 『춘추좌씨전(春秋左氏傳)』 1종, 『효경대의(孝經大義)』 2종, 『효경언해(孝經諺解)』 1종이 있다.

사부에는 『고금역대표제주석십구사략통고(古今歷代標題註釋十九史略通攷)』 2종, 『곤여전도(坤輿全圖)』 1종, 『광묘어제훈사(光廟御製訓辭)』 1종, 『국조보감(國朝寶鑑)』 1종, 『대전통편(大典通編)』 1종, 『대전회통(大典會通)』 2종, 『동국통감(東國通鑑)』 1종, 『선원계보기략(璿源系譜記略)』

1종, 『소미가숙점교부음통감절요(少微家塾點校附音通鑑節要)』 1종, 『소미통감절요(少微通鑑節要)』 1종, 『수교완문(受敎完文)』 1종, 『어정인서록(御定人瑞錄)』 1종, 『어제근정훈유(御製謹政訓諭)』 1종, 『어제상훈(御製常訓)』 2종, 『어제속상훈(御製續常訓)』 1종, 『어제준석년정동위관예문(御製遵昔年定銅闈冠禮文)』 1종, 『어제훈서(御製訓書)』 1종, 『유양성열록(揄揚盛烈錄)』 1종이 있다.

자부에는 『고경중마방(古鏡重磨方)』 1종, 『명가필적(名家筆蹟)』 1종, 『숙종어필(肅宗御筆)』 1종, 『소학대문(小學大文)』 1종, 『소학언해(小學諺解)』 2종, 『소학제가집주(小學諸家集註)』 2종, 『숙흥야매잠(夙興夜寐箴)』 1종, 『심경부주(心經附註)』 1종, 『어제고금역대귀감(御製古今歷代龜鑑)』 1종, 『어제수덕전편(御製樹德全編)』 1종, 『어제심감(御製心鑑)』 1종, 『어제자성편(御製自省編)』 1종, 『어제속자성훈(御製續自省編)』 1종, 『어정주서백선(御定朱書百選)』 1종, 『화동서법(華東書法)』 1종이 있다.

집부에는 『광국지경록(光國志慶錄)』 1종, 『속광국지경록(續光國志慶錄)』 1종, 『두율우주(杜律虞註)』 1종, 『명고집(鳴皐集)』 1종, 『아송(雅誦)』 1종, 『어제근팔유곤록(御製近八裕昆錄)』 1종, 『어제엄제방유곤록(御製嚴堤防裕昆錄)』 1종, 『어제유찬수제신(御製諭纂修諸臣)』 1종, 『어제조훈(御製祖訓)』 1종, 『어제추모록(御製追慕錄)』 1종, 『열성어제(列聖御製)』 1종, 『어제영세추모록(御製永世追慕錄)』 1종이 있다.

그런데 사부로 분류한 세조(世祖)의 『광묘어제훈사』, 영조(英祖)의 『어제근정훈유』, 『어제상훈』, 『어제속상훈』, 『어제준석년동위관례문』, 『어제훈서』, 『유양성렬록』, 자부로 분류한 영조의 『어제고금역대귀감』, 『어제수덕전편』, 『어제심감』, 『어제자성편』, 『어제속자성편』, 정조(正祖)의 명을 받아 편찬한 『어정주서백선』은 집부 별집류(別集類) 어제(御製)

내지는 일반(一般)으로 분류해야 맞다. 그러나 이렇게 분류하지 않은 것은 『규장각도서한국본종합목록(奎章閣圖書韓國本綜合目錄)』의 영향이 크다. 예를 들면 『규장각도서한국본종합목록』의 경우 『어제근정훈유』를 사부 조령·주의류(詔令·奏議類) 조령과 집부 별집류 어제, 『어제상훈』을 사부 조령, 자부 유가류(儒家類), 집부 별집류 어제 등에 뒤섞어 수록하고 있다.

따라서 사부와 자부에 편제된 어제는 집부로 새롭게 분류하여 편입시켜야 한다. 이를 감안하여 재정리하면 규장각 소장 책판은 경부 54종, 사부 13종, 자부 11종, 집부 26종으로 새로 분류해야 한다. 이하에서는 이런 분류에 따라 규장각 소장 책판의 간지와 간년, 권수와 판수, 완질 여부 및 결판 숫자, 해당 책판으로 찍은 도서의 현황 등을 적시한다.

책판의 분류 문제와 함께 『규장각소장책판목록』은 간지와 간년 추정에서도 불명확하거나 잘못을 범한 경우가 여럿 있다. 간년과 간지가 확실한 1820년의 경부 내각장판(內閣藏板)을 제외하고 볼 때 간지와 간년을 미상으로 적시하거나 잘못 비정한 대표적인 책판이 춘방장판(春坊藏板)과 영변부장판(寧邊府藏板), 영영장판(嶺營藏板)이다. 이들 책판은 종수와 판수가 매우 많고 가치도 크다.

먼저 춘방장판은 세자의 교육을 담당하던 시강원(侍講院)이 세자의 강학(講學) 교재를 간행하기 위한 목적에서 판각한 책판이다. 규장각 소장 책판 중에서 춘방장판은 『춘추좌씨전』, 『예기집설대전』, 『효경대의』, 『동몽선습』, 『전운옥편』, 『고금역대표제주석십구사략통고』, 『소미통감절요』, 『소학제가집주』 등 여러 종이 있는데, 간기가 '을해신간(乙亥新刊)', 또는 '기묘신간(己卯新刊)'으로 되어 있다. 『규장각소장 책판목록』에서는 간년을 확정하지 못하여 대부분 '乙亥(?)' 또는 '己卯(?)'로 표기하였고, '기묘신간'인 『전운옥편』의 경우 '1819년(순조 19)'로 비정하였다.

그렇다면 을해년과 기묘년은 언제일까? 규장각 소장 책판의 현황을 고려할 때 을해년은 1815년 내지 1875년, 기묘년은 1819년 내지 1879년으로 추정할 수 있다. 그런데 이에 대한 해답은 『시강원책역소일기(侍講院冊役所日記)』에 있다. 『시강원책역소일기』는 시강원에서 1879년 9월 3일부터 1880년 11월 16일까지 세자의 강학 교재 간행을 위한 책판 제작과 보관 내역 등을 기록한 책인데, 이 책에 따르면 이때 『동몽선습』, 『통감(通鑑)』, 『사략(史略)』, 『속사략(續史略)』, 『전운옥편』 등을 판각하였다는 기록이 있다. 따라서 규장각 소장 춘방장판의 제작 연대의 경우 을해년은 1875년(고종 12), 기묘년은 1879년(고종 16)으로 확정할 수 있다.[2]

다음으로 평안도 영변부에서 판각한 영변부장판에 대하여 살펴본다. 영변부장판은 영변부가 자체적으로 책판을 제작하여 도서를 간행한 것이라기보다는 기영(箕營), 곧 평양감영(平壤監營)의 지시를 받아 책판을 제작한 것으로 보인다. 영변부장판 중 『중용장구대전』, 『대학장구대전』, 『주역언해』, 『주역전의대전』 등에는 '을축○월일 영변부개간(乙丑○月日 寧邊府開刊)'의 간기(刊記)가 새겨져 있는데, 을축년은 언제일까? 이에 대한 해답은 『대학장구대전』과 『주역전의대전』에 있다. 『대학장구대전』에는 '을축사월일 영변부개간(乙丑四月日

2 玉泳晸, 「侍講院의 書籍編纂과 刊行記錄 考察」, 『서지학연구』 18, 한국서지학회, 1999, 385~392쪽 참조. 김남기는 앞의 논문(2006)에서 춘방장판의 제작 시기를 1815년과 1819년으로 비정하였으나 옥영정의 논문에 의거하여 1875년과 1879년으로 확정하였다.

寧邊府開刊)'의 간기가 있는데, 여기에는 영조가 1758년에 지은 서문이 실려 있다. 따라서 이 책판의 제작은 1805년이나 1865년으로 추정할 수 있다.

그런데 규장각 소장 도서 중에서 『주역전의대전』(奎中 73)에 '을축오월일 영변부개간(乙丑五月日 寧邊府開刊)'이라는 간기가 있고, 이 책에 김이도(金履度, 1750~1813)의 장서인(藏書印)인 '김이도인(金履度印)'이 찍혀 있다. 김이도는 정조와 순조 연간에 활동한 문인으로 본관이 안동(安東), 자가 계근(季謹)이다. 영의정 김창집(金昌集)의 증손으로 할아버지는 승지 김제겸(金濟謙)이고, 아버지는 김탄행(金坦行)이며 어머니는 한백증(韓百增)의 딸이다. 따라서 영변부에서 제작한 책판의 을축년은 1805년(순조 5)으로 확정할 수 있다.

마지막으로 경상감영에서 판각한 영영장판의 제작 시기 문제이다. 간년이 확실한 책판은 『상례비요』이다. 『상례비요』의 경우 간기가 '숭정오무자하(崇禎五戊子夏)'로 되어 있는데, 이는 명나라 숭정(崇禎, 의종의 연호) 기원후(紀元後) 다섯 번째 무자년 여름, 곧 1888년(고종 25) 여름에 제작한 책판이라는 뜻이다. 그리고 이 외의 영영장판은 간기가 '임오신간(壬午新刊)', '갑신신간(甲申新刊)', '병술신간(丙戌新刊)', '무자신간(戊子新刊)', '임진신간(壬辰新刊)' 등으로 되어 있는데, 제작 시기가 19세기 전반인지, 아니면 19세기 후반인지 확증할 수 없다.

『규장각소장책판목록』에서는 대부분 19세기 전반, 즉 임오년은 1822년, 병술년은 1826년, 무자년은 1828년으로 명시하거나 추정하였다. 그리고 갑신년과 임진년은 연도를 비정하지 못하여 '甲申(?)', 또는 '壬辰(?)'으로 표시하였다. 만약 다른 책판과 비슷한 시기에 판각된 것으로 본다면 갑신년은 1824년, 임진년은 1832년으로 비정할 수 있다. 경부 책판 중에서 간기가 임오년인 책판은 『논어언해』·『논어집주대전』, 갑신년인 책판은 『맹자언해』·『맹자집주대전』, 병술년인 책판은 『서전언해』·『서전대전』, 무자년인 책판은 『중용언해』·『중용장구대전』·『대학언해』·『대학장구대전』·『시경언해』·『시전대전』·『주역언해』, 임진년인 책판은 『소미가숙점교부음통감절요』이다.

그런데 영영장판으로 인출한 규장각 소장 도서 중에서 『주역전의대전』은 '무오사월중간(戊午四月重刊)', 『대학장구대전』 등은 '무오오월중간(戊午五月重刊)', 『논어언해』 등은 '임술계춘중간(壬戌季春重刊)', 『논어집주대전』 등은 '을축사월중간(乙丑四月重刊)'으로 되어 있다. 여기에서 무오년은 1858년(철종 9), 임술년은 1862년(철종 13), 을축년은 1865년(고종 2)이다. 규장각 소장 영영장판과 이로 인출한 도서는 '신간(新刊)'으로 되어 있고, 19세기 후반 영영장판으로 인출한 도서는 '중간(重刊)'으로 되어 있어 그 선후 관계를 명확히 알 수 있다. '신간'이라 한 것은 1820년의 내각장판을 저본으로 하여 경상감영에서 새로 책판을 판각했기 때문이다. 따라서 규장각 소장 영영책판에서 임오년은 1822년(순조 22), 갑신년은 1824년(순조 24), 병술년은 1826년(순조 26), 무자년은 1828년(순조 28), 임진년은 1832년(순조 32)으로 확정할 수 있다.

경상감영에서 경부 책판을 30~40년 사이에 다시 제작한 것은 그만큼 이들 도서의 수요가 많았기 때문이다. 다만 사서오경(四書五經) 등의 영영장판 중에서 19세기 전반에 제작한 책판이 규장각에 소장되어 있는 것에 반하여 오히려 19세기 후반에 제작한 책판이 망실된 이유가 무엇인지는 여전히 의문이다. 향후 이에 대한 연구가 진행되어 의문이 해소되길 바란다.

한편 『규장각소장책판목록』에서는 『상례비요』의 판각 연대를 1828년으로 비정하였으나 1888년으로 바로잡아야 한다. 그리고 『규장각소장책판목록』에 『대학장구대전』은 간기가 경진년으로 되어 있으나 무자년의 잘못이고, 『주역언해』는 간기가 무인년으로 되어 있으나 무자년의 오류이다. 이는 이들 책판을 직접 조사하여 확인한 결과이다. 다음 절에서는 앞서 고찰한 내용들을 반영하여 규장각 소장 책판의 제작 시기를 비정하여 제시한다.

규장각 소장 책판의 제작 기관은 내각(內閣)[규장각(奎章閣)]·교서관(校書館)[운각(芸閣)]·춘방(春坊)[시강원]·보양청(輔養廳) 등 중앙 관서의 장판은 물론이고, 영영·영변부 등의 지방 장판도 포함되어 있다. 그렇다면 이렇게 다양한 기관의 책판들이 언제 규장각으로 이관되었을까? 그리고 규장각 소장 책판의 현황과 성격은 어떠하고, 그 가치는 어떠할까? 이에 대해서는 다음 절에서 구체적으로 고찰하고자 한다.

2. 규장각 책판의 소장 경위와 현황

1) 규장각 책판의 소장 경위

현재 규장각에 소장된 책판 104종 17,821장 중에는 소장 경위가 명확한 것도 있지만 그렇지 않은 것도 다수 있다. 즉 영영장판과 영변부장판을 포함한 일부 책판의 경우 언제 어떠한 경로로 이관되었는지에 대한 정확한 문증(文證)을 확인하기 어려워 소장 경위를 확증할 수 없다. 먼저 규장각 소장 도서와 책판 중 다른 기관에서 이관된 경위를 간략히 살펴보면 다음과 같다. 규장각은 1907년에 직제(職制)와 업무를 개편·강화하고, 홍문관(弘文館)·시강원·집옥재(集玉齋)·사고(史庫)의 장서와 경판각(經板閣)의 판본 및 주자(鑄字) 등을 이전·관리하였다. 그리고 이때 수장하게 된 10만여 권을 총괄하여 제실도서(帝室圖書)라 명명하고, 1909년 11월에 『제실도서목록(帝室圖書目錄)』을 편찬하였다. 규장각은 이미 내각장판[규장각장판]을 소장하고 있었는데, 추가로 시강원의 춘방장판 등이 1907년 즈음에 규장각으로 이관된 것으로 추정된다.

그렇다면 경상도의 영영장판과 평안도의 영변부장판은 언제 규장각으로 이관되었을까? 영영장판과 영변부장판이 규장각에 이관된 시기는 문증이 없어 확정할 수 없으나 1913년 이후에 총독부 주관 아래 지방 감영의 책판을 이전한 것으로 추정된다. 이는 조선총독부 참사관분실(參事官分室)에서 편찬한 『조선총독부참사관분실관계서류(朝鮮總督府參事官分室關係書類)』[3] 소장 책판목록을 통하여 확인할 수 있다. 이 책에는 조선총독부 참사관분실이 1913년 10월 1일부터 12월 25일까지 조사·정리한 판목 34종 9,184매가 수록되어 있다. 참사관분실에는 제5고(第五庫)에 16종 5,718매, 제8고(第八庫)에 18종 3,466매의 판목이 소장되어 있었는데, '판목정리(版木整理)' 항목에는 판목명(板木名)과 매수(枚數)만 적혀 있다.

당시 조사·정리한 판목과 매수는 『대전통편』 167매, 『대전회통』 203매, 『대학언해』 16매, 『중용언해』 31매, 『논어언해』 144매, 『맹자

3 서울대학교 중앙도서관 구관도서실에 소장되어 있으며 청구기호는 '0500 70-v.1-3'이다. 필사본으로 1책에는 事務關係書類, 2책에는 圖書目錄解題類, 3책에는 奎章閣沿革資料가 수록되어 있다. 참사관분실에서 1913년 10월 1일부터 12월 25일까지 조사 · 정리한 판목 목록은 1책 '一一. 圖書整理事務의 經過槪要' '七. 版木整理'에 실려 있다.

언해』 291매, 『시경언해』 285매, 『서경언해』 204매, 『역경언해』 210매, 『소학언해』 242매, 『효경언해』 13매, 『국조보감』 1,213매, 『삼경사서정문』 244매, 『천자문(千字文)』 25매, 『옥편(玉篇)』 77매, 『규장전운』 89매, 『숙종어필』 8매, 『지도(地圖)』 4매, 『대학(大學)』 46매, 『중용(中庸)』 74매, 『논어(論語)』 392매, 『맹자(孟子)』 332매, 『시경(詩經)』 337매, 『서경(書經)』 410매, 『역경』 660매, 『예기(禮記)』 744매, 『춘추(春秋)』 475매, 『효경대의』 51매, 『소학집주』 153매, 『통감』 498매, 『사략』 336매, 『선원계보』 534매, 『열성어제』 379매, 『명가필적』 50매이다. 이 중에서 『천자문』은 『진초천문』, 『옥편』은 『전운옥편』, 『지도』는 『곤여전도』, 『통감』은 『소미통감절요』, 『사략』은 『고금역대표제주석십구사략통고』를 지칭하는 것으로 볼 수 있다.

『조선총독부참사관분실관계서류』에 실린 판목 서명과 매수, 규장각 소장 책판의 서명과 판수 및 간지 등을 표로 제시하면 다음과 같다. 먼저 〔표 1〕에 경부를 제시하고, 이어서 〔표 2〕에 사부·자부·집부를 함께 보인다.

참사관분실과 규장각 소장 판목을 비교할 때 『대학언해』, 『중용언해』, 『논어언해』, 『맹자언해』, 『서전언해』, 『주역언해』, 『효경언해』, 『대학장구대전』, 『중용장구대전』은 판수가 동일하므로 1913년 이후 현재까지 온전하게 보전된 것으로 생각한다. 그러나 일부 책판은 판수가 줄거나 늘어난 경우가 있는데, 그 원인이 무엇인지 자세히 알기 어렵다. 참사관분실에서 조사·정리할 때 간지가 다르지만 서명이 동일할 경우 합산한 것인지, 혹은 이 이후에 일부 책판이 새로 들어온 것인지, 나아가 『규장각소장책판목록』의 경우에도 책판을 간지(刊地)에 따라 정확히 분류하여 판수를 헤아렸는지 여부를 알 수

표 1 참사관분실과 규장각의 경부 책판

참사관분실 목판	매수	규장각 소장 책판	판수	간지	결면수
『대학언해』	16매	『대학언해』	16판	내각	
『중용언해』	31매	『중용언해』	31판	내각	
『논어언해』	144매	『논어언해』	144판	내각	
『맹자언해』	291매	『맹자언해』	291판	내각	
『시경언해』	285매	『시경언해』	288판	내각	
『서경언해』	204매	『서전언해』	204판	내각	
『역경언해』	210매	『주역언해』	210판	내각	
『효경언해』	13매	『효경언해』	13판	춘방	
『삼경사서정문』	244매	『삼경사서정문』	248판	내각	1면
『천자문』	25매	『진초천문』	12판	미상	
『옥편』	77매	『전운옥편』	76판	춘방	2면
『규장전운』	89매	『어정규장전운』	90판	미상	
『대학』	46매	『대학장구대전』	46판	내각	
『중용』	74매	『중용장구대전』	74판	내각	
『논어』	392매	『논어집주대전』	377판	내각	29면
『맹자』	332매	『맹자집주대전』	315판	내각	
『시경』	337매	『시전대전』	465판	내각	
『서경』	410매	『서전대전』	417판	내각	2면
『역경』	660매	『주역전의대전』	652판	내각	22면
『예기』	744매	『예기집설대전』	724판	춘방	2면
『춘추』	475매	『춘추좌씨전』	459판	춘방	
『효경대의』	51매	『효경대의』	32/24판	춘방/보양청	

없다. 이에 대해서는 추후에 책판의 목록 정리가 한 차례 더 엄밀하게 이루어져야 그 이유를 해명할 수 있을 것으로 생각한다.[4]

〔표 2〕는 사부·자부·집부에 속하는 판목이다.

4 참사관분실과 규장각 소장 책판의 판수가 다른 원인에 대한 분석은 김남기의 앞의 논문(2006) 16~18쪽을 참조할 것.

표 2 참사관분실과 규장각의 사부 · 자부 · 집부 책판

참사관분실 목판	매수	규장각 소장 책판	판수	간지	결면수
『대전통편』	167매	『대전통편』	167판	[내각]	61면
『대전회통』	203매	『대전회통』	195판/201판	[내각]	2면/1면
『소학언해』	242매	『소학언해』	251판	내각	
『국조보감』	1,213매	『국조보감』	1,216판	[내각]	19면
『숙종어필』	8매	『숙종어필』	4판	미상	
『지도』	4매	『곤여전도』	3판	미상	1면
『소학집주』	153매	『소학제가집주』	154판	춘방	
『통감』	498매	『소미통감절요』	510판	춘방	
『사략』	336매	『고금역대표제주석십구사략통고』	338판	춘방	
『선원계보』	534매	『선원계보기략』	6판	[내각]	序1~5, 권17 3면 소장
『열성어제』	379매	『열성어제』	374판	[운각]	11면
『명가필적』	50매	『명가필적』	11판	미상	

두 개의 표를 통하여 참사관분실이 1913년에 조사·정리한 판목과 현재 규장각 소장 판목을 비교할 때 영영과 영변부의 책판은 1913년까지 전혀 이관되지 않았음을 확인할 수 있다. 즉 참사관분실 책판목록에는 영영과 영변부의 책판이 하나도 포함되어 있지 않고, 현재 규장각에 소장된 내각과 춘방 등의 목판도 일부 누락되어 있다. 이러한 점으로 미루어 보건대 영영과 영변부의 책판 전체, 그리고 내각·교서관·춘방 등의 책판 일부는 1913년 이후에 총독부 주관 아래 책판이 이관된 것으로 볼 수 있다.

그리고 총독부 주관 아래 이관된 책판은 1930년 당시까지 경복궁의 천자고(千字庫)에 보관되었고, 해방과 한국전쟁을 거쳐 1965년에 천자고의 수도관이 파열되자 누습(漏濕)이 책판에 끼친 영향에 대한 조사가 이루어졌다. 이후 1974년 4월에 17,637매에 대한 책판

을 조사한 뒤 서울대학교로 이전되었고, 현재 규장각에서 소장·관리하고 있다. 향후 영영장판과 영변부장판의 이관 시기와 경위 등이 밝혀지기를 기대한다.

2) 규장각 소장 책판의 현황과 성격

사부(四部) 분류 체계에 따라 규장각 소장 책판의 현황과 종류, 성격 등에 대하여 고찰하고자 한다. 앞서 언급했듯이 집부에 해당하는 책판 중 사부와 자부에 잘못 편입된 것은 집부로 옮겨 살펴본다.

경부 책판

경부는 총경류(總經類)·역류(易類)·서류(書類)·시류(詩類)·춘추류(春秋類)·예류(禮類)·효경류(孝經類)·사서류(四書類)·소학류(小學類)로 분류된다. 규장각 소장 책판 중에서 경부에 속한 것이 많기 때문에 여기에서는 『논어』·『맹자』·『중용』·『대학』의 사서류와 『시경』·『서경』·『주역(周易)』·『춘추』·『예기』의 오경류(五經類)를 먼저 살피고, 이어서 효경류와 소학류 등으로 나누어 고찰한다. 소학류에는 자서(字書)·운서(韻書)·몽구서(蒙求書)가 포함된다. 경부 책판 중에서 결판(缺板)이 있는 경우 비고란에 총 결판수를 제시한다. 『규장각소장책판목록』에는 결판 면수가 적혀 있다.

사서는 내각·영영·영변부에서 판각한 『논어언해』·『논어집주대전』·『맹자언해』·『맹자집주대전』·『중용언해』·『중용장구대전』·『대학언해』·『대학장구대전』이 각 3종씩 소장되어 있다. 사서류의 경우 내각과 영영장판은 대부분 완질이지만 영변부장판은 완판이 하나도 없다. 이것은 오경류 등 기타 책판도 거의 유사하다. 영변부장판이 내각

표 3 규장각 소장 경부 사서 책판

서명	간지	간년	간기	권수	판수	완질	규장각 도서	비고
『논어언해』	내각	1820년	庚辰新刊	4권	144판	○	규 394 등	
	영영	1822년	壬午新刊	4권	143판	○		
	영변부	[1805년]	[乙丑○月日]	4권	130판	×		33판 결
『논어집주대전』	내각	1820년	庚辰新刊	20권	377판	×	규중 722 등	29판 결
	영영	1822년	壬午新刊	20권	385판	×		6판 결
	영변부	[1805년]	[乙丑○月日]	20권	356판	×		11판 결
『맹자언해』	내각	1820년	庚辰新刊	14권	291판	○	규 408 등	
	영영	1824년	甲申新刊	14권	288판	○	가람고 181.1-D13e	
	영변부	[1805년]	[乙丑四月日]	14권	251판	×		60판 결
『맹자집주대전』	내각	1820년	庚辰新刊	14권	315판	○	규중 368 등	
	영영	1824년	甲申新刊	14권	307판	○	가람고 181.1-J868d	
	영변부	1772년	崇禎紀元後三壬辰	14권	270판	×		15판 결, 규중 1755는 1805년판
『중용언해』	내각	1820년	庚辰新刊	1권	31판	○	규 368 등	
	영영	1828년	戊子新刊	1권	31판	○	일사고 181.1-J959ea	
	영변부	[1805년]	[乙丑四月日]	1권	23판	×		13판 결
『중용장구대전』	내각	1820년	庚辰新刊	1권	74판	○	규중 631 등	
	영영	1828년	戊子新刊	1권	73판	○		
	영변부	1805년	乙丑四月日	1권	63판	×	규중 1723	12판 결
『대학언해』	내각	1820년	庚辰新刊	1권	16판	○	규 730 등	
	영영	1828년	戊子新刊	1권	16판	○	가람고 181.1-D13e	
	영변부	[1805년]	[乙丑四月日]	1권	15판	×		4판 결
『대학장구대전』	내각	1820년	庚辰新刊	1권	46판	○	규 453 등	
	영영	1828년	戊子新刊	1권	43판	○	가람고 181.1-J868dd	
	영변부	1805년	乙丑四月日	1권	31판	×	규중 542 등	5판 결

장판이나 영영장판보다 일찍 판각된 것도 그 이유 중 하나이겠지만 관리를 소홀히 한 점이 더 큰 이유라고 생각한다. 영변부장판 『맹자

집주대전』의 경우 '숭정기원후삼임진하 영변부중간(崇禎紀元後三壬辰夏寧邊府重刊)', 곧 1772년(영조 48)에 제작한 판목이 규장각에 소장되어 있지만 이것으로 인출한 도서는 규장각에 없고, 대신 '규중 1755'의 경우 1805년에 간행한 도서로 '을축사월일 영변부개간(乙丑四月日寧邊府開刊)'의 간기가 있다. 이를 통하여 영변부에서는 1805년에 『맹자집주대전』을 새로 판각하였으나 현재 실전되었음을 알 수 있다.

책판의 서명, 간지, 간기, 권수, 판수, 완질 여부, 해당 책판으로 찍은 규장각 도서 등은 〔표 3〕과 같다. 비고에는 결판의 숫자 등을 적었고, 간기는 '○○장판(○○藏板)'은 빼고 간년만 적었다. 규장각 도서의 소장 여부는 향후 책판과의 면밀한 비교·검토를 통하여 보완할 필요가 있다. 간지 및 간년 등이 불명확하거나 추정한 경우는 [ ] 속에 표시하였다. 그리고 권을 나누지 않은 불분권(不分卷) 1책의 도서는 편의상 권수에 1권으로 표기하였다. 단 『곤여전도』와 『숙종어필』은 낱장으로 인쇄하였기 때문에 권수를 적지 않았다.

오경 책판은 『시경언해』·『시전대전』·『서전언해』·『서전대전』·『주역언해』·『주역전의대전』·『춘추좌씨전』·『예기집설대전』 등이 소장되어 있다. 춘방장판인 『춘추좌씨전』·『예기집설대전』, 영영장판인 『상례비요』와 내각장판인 『삼경사서정문』을 제외하면 모두 내각·영영·영변부장판으로 각 1종씩 총 3종이 있다. 이 중에서 『상례비요』는 신의경(申義慶)이 주희(朱熹)의 『주자가례(朱子家禮)』에서 상례(喪禮) 관련 원문을 위주로 하고 고금의 제가(諸家) 예설(禮說)을 참고하여 서술한 책인데, 김장생(金長生)과 김집(金集)이 다시 수정·증보하였다. 영영장판과 간지 미상의 책판 2종이 소장되어 있다. 경상감영에서는 『상례비요』를 여러 차례 판각·간행하였다. 영영장판 간기가 있는 『상례비요』는 '숭정삼임인추

표 4 규장각 소장 경부 오경 책판

서명	간지	간년	간기	권수	판수	완질	규장각도서	비고
『시경언해』	내각	1820년	庚辰新刊	20권	288판	○	규 345 등	
	영영	1828년	戊子新刊	20권	282판	×		6판 결
	영변부	[1805년]	[乙丑○月日]	20권	256판	×		41판 결
『시전대전』	내각	1820년	庚辰新刊	20권	465판	○	규중 218 등	
	영영	1828년	戊子新刊	20권	456판	○	규중 253 등	465판 추정
	영변부	[1805년]	[乙丑○月日]	20권	465판	×		43판 결
『서전언해』	내각	1820년	庚辰新刊	5권	204판	○	규 74 등	
	영영	1826년	丙戌新刊	5권	203판	×		2판 결
	영변부	[1805년]	[乙丑○月日]	5권	197판	×		32판 결
『서전대전』	내각	1820년	庚辰新刊	10권	417판	×	규중 120	2판 결
	영영	1826년	丙戌新刊	10권	412판	○	규중 1524	
	영변부	[1805년]	[乙丑○月日]	10권	421판	×		42판 결
『주역언해』	내각	1820년	庚辰新刊	9권	210판	○	규 73 등	
	영영	1828년	戊子新刊	9권	207판	○		
	영변부	1805년	乙丑七月日	9권	197판	×	규 1627	32판결
『주역전의대전』	내각	1820년	庚辰新刊	24권	652판	×	규 18 등	32판결
	[영영]	[1828년]	[戊子新刊]	24권	654판	×	규 59 등	2판결
	영변부	1805년	乙丑七月日	24권	583판	×	규중 73	52판결
『춘추좌씨전』	춘방	1875년	乙亥新刊	27권	459판	○	규 350 등	
『예기집설대전』	춘방	1875년	乙亥新刊	30권	724판	×	규중 283 등	2판결
『상례비요』	영영	1888년	崇禎五戊子夏	2권	70판	○		
	미상	미상		2권	72판	×		13판결
『삼경사서정문』	내각	1820년	庚辰新刊	10권	248판	×	규중 557 등	1판결

표 5 규장각 소장 경부 효경 · 소학류 책판

서명	간지	간년	간기	권수	판수	완질	규장각도서	비고
『효경언해』	[춘방]	[1879년]	[己卯新刊]	1권	13판	○	규 143 등	
『효경대의』	보양청	1874년	甲戌	1권	24판	○	규 1053 등	
	춘방	1879년	己卯新刊	1권	32판	○	규 1051 등	
『동몽선습』	춘방	1879년	己卯新刊	1권	11판	○	규 233 등	
『어정규장전운』	미상	미상		2권	90판	○	古 441.5-J466e	복각본
『전운옥편』	춘방	1879년	己卯新刊	2권	76판	×	규 256 등	2판 결
『진초천문』	미상	미상		1권	12판	○		

(崇禎三壬寅秋)', '숭정사임신하(崇禎四壬申夏)', '숭정사무신추(崇禎四戊申秋)', '숭정오무자하(崇禎五戊子夏)' 등이다. 임인년은 1782년, 임신년은 1812년, 무신년은 1848년, 무자년은 1888년이다. 규장각 소장 영영장판은 1888년의 책판이다. 그리고 삼경과 사서의 원문만을 뽑아 1820년 내각에서 간행한 『삼경사서정문』 1종이 있는데, 〔표 4〕에서 함께 다룬다.

효경류로는 『효경언해』 1종, 『효경대의』 2종, 소학류로는 『동몽선습』 1종, 『어정규장전운』 1종, 『전운옥편』 1종, 『진초천문』 1종이 있다. 『효경언해』는 간지·간년 미상으로 되어 있지만 1879년의 춘방장판으로 추정되고, 『효경대의』는 남송(南宋) 말엽의 학자 동정(董鼎)이 주희의 『효경간오(孝經刊誤)』에 의거하여 주석한 책으로 1874년 보양청, 1879년 춘방에서 판각한 것이다. 『동몽선습』은 박세무(朴世茂)가 편찬한 몽구서, 곧 아동용 교육서로 1879년 춘방에서 판각하였고, 『진초천문』은 당나라 지영(智永)이 쓴 천자문을 원나라 조맹부(趙孟頫)가 임서(臨書)한 몽구서이지만 간지 및 간년은 미상이다. 『어정규장전운』은 정조가 규장각의 신하들에게 명하여 1796년에 편찬·간행한 운서이고, 『전운옥편』은 『규장전운』을 모체로 하여 편찬한 부획사전(部劃辭典)이다. 『어정규장전운』은 복각본인데, 간지와 간년은 미상이다.

사부 책판

사부에 속하는 책판은 『고금역대표제주석십구사략통고』 2종, 『곤여전도』 1종, 『국조보감』 1종, 『대전통편』 1종, 『대전회통』 2종, 『동국통감』 1종, 『선원계보기략』 1종, 『소미가숙점교부음통감절요』 1종, 『소미통감절요』 1종, 『수교완문』 1종, 『어정인서록』 1종 등 13종이 있다. 앞서 언급하였듯이 『광묘어제훈사』 등은 집부 어제류에서 다룬다.

표 6 규장각 소장 사부 책판

서명	간지	간년	간기	권수	판수	완질	규장각도서	비고
『고금역대표제주 석십구사략통고』	춘방	1879년	己卯新刊	9권	338판	○		
	[영변부]	[1800년]	庚申四月日	8권	319판	×		9판 결
『곤여전도』	미상	1860년	咸豊庚申降婁海東重刊		3판	×	규 26678	1판 결
『국조보감』	[내각]	[1909년]		82권	1,216판	×	규 22 등	19판 결
『대전통편』	[내각]	1785년	乙巳彙輯	6권	167판	×	규 888 등	62판 결
『대전회통』	[내각]	1865년	乙丑補輯	6권	195판	×	규 1302 등	1판 결
	미상	[1865년]		6권	201판	×		2판 결
『동국통감』	미상	미상		56권	533판	×		23판 결
『선원계보기략』	[내각]	[1783년]		21권	6판	×		서문 5판, 본문 권17의 3판만 소장
『소미가숙점교 부음통감절요』	영영	1832년	歲在壬辰	26권	321판	×		권1～24 결
『소미통감절요』	춘방	1879년	己卯新刊	50권	510판	○	규중 910 등	
『수교완문』	미상	1866년		1권	5판	×	經古 340-Su35	1판 결
『어정인서록』	미상	1794년	甲寅初印	4권	8판	×	규 2832 등	서문 4, 6, 8, 본문 전체 결

표 7 규장각 소장 자부 책판

서명	간지	간년	간기	권수	판수	완질	규장각도서	비고
『고경중마방』	영변부	1805년	乙丑七月日	1권	16판	○	일사 고 170-Y56g	
『명가필적』	미상	미상		1권	11판	○		
『숙종어필』	미상	[경종]			4판	○	규 11963	
『소학대문』	미상	미상		6권	51판	[○]		면수 대조 불가
『소학언해』	내각	[1744년]		6권	251판	○	규 443 등	
	영영	[19세기]		6권	248판	○	[가람고 181.1So25o]	
『소학제가집주』	춘방	1875년	乙亥新刊	6권	154판	○	규 11010 등	
	미상	미상		6권	160판	○		
『숙흥야매잠』	미상	미상		1권	3판	○		
『심경부주』	영변부	1805년	乙丑九月日	4권	60판	×	상백고 181.1346-J562s	8판 결
『화동서법』	미상	미상		1권	27판	○		

자부 책판

자부에 속하는 책판은 『고경중마방』 1종, 『명가필적』 1종, 『숙종어필』 1종, 『소학대문』 1종, 『소학언해』 2종, 『소학제가집주』 2종, 『숙흥야매잠』 1종, 『심경부주』 1종, 『화동서법』 1종 등 11종이 소장되어 있다. 영영장판 『소학언해』는 19세기의 책판으로 추정된다. 『어제고금역대귀감』 등은 집부에서 다룬다.

집부 책판

집부 책판은 2종인 『어제상훈』을 제외하고는 모두 1종씩 소장되어 있다. 이는 총집류 어제, 별집류 어제, 별집류 일반으로 분류할 수 있다. 총집류 어제에는 『열성어제』, 별집류 어제에는 『광묘어제훈사』, 『광국지경록』, 『속광국지경록』, 『어제근팔유곤록』, 『어제엄제방유곤록』, 『어제유찬수제신』, 『어제조훈』, 『어제추모록』, 『어제영세추모록』, 『어제근정훈유』, 『어제상훈』, 『어제속상훈』, 『어제준석년정동위관례문』, 『어제훈서』, 『유양성렬록』, 『어제고금역대귀감』, 『어제수덕전편』, 『어제심감』, 『어제자성편』, 『어제속자성편』, 별집류 일반에는 『두율우주』, 『명고집』, 『아송』, 『어정주서백선』이 포함된다. 이 중에서 『어제유찬수제신』은 『천의소감』의 서문이기 때문에 목판명을 『천의소감』으로 바꾸어야 한다.

이상의 내용을 종합하여 총집류 어제, 별집류 어제, 별집류 일반의 순서로 주요 사항을 제시하면 〔표 8〕과 같다. 별집류 어제의 경우 간지 미상인 경우가 많지만 대부분은 운각[교서관]에서 판각한 것으로 추정되기에 간지를 운각으로 처리하였다. 그리고 별집류 어제는 찬자 및 판각 연대 순서로 제시하되 속편의 성격을 지니는

표 8 규장각 소장 집부 책판

서명	간지	간년	간기	권수	판수	완질	규장각도서	비고
『열성어제』	[운각]	1726년		18권	374판	×	규 2869 등	11판 결
『어제심감』	[운각]	1742년		1권	6판	×	규 5694 등	2판 결
『광국지경록』	교서관	1744년		1권	15판	×	규 1184 등	14판 결
『속광국지경록』	내각	1771년		1권	8판	×	규 1698 등	9판 결
『어제상훈』	운각	1745년	芸閣刊印	1권	11판	○	규 2430 등	史閣藏板
	운각	1745년	芸閣刊印	1권	11판	○		史閣藏板
『어제속상훈』	운각	1758년		1권	7판	×	규 2422 등	4판 결
『어제자성편』	[운각]	1746년		1권	25판	×	규 3224 등	26판 결, 文政殿編輯
『어제속자성편』	[운각]	1759년		1권	15판	×	규 3458 등	10판 결
『광묘어제훈사』	운각	1747년	芸閣開刊	1권	9판	×	규 5701 등	1판 결, 沁都藏板
『어제유찬수제신』	[운각]	1755년		3권	3판	×	[규 1545 등]	1판 결, 闡義昭鑑序
『어제훈서』	[운각]	1756년	齋室編錄	1권	22판	○	규 2427 등	沁都藏板
『어제고금역대귀감』	운각	1757년	芸閣刊印	1권	5판	×	규 1730 등	史庫藏板
『유양성열록』	[운각]	1762년		1권	5판	×	고 5120-25	1판 결
『어제조훈』	[운각]	1764년		1권	20판	×	규 3436 등	1판 결
『어제영세추모록』	[운각]	1764년		1권	10판	○	규 1476 등	
『어제추모록』	[운각]	1770년		1권	4판	○		
『어제엄제방유곤록』	[운각]	1765년		1권	6판	×	규 3989 등	9판 결
『어제근팔유곤록』	교서관	1769년	校書館刊印	1권	15판	×	규 5698 등	1판 결, 奎章閣藏板
『어제근정훈유』	[운각]	1771년		1권	6판	×	규 5693 등	
『어제수덕전편』	운각	1771년	芸閣刊印	1권	13판	×	규 3195 등	1판 결, 史庫藏板
『어제준석년정동위관례문』	운각	1773년	芸閣新鐫	1권	9판	×	규 5230 등	본문 2, 4, 간기 결, 史庫藏板
『두율우주』	미상	미상		2권	72판	○		
『명고집』	영변부	1833년		10권	66판	×		8판 결
『아송』	미상	[1799년]		8권	71판	○	고 3424-1 등	복각본
『어정주서백선』	미상	[1794년]		6권	94판	○		복각본

글은 나란히 보인다.

규장각 소장 책판은 판수로 볼 때 경부가 압도적인 비중을 차지한다. 경부 중에서도 사서삼경은 내각장판·영영장판·영변부장판 3종이 모두 소장되어 있어 특히 주목된다. 이들 사서삼경을 포함하여 『효경언해』와 『효경대의』 등의 도서는 유학을 중시하던 조선의 학문 풍토를 보여 주는 동시에 교육서로써 중요한 의미를 갖는다. 그리고 사부의 경우 『고금역대표제주석십구사략통고』, 『소미가숙점교부음통감절요』, 『소미통감절요』 등은 조선 시대에 빈번하게 이용하던 역사 교재이다. 따라서 규장각 소장 책판은 당시에 가장 수요가 많았던 교육서의 간행·보급을 통하여 유학을 진흥시키려는 국가적 관심이 반영된 결과라 할 수 있다. 그리고 집부의 경우 어제류가 상당수를 차지하고 있는데, 이는 국왕의 권위를 높이고 신민(臣民)을 교화하려는 문치주의(文治主義) 정책을 여실히 보여 준다.

3. 규장각 소장 영영장판의 현황과 성격

앞서 살펴본 규장각 소장 책판 중에서 영영장판 소장 현황을 종합하여 제시하고 책판의 성격을 검토하고자 한다. 『규장각소장책판목록』 중에서 영영장판이라는 간지(刊地)가 판각되어 있는 것은 『논어언해』, 『논어집주대전』, 『맹자언해』, 『맹자집주대전』, 『중용언해』, 『중용장구대전』, 『대학언해』, 『대학장구대전』, 『시경언해』, 『시전대전』, 『서전언해』, 『서전대전』, 『주역언해』, 『상례비요』, 『소미가숙점교부음통감절요』, 『소학언해』 등 16종이다. 그런데 『주역전의대전』의 경우 내각장판, 영변부장판, 간지 미상 장판 등 3종이 소장되어 있다. 이는 앞서 살펴보았듯이 사서오경의 경우 대부분 내각·영영·영변부장판이 소장된 것으로 볼 때 간지 미상의 장판은 영영장판으로 보아야 타당하다. 따라서 이를 포함하면 영영장판은 모두 17종이 된다.

그렇다면 규장각 소장 『명고집』 책판의 경우 간지가 어디이고 간년은 언제일까? 『명고집』은 선조 연간에 활동한 문신 임전(任錪, 1560~1611)의 문집이다. 그런데 이 문집은 모두 세 차례에 걸쳐 목판으로 판각되어 간행되었다. 초간본은 임전의 외현손(外玄孫) 박권(朴權, 1658~1715)이 집안에 보관 중인 시고(詩稿)를 바탕으로 저자의 유문(遺文)을 수집·편차하여 경상도 관찰사로 재임하던 1704년에 대구(大丘)에서 8권 1책의 목판본으로 간행하였다. 초간본은 현재 규장각(규 6938) 등에 소장되어 있다. 중간본인 보각본(補刻本)은 현손 임술(任述)이 김천 찰방(金泉察訪)으로 부임하여 초간본 중에서 파손된 부분을 새로 판각하고, 정호(鄭澔, 1648~1736)에게 받은 서문과 이정구(李廷龜) 등이 지은 만사(挽詞) 등을 새로 판각하여 1726년에 8권 2책의 목판본으로 간행하였다. 보각후쇄본은 장서각(k4-5989)에 소장되어 있다. 삼간본은 7세손 임성고(任聖皐)가 영변 부사(寧邊府使)로 재임하던 중 초간본에 유문(遺文) 등을 추가하여 1833년에 10권 2책의 목판으로 간행하였다. 이 판본은 국립중앙도서관(한45-가200), 고려대학교 중앙도서관(육당D1-A85) 등에 소장되어 있다. 현재 규장각 소장 『명고집』 책판은 10권 2책으로 편차되어 있고, 목차와 내용이 영변부장판과 동일하기 때문에 영변부장판에 포함시켜야 한다. 다만 1704년에 대구감영에서 목판을 제작한 뒤 초간본을 간행한 사실에 의거할 때 영영장판이 있었으나 현재는 일실된 것으로 보인다.

따라서 현재 규장각에 소장된 책판 중에서 영영장판으로 확정할 수 있는 것은 간지가 판각되지 않은 『주역전의대전』을 포함하여 17종 4,139장이라 할 수 있다. 그러나 앞서 언급하였듯이 간지 미상인 책판이 여러 종 있고, 이 중에서 영영장판일 가능성이 있는 책판도 있다. 예를 들면 『두율우주』가 그중 하나이다. 현재 완영장판(完營藏板) 『두율우주』가 전북대 박물관에 소장된 것으로 보아 어쩌면 간지 미상의 『두율우주』는 영영장판일 가능성도 있다.

또한 일부 책판의 경우 판수를 잘못 헤아리거나 책을 편집하는 과정에서 오류가 발생한 경우도 있는 듯하다. 그중 대표적인 경우가 영영장판 『시전대전』이다. 영영장판 『시전대전』은 20권 456판(板) 완질판(完帙板)으로 되어 있는데, 465판의 오류로 보인다. 왜냐하면 내각장판 『시전대전』의 경우 20권 465판 완질판으로 되어 있는데, 영영장판의 경우도 완질판이고 내각장판과 서지 사항이 거의 같기 때문이다. 향후 판수를 다시 검토할 필요가 있다. 만약 465판이 맞다면 규장각 소장 영영장판의 판수는 9매가 늘어난다. 여기에서는 일단 『규장각소장책판목록』에 따라 456판으로 계산하였다. 이것은 간지 미상으로 되어 있지만 영변부장판으로 추정되는 『시전대전』을 검토하면 더욱 명확해진다. 영변부장판 『시전대전』은 도(圖)의 3·7·10·19·20면, 권1의 12·19·20·22면, 권3의 30·31면, 권4의 33·34면, 권6의 1·2·11면, 권7의 18·19면, 권8의 30면, 권9의 10면, 권10의 4면, 권11의 19·20면, 권12의 27·28면, 권14의 2·13·16·20면, 권16의 27·28·37~39면, 권18의 2·29·63·64·74면, 권19의 40면, 권20의 38·41·46면 등 43판이 결판인데도 20권 465판으로 적혀 있어 의문이 증폭된다. 다른 판목이 섞여 있거나 판수를 잘못 헤아린 듯하다. 따라서 향후 규장각 소장 책판에 대한 면밀한 조사를 통하여 간지와 간년, 판수 등을 보다 명확하게 밝힐 필요가 있다.

앞서 살펴보았듯이 규장각 소장 영영장판 경부 책판의 제작 시기의 경우 임오년은 1822년, 갑신년은 1824년, 병술년은 1826년, 무자년은 1828년, 임진년은 1832년이다. 이에 의거하여 『규장각소장책판목록』에 수록된 영영장판 중에서 간년 등을 잘못 파악하거나 명시하지 않은 책판을 제시하고 그 오류를 바로잡은 것은 다음과 같다. 먼저 『대학장구대전』은 1820년이 아니라 1828년이다. 목록에서는 간기(刊記) 무자년을 경진년으로 잘못 기록하였다. 『맹자언해』와 『맹자집주대전』에서 갑신년을 비정하지 못하였으나 이는 1824년이다. 『주역언해』의 경우 무자년은 1828년인데, 목록의 '무인신간(戊寅新刊)'은 '무자신간(戊子新刊)'의 오류이다. 그리고 간지와 간년이 미상으로 된 『주역전의대전』은 경상감영에서 1828년에 판각한 영영장판으로 추정된다. 『소미가숙점교부음통감절요』의 '세재임진(歲在壬辰)'은 1832년으로 추정된다. 『상례비요』의 '숭정오무자하(崇禎五戊子夏)'는 1828년이 아니라 1888년이다. 『소학언해』의 경우 권수에 영조의 어제 서문이 실려 있는데, 찬술 시기가 '세갑자춘이월하한(歲甲子春二月下澣)'으로 적혀 있다. 갑자년은 1744년이다. 그런데 영영장판 『소학언해』는 후대에 판각한 것으로 그 시기를 확정할 수 없지만 아마도 19세기에 제작한 장판으로 추정된다. 이상의 내용을 종합하여 영영장판의 현황을 표로 보이면 〔표 9〕와 같다.

〔표 9〕를 통해 알 수 있듯이 규장각 소장 영영장판은 『논어언해』, 『논어집주대전』, 『맹자언해』, 『맹자집주대전』, 『중용언해』, 『중용장구대전』, 『대학언해』, 『대학장구대전』, 『시경언해』, 『시전대전』, 『서전

표 9　규장각 소장 영영장판 책판

서명	간지	간년	간기	권수	판수	완질	규장각도서	비고
『논어언해』	영영	1822년	壬午新刊	4권	143판	○		
『논어집주대전』	영영	1822년	壬午新刊	20권	385판	×		6판 결
『맹자언해』	영영	1824년	甲申新刊	14권	288판	○	가람고 181.1-D13e	
『맹자집주대전』	영영	1824년	甲申新刊	14권	307판	○	가람고 181.1-J868d	
『중용언해』	영영	1828년	戊子新刊	1권	31판	○	일사고 181.1-J959ea	
『중용장구대전』	영영	1828년	戊子新刊	1권	73판	○		
『대학언해』	영영	1828년	戊子新刊	1권	16판	○	가람고 181.1-D13e	
『대학장구대전』	영영	1828년	戊子新刊	1권	43판	○	가람고 181.1-J868dd	
『시경언해』	영영	1828년	戊子新刊	20권	282판	×		6판 결
『시전대전』	영영	1828년	戊子新刊	20권	456판	○	규중 253 등	465매 추정
『서전언해』	영영	1826년	丙戌新刊	5권	203판	×		2판 결
『서전대전』	영영	1826년	丙戌新刊	10권	412판	○	규중 1524	
『주역언해』	영영	1828년	戊子新刊	9권	207판	○		
『주역전의대전』	[영영]	[1828년]	[戊子新刊]	24권	654판	×	규 59 등	2판 결
『상례비요』	영영	1888년	崇禎五戊子夏	2권	70판	○		
『소미가숙점교부음통감절요』	영영	1832년	歲在壬辰	26권	321판	×		권1～24 결
『소학언해』	영영	[19세기]	甲子春二月	6권	248판	○	[가람고 181.1So25o]	

언해』, 『서전대전』, 『주역언해』, 『주역대전전의』, 『상례비요』, 『소미가숙점교부음통감절요』, 『소학언해』 등 17종 4,139장이다. 이 중에서 경부는 『논어언해』 등 15종, 사부는 『소미가숙점교부음통감절요』 1종, 자부는 『소학언해』 1종이다. 이들 책판의 공통점은 교육용 도서라는 점이다. 유교를 국시로 하는 조선왕조에서 유학의 보급과 진흥을 통한 인재 양성은 가장 중요한 문제였고, 이를 위하여 이와 관련된 도서의 간행과 보급에 심혈을 기울였다. 조선 후기에 내각에서 경서 등을 활자본으로 간행한 뒤 활자본 간행 도서를 지방 감

영에 보내 팔도의 감영에서 이를 목판본으로 간행하고 각 군현과 서원 등지에 보급하도록 하였다.

현재 규장각에 소장되어 있는 영영장판은 바로 이러한 출판 정책의 유산이자 조선 후기 출판문화의 정수라고 할 수 있다. 이것은 영변부장판 18종 3,711판도 동일하다. 영변부장판의 경우 경부 15종은 영영장판과 서명이 동일하다. 이 외에 사부 『고금역대표제주석십구사략통고』 1종과 자부 『고경중마방』 1종도 교육용 도서이다. 다만 『명고집』은 임전의 7세손 임성고가 영변 부사로 부임한 뒤 조상을 현창하기 위하여 간행하였다는 점에서 성격을 달리한다. 또한 현재 전북대 박물관이 소장하고 있는 60여 종 5,059판의 완영장판도 책판의 성격이 유사하다.

그런데 경상감영에서는 현재 규장각에 소장되어 있는 영영장판 이외에도 수많은 책판을 제작하여 도서를 간행하였으나 이들 책판의 행방이 묘연한 상태이다. 경상감영에서 제작한 책판은 『각도책판목록(各道冊板目錄)』과 『누판고(鏤板考)』 등의 책판목록은 물론이고, 영영장판으로 인쇄한 도서 등을 통해서도 확인할 수 있다. 그러나 현재 남아 있는 책판은 규장각 소장 영영장판의 실물이 대부분을 차지한다. 향후 경상감영에서 제작한 책판과 이 책판으로 인출한 도서의 목록을 작성하여 경상도의 출판 관련 제반 사항을 연구하고, 책판이 망실된 이유에 대해 조사할 필요가 있다. 동시에 팔도 감영의 책판 전체로 연구를 확대하여 지방의 출판문화를 총체적으로 검토해야 한다.

4. 맺음말

전통 시대 출판에서 목판본과 활자본은 상보적인 관계였다. 활자는 국가에서 주조·관리하여 도서를 간행하였지만 주조 비용이 매우 비쌌다. 우리나라의 경우 활자는 보통 10만 자에서 20만 자를 주조하여 엄청난 비용이 들었기 때문에 국가 주도로 이루어졌다. 조선 태종이 1403년에 계미자(癸未字)를 주조한 이후 조선 시대에 25차례 이상 활자를 주조하여 도서를 간행하였다. 그런데 가장 큰 비용 문제는 한자(漢字)라는 문자의 특성에서 기인하였다. 한자는 일단 글자의 숫자가 많았고, 책을 인쇄할 때 조판에 사용되는 활자의 수가 일정치 않았기 때문에 활자의 사용 빈도를 감안해 주조 숫자를 달리함으로써 인쇄에 대비하였다. 한글이나 알파벳의 경우 한자와 달리 주조할 활자의 숫자가 매우 적기 때문에 비용이 저렴한 것과 상반된다. 그리고 활자를 조판하여 한 번 도서를 인쇄한 뒤에는 활판(活版)에서 활자를 털어 보관하기 때문에 다시 인쇄하기 위해서는 활판을 다시 짜야 하는 번거로움이 있었다. 그러나 활자는 책판에 비하여 마모가 거의 없기 때문에 반영구적으로 사용할 수 있었고, 목판에 비하여 보관비용이 매우 저렴하였다.

이에 반하여 책판은 한 번 목판을 제작하면 필요할 때마다 인쇄하여 책을 제작할 수 있다는 장점이 있지만 판목의 확보와 판각 과정에서 제작 기간이 오래 걸리고 제작과 보관 비용이 비쌌다. 또 화재와 수재, 충식(蟲蝕)과 부식(腐蝕) 등에 취약하며, 여러 번 인쇄하면 목판이 손상되는 등의 단점이 있었다. 목판은 목질에 따라 다르지만 일반적으로 300번 내외를 인쇄하면 손상이 되기 때문에 보판(補板)을 제작하였다. 그럼에도 불구하고 목판은 사적(私的)으로 활자를 주조

할 수 없었던 상황에서는 매우 유용한 출판 수단이었기 때문에 중앙과 지방의 관청은 물론이고 문중이나 사찰 등지에서도 목판을 제작하여 도서를 간행하였다.

규장각에 소장된 104종 17,821장의 책판은 조선 후기 출판문화의 수준과 경향을 보여 주는 중요한 자료이다. 경부가 대다수를 차지하지만 사부, 자부, 집부 등의 책판도 다수 있다. 또한 내각[규장각]·운각[교서관]·춘방[시강원] 등 궁중의 장판은 물론이고, 영영과 영변부의 지방 장판까지 망라하고 있다. 이렇게 다양하고 많은 수의 책판을 소장한 기관으로는 규장각이 유일하다.

현재 규장각에서 소장하고 있는 책판의 제작 시기는 18세기부터 19세기 후반까지이다. 이전에도 많은 책판이 제작되었으나 현재 전해지지 않고 있다. 그리고 규장각 소장 책판의 이전 시기와 관련하여 내각과 춘방 장판 등은 대부분 제실도서로 이관되었다가 1913년에 조선총독부로 옮겨졌는데, 이는 『조선총독부참사관분실관계서류』 소장 책판목록을 통하여 확인할 수 있다. 그러나 영영과 영변부의 장판은 현재까지 이동 시기와 경로를 자세히 확인할 수 없다. 다만 1913년 이후에 총독부가 주관하여 영영과 영변부의 책판을 이관하였고, 경복궁 천자고에 보관하다가 1975년에 서울대학교로 이관한 것으로 추정된다.

규장각 소장 영영장판은 『논어언해』, 『논어집주대전』, 『맹자언해』, 『맹자집주대전』, 『중용언해』, 『중용장구대전』, 『대학언해』, 『대학장구대전』, 『시경언해』, 『시전대전』, 『서전언해』, 『서전대전』, 『주역언해』, 『주역대전전의』, 『상례비요』, 『소미가숙점교부음통감절요』, 『소학언해』 등 17종 4,139장이다. 이들 책판은 교육용 도서라는 공통점을 갖고 있으며, 조선 후기 경상도의 출판문화를 대표하는 중요한 자료로서 그 가치가 크다. 이것은 규장각 소장 영변부장판, 전북대 박물관 소장 완영장판도 동일한 성격을 갖는다.

규장각 책판목록과 참사관분실 목판목록을 비교할 때 판수가 그대로 보존된 것도 있지만 일부는 판수가 줄거나 늘어난 경우도 있다. 판수가 줄어든 것은 대부분 보관 과정에서 잃어버린 것이다. 그러나 판수가 늘어난 경우는 참사관분실의 목판과 규장각의 책판이 다른 판목이거나 정리 과정에서의 착오가 있었던 것으로 보인다. 이를 해명하기 위해서는 향후 규장각 소장 책판에 대한 전면적인 조사와 정리를 할 필요가 있다. 그리고 영영과 영변부 책판의 제작과 간본의 보급, 책판의 이동 시기 및 경로 등에 대한 연구가 시급한 상황이다. 동시에 규장각 소장 영영장판과 영변부장판, 전북대 박물관 소장 완영장판의 상호 비교 연구도 필요하고, 아울러 경상도·전라도·평안도 이외 감영 책판의 현존 여부와 망실에 대한 조사도 이루어져야 한다.

참고문헌

자료

『各道冊板目錄』

『奎章閣圖書韓國本綜合目錄』

『奎章閣所藏冊板目錄』

『鏤板考』

『侍講院冊役所日記』

『帝室圖書目錄』

『朝鮮總督府參事官分室關係書類』

논문

김남기, 「규장각 소장 책판의 현황과 가치」, 『古典籍 2』, 한국고전적보존협의회, 2006.

김남기, 「규장각 소장 嶺營藏板의 현황과 성격」, 『嶺南學』 61, 경북대학교 영남문화연구원, 2017.

김윤제, 「奎章閣所藏冊板의 내용과 소장처 분석」, 『태동고전연구』 32, 한림대학교 태동고전연구소, 2014.

玉泳晸, 「侍講院의 書籍編纂과 刊行記錄 考察」, 『서지학연구』 18, 한국서지학회, 1999.

제3장

경상감영 책판목록의 현황과 기록내용 분석[*]

—『누판고(鏤板考)』와『서책목록(書冊目錄)』을 중심으로 —

_옥영정

1. 머리말

책판은 지식의 생산·보급·수용에 관여했던 모든 사람의 삶의 역정을 현대적으로 증언해 주는 살아 있는 사료(史料)다. 현전 자료로 보더라도 고려 시대부터 20세기에 이르기까지 판각되었으며, 지역 내의 학파나 문중 그리고 중앙 및 지방관아를 중심으로 이루어진 문화적 기반 위에 만들어진 것임을 확인할 수 있다. 또한 한국의 책판은 한국 고유의 유교·불교문화의 특성에 의해 제작이 이루어지고 보존되었다. 그렇기 때문에 우리나라에 현존하는 책판은 단순히 당시의 인쇄문화만을 반영하고 있는 것이 아니라 새겨진 글자나 도판에 담겨 있는 선조들의 지식과 사상, 그리고 이것이 제작

* 이 글은 2017년 5월 19일 안동에서 개최된 "영영장판과 영남의 출판문화" 학술대회의 발표 내용을 수정 · 보완한 것이다.

될 수 있었던 여러 사회적 배경의 혼합물로서 소중한 기록문화유산인 것이다.

최근 들어 책판은 수록된 내용에서 드러나는 전통 시대 지식 생산과 전승뿐만 아니라 책판 제작의 문화사적 배경이나 보존·관리 등 다양한 측면에서 학술적 연구가 이루어지면서 그 중요성이 새롭게 인식되고 있다. 이제는 문화유산으로 남아 미래에 남겨 주어야 할 소중한 가치로 자리매김되고 있는 것이다.

책판과 판목에 관해서 조선 후기 이덕무(1741~1794)가 남긴 글에는 책판의 유용성과 더불어 교서관 및 경상감영에 책판이 많았다는 것과 보존을 위한 방법, 제작과정 중에 소금물에 삶는 것 등을 언급하고 있다.

> 교서관(校書館) 서판은 원래 보관하는 집이 없어 파괴된 가옥 양쪽 끝에 쌓아 두었으므로, 시렁이 무너져 판각이 달아나고 땅에 붙은 부분은 습기에 차 썩는다. 또 인쇄를 뜨는 먹도 송연(松煙)이 조악(粗惡)하고 재나 모래가 반이나 섞이고 흙탕물이 스며든다. 벼루도 질이 좋지 않은데다 건성으로 대략 갈므로 힘을 들여 억지로 인쇄하니, 동활자라도 부서져 버릴 텐데 연약한 나무야 말할 나위도 없다. 또 한 번 인쇄한 뒤에는 습기에 찬 것을 그대로 햇볕에 흩어 놓아 뒤틀려 벌어지고 주름이 지니, 전공(前功)이 아깝게 된다.
>
> 경상감영(慶尙監營)에 서판이 많았는데 심지어는 흙탕 뜰에 벌려 놓아 진흙 발에 밟히게까지 되니, 물과 불에 의한 해 외에 일대 액(厄)이라 하겠다.

> 해인사(海印寺)의 불경판은 시렁에 질서 정연하게 꽂아 본받을 만하니, 교서관도 이 방법을 쓰는 것이 좋겠다. … 소금물로 삶아 말린 뒤에 비로소 글자를 새기는데, 만약 습기가 있으면 글자를 새긴 뒤에 마르게 되어 사란(絲欄)과 글자가 줄어들어서 장마다 들쭉날쭉하여 고르지 못하게 된다.[1]

그가 경상감영의 책판을 직접 보았는지에 대해서는 확인하기 어렵지만 위의 글을 통해서 책판의 효용성에 대한 당시의 인식을 일부나마 엿볼 수 있다. 즉 판각이 닳아지고 땅에 붙은 부분은 습기에 차 썩기도 하였으며, 인쇄한 후에 방치되어 뒤틀리거나 주름지는 것이 있음을 걱정할 정도였다. 그 당시에도 책판의 보존·관리가 그다지 수월하지 않았음을 짐작할 수 있다.

책판과 관련한 기록물 중에 각 지역 또는 소장처의 현황을 정리한 책판목록은 책판이 생성된 이후에 작성되는 것으로서 수록된 내용의 1차적 분석만으로도 확인할 수 있는 것이 많다. 어디에 어떻게 책판을 보관할 것인지 정하는 보관 장소의 선정, 보관 건물(장판각)의 규모, 장판각의 건립과 수리에 대한 내용 등을 추정할 수 있으며, 이와 함께 책판의 보존과 관련된 기록의 형태가 후쇄본의 간

---

1 李德懋,『靑莊館全書』卷61, 盎葉記 8, "書版當愛惜條, 書籍一板之刻 爲百代之利 萬人之益 此天下至寶也 校書館書版 元無庋閣之制 積置於敗屋 兩端冒格 脫葉親地處腐濕 且其刷榻之墨 松煤麤惡半雜灰沙 浸以塵埃之水 漉置惡石 粗搗罯磨 極力刷塗 銅字亦泐 何論脆木 一經濕刷 散置烈陽 翻張坼 前功可惜 慶尙監營 多書版 甚至列置泥庭 以承沾 足可謂水火 以外一大厄也 海印寺佛經版 揷架井井 可以爲法 校書館 亦用此法可也 至若刷墨 用精墨精硯 或用墨末調脂 仿印色法 可也. 版木條. 書版之材 中國用紅梨木 倭人用樺木 我國用杪木 不必專用杪木 兼用紅梨與樺木 以廣其用 烹以塩水待其乾燥 始刻字 若有濕氣 則刻字後始乾 所刻絲欄與字縮小 衆葉參差不齊 監董國朝寶鑑刻版時 方覺此理."(韓國文集叢刊 제259책,『국역 청장관전서』, 조성래 역, 민족문화추진회, 1981.)

행, 보판을 통한 교체와 해체 등에 이르기까지 매우 방대한 내용을 포함하면서 다양하게 나타난다. 또한 책판목록은 작성 당시 전국에 흩어진 상태인 책판들을 지역별로 수록하고 있으므로, 그 지방에서 간행되거나 보관된 전적들의 단면을 확인할 수 있는 문헌이다. 대구의 경상감영에도 이러한 목록에 수록된 책판의 실물이 전해지며, 당시에 인출하여 서책으로 남은 것이 대부분 영영장판본으로 남아 있다.

이 장에서는 영남지방, 특히 경상감영을 중심으로 책판이 수록되어 있는 책판목록[2]을 정리하고 그중 관 주도의 공식적 기록으로서 의미를 지니는 『누판고(鏤板考)』와 『서책목록(書冊目錄)』에 수록된 영영의 책판을 살피고자 한다. 두 책판목록 중에 『서책목록』은 원 자료로 남은 마지막 공식 기록으로서 특히 주목된다.

주지하다시피 경상도는 전라도와 더불어 한국의 인쇄문화사에서 큰 기둥 역할을 했던 지역이다. 조선 전기와 후기를 막론하고 많은 양의 서적을 간행해 냈다. 하지만 관판인쇄의 주역으로서 경상감영에서 판각된 책판들은 규장각이나 대구 지역의 사찰(寺刹)에서 일부 확인되는 것을 제외하고는 거의 남아 있지 않다. 따라서 책판목록에 대하여 보다 구체적인 검토를 진행하는 것은 경상감영 책판의 정확한 목록을 작성하는 데 필수적인 과정일 것이다.

---

2 이 장에서 다루는 '경상감영 책판'은 '경상감영에서 주도적으로 간행한 책판'으로 경상감영에 남아 있었거나 관리하는 책판 모두를 포함하였다. 책판은 그 소장처가 판각처가 될 수도 있고, 판각된 장소에서 다른 장판처로 이동하는 등 판각처와 소장처가 다를 수도 있기 때문이다. 따라서 책판목록에 수록된 내용을 중점적으로 살폈으며 정확한 분석을 위한 기초작업으로서 그 경향을 읽는 데 우선 목표를 두었다.

2. 경상감영 책판이 수록된 주요 책판목록의 현황

현재까지 알려진 것 중에 가장 오래된 책판의 보관 기록은 해인사의 대장경판 목록이다. 조선 시대에 들어서는 어숙권(魚叔權)이 편찬한 『고사촬요(攷事撮要)』의 내용 중 '팔도정도(八道程度)'의 '책판(冊板)' 항목이 그 처음이다. 『고사촬요』는 관리나 재야의 선비에게는 매우 긴요한 일용 유서(類書)였기 때문에 1554년(명종 9) 처음 편찬된 이후, 1771년(영조 7) 서명응이 그 내용을 대폭 개정·증보하여 『고사신서(攷事新書)』를 출간하기까지 무려 12차에 걸쳐 속찬(續撰)과 개수(改修)를 거듭하였다.[3] 그중에 책판에 관한 내용은 임진왜란 이전에 간행된 『고사촬요』에만 수록되어 있으며 1576년 간본이 현전하는 판본 중에 가장 이른 시기의 것이다. 대구에 경상감영이 설치되기 전에는 경주와 상주에 감영이 있었으므로 『고사촬요』에는 경주, 상주에 훨씬 많은 수량의 책판이 수록되어 있고, 대구에는 『가례(家禮)』, 『소미통감(少微通鑑)』, 『소전맹자(小全孟子)』, 『완화유수(浣花流水)』, 『이정전서(二程全書)』의 5종만 수록되어 있다. 1585년에 개정된 『고사촬요』에는 『거업(居業)』, 『명소학(明小學)』, 『수헌집(睡軒集)』, 『정절집(靖節集)』이 추가되었다. 『거업』은 『거업록요어(居業錄要語)』를, 『수헌집』은 『수헌선생시집(睡軒先生詩集)』을, 『정절집』은 『도정절집(陶靖節集)』을 의미하는 것으로 보인다. 이 중에 대구부에서 판각되고 남게 된 경위를 확인할 수 있는 것도 있다. 예컨대 권오복(權五福, 1467~1498)의 문집인 『수헌선생시집』은 형 권오기(權五紀)가 1509년경 동생의 유고 시문

3 金致雨, 「朝鮮朝 前期 地方刊本의 硏究 — 冊板目錄 所載의 現存刊本을 中心으로 —」, 성균관대학교 대학원 박사학위논문, 1999, 5쪽.

을 수집·편차하여 출간한 것을 후일 종손 권문해(權文海)[4]가 시문 여러 편을 증보하고 사적(事蹟)을 부록한 후, 박승임(朴承任)의 교정을 받아 1585년(선조 18) 자신이 부사(府使)로 재직하던 달성(達城)에서 출간한 것이다. 1585년 당시 간본은 규장각 등 주요 소장처에 남아 전해진다.

『고사촬요』 이후 관에서 편찬한 책판목록 중 잘 알려진 것으로는 정조의 명으로 1796년 작성된 『누판고』가 있다. 『누판고』는 17세기와 18세기를 아우르는 조선 후기 책판의 공식적 기록이라는 점에서 큰 의미를 지니는 책이며, 경상감영 책판에 대한 보다 정확한 목록 작성을 위한 기준점이기도 하다. 이에 대해서는 다음 절에서 『서책목록』과 함께 다루도록 하겠다.

1) 조선 후기 책판목록류

조선 후기 대구 경상감영 책판이 수록된 각종 책판목록류는 타 지역을 포함하는 다양한 서명의 목록 내에 포함되어 있다. 이 책판목록류는 『경상도책판(慶尙道冊板)』, 『책판치부책(冊板置簿冊)』, 『완영책판목록(完營冊板目錄)』, 『각도책판목록(各道冊板目錄)』, 『누판고』, 『교남책록(嶠南冊錄)』, 『영호열읍소재책판목록(嶺湖列邑所在冊板目錄)』, 『삼남소장책판(三南所藏冊板)』, 『제도책판록(諸道冊板錄)』, 『장판고(藏板考)』, 『책판록(冊板錄)』, 『서책목록』 등인데 이들 목록에 수록된 책판의 종수는 『경상도책판』에 42종, 『책판치부책』에 45종, 『완영책판목록』에 38종, 『각도책판목록』에 71종과 47종, 『교남책록』에 93종, 『영호

4 權文海는 1580년 公州牧使로 부임하여 刊行하려 하였으나 바로 遞任되어 뜻을 이루지 못하고, 1584년 가을 達城府使로 부임하여 이듬해인 1585년에 간행하였다

열읍소재책판목록』에 85종, 『삼남소장책판』에 31종, 『제도책판록』에 31종, 『누판고』에 71종, 19세기 말의 『완영객사책판목록(完營客舍冊板目錄)』에 75종, 『장판고』에 101종, 『책판록(경상도각읍소재책판)』에는 '대구영상(大邱營上)'에 49종, '대구본부(大邱本府)'에 45종으로 기록되어 있고 『서책목록』에는 121종을 기록하고 있다. 이 중에 '경상감영[嶺營]'을 별도로 표시하고 있는 목록은 『책판록(경상도각읍소재책판)』 내에 '대구영상', 『서책목록』의 '영상(營上)', 『완영객사책판목록』·『누판고』의 '영영장판(嶺營藏板)', 『책판록』의 '대구영상(大邱營上)' 등이다. 책판목록에는 '감영'과 '대구부'가 함께 수록된 것이 있기 때문에 유념할 필요가 있다. '경상감영'을 포함하는 책판목록은 대체로 대구부와 감영을 구분하지만 그렇지 않은 경우도 보인다는 것이다. 예를 들어 『고책판유처고(古冊板有處攷)』, 『경상도책판』, 『영남책판(嶺南冊板)』, 『책판치부책』, 『각도책판목록』(延) 등은 '영상(營上)'과 '대구부(大邱府)'를 구분하였다. 특히 1778년의 『각도책판록목록』의 경우 '경상감영', '우병영', '대구'로 구분되었다. 이에 반해 『삼남소장책판』과 『영호열읍소장책판』, 『고책판유처고』, 『각도책판목록』(奎)은 '대구'만 표시하였다. 이는 경상감영판의 정확한 범주 설정과 함께 논의되어야 할 부분이다. 즉 관찰영과 대구부를 구분할 것인지 또는 대구 지역 전체를 아우르는 보다 넓은 범위로 확장할 것인지에 대해서는 차후에 보다 체계적으로 논의할 필요가 있다. 이 글은 우선 책판목록에 수록된 내용을 중심으로 살펴본 것이며 관 주도로 제작·보관된 책판을 중심으로 다룬 것이므로 대구부와 관찰영을 모두 포함하였다.

책판목록에 대한 기존 연구[5]를 바탕으로 대구 경상감영 책판을 수록하고 있는 목록을 시기 순으로 정리해 보면 다음과 같다.

『경상도책판』은 국립도서관 소장본(古026-21)으로 1948년에 베낀 15장의 얇은 책이다. 동일한 내용으로 규장각에 『영남책판』이라는 표지서명으로 소장된 책도 있다. 규장각 소장본은 황해도 감영 소속 아전들의 명단을 기록한 『아전관안(衙前官案)』 이면에 기록된 것이다. 경상감영과 함께 경상도 31개 고을의 책판을 수록하였고 인출 시 필요한 종이의 수량을 기록하였다. '경상도 영상(營上)'이 35종, '대구'는 7종이다. 지명 중에 1767년 개칭된 산청(山淸)이 '산음(山陰)'으로 표기되어 있어 1767년 이전의 책판상황을 보여 주는 자료로 알려져 있다.

『책판치부책』은 영조 16년(1740)경에 경상도를 포함하는 7개 도의 책판목록을 수록하고, 하단에 인출 시 필요한 종이의 수량을 기록하였다. 대구의 책판 항목에서는 '영상(營上)'을 구분하지 않고 '대구'만 적고 41종의 책판을 수록하였다. 간혹 종이 수량 아래에 '판무(板無)', '완(刓)' 등과 같이 책판의 상태를 표시하고 있다.

『완영책판목록』은 전라도, 충청도, 경상도, 함경도 등의 감영과 각 고을에 소장되어 있는 책판을 영조 35년(1759) 2월에 조사한 기록이다. 이는 권수에 기록된 '건륭이십사년 이월일 완영책판목록

---

5 『韓國의 册板目錄』(윤병태 · 정형우 편), 保景文化社, 1995.
조정화, 「조선조 후기 영남관판본에 관한 연구」, 성균관대학교 박사학위논문, 1996.
조정화, 「영남지방 책판목록에 대한 고찰 — 작성 시기 고증을 중심으로 —」, 『도서관』 51, 1996, 95~125쪽.
유탁일, 『嶺南地方 出版文化論考』, 世宗出版社, 2001, 257~320쪽.
김소희, 「책판목록을 통해 본 조선 후기 완영의 출판문화 — 17~18세기를 중심으로」, 『한국고문서학회 발표집』, 2015. 11.

(乾隆二十四年 二月日 完營冊板目錄)'으로 알 수 있다. 4도를 아우르는 책판목록인데 『완영책판목록』으로 서명이 정해진 것은 권수제의 제목을 그대로 따랐기 때문이다. 책의 내용은 지명과 서명, 서명 하단에는 소용용지와 인출 시 필요한 종이의 수량, 문집일 경우 저자를 표시하고, 간혹 완결(刓缺) 여부 등을 기록하고 있다. 경상감영의 책판은 모두 28종이며, 책판 중에 박세채의 『남계집(南溪集)』은 해인사에 옮겼음을 표시하였다. 특히 이 목록은 규장각 소장본으로 정조의 세손 시절 장서인인 '관물헌(觀物軒)', '이극지장(貳極之章)'이 날인되어 있어 주목된다.

연세대 도서관 소장본인 『각도책판목록』(延)은 경상도, 전라도, 충청도, 평안도, 황해도, 함경도 등의 책판목록으로 정조 2년(1778)경에 편찬한 것으로 추정하는 책이다. 감영 항목 없이 대구에 71종의 책판을 수록하였다. 각 책판명 아래에 인출할 때 필요한 종이의 수량을 기록하고 있다.

또한 동일한 서명의 규장각 소장본 『각도책판목록』(奎)은 권수에 '도광경자년(道光庚子年)'이 필사되어 있어 헌종 6년(1840)에 편찬된 것으로 추정한다. 경기도, 강원도, 충청도, 황해도, 전라도, 경상도, 평안도 등 7개 도의 각 군에 있는 책판을 기록한 것이다. 광곽과 계선만 공책에 목판인쇄한 인찰공책지에 필사하였으며 책판명 아래에 책수, 완결 여부, 용입지(容入紙)의 수량 등이 기록되었다. 대구의 책판은 47종을 담고 있다.

『교남책록』은 성대중(成大中)이 수집한 가중장서(家中藏書) 중 영남 각지의 책판에서 찍어 낸 것만을 대상으로 조사하여 1783년에 엮은 것인데 대구의 서책으로 93종을 수록하였다. 엄밀한 의미에서

책판목록으로 보기 어려운 부분이 있지만 작성 연대가 드러나고 인지수 외에 책판의 상태를 알 수 있는 기록이 있어 책판목록류에 포함시켰다.

『누판고』는 서유구(徐有榘, 1764~1845) 등이 정조의 명으로 정조 20년(1796)에 편찬한 전국 책판해제목록이다. 이 책은 정조 2년(1778)에 전국에 유서(諭書)를 내려 각 기관과 개인이 소장한 책판의 목록을 올리게 하여 규장각에서 그 실존 여부를 살펴보고, 이를 중외장판적(中外藏板簿)에 기록하게 한 데서 비롯되었다. 서울의 관아와 팔도감영(八道監營)과 각 부(府), 목(牧), 군(郡), 현(縣), 서원(書院), 사찰, 사가(私家)에 장치되어 있는 책판을 조사하였고, 그 내용을 어찬서(御撰書), 어정서(御定書), 경부(經部), 사부(史部), 자부(子部), 집부(集部) 등 6개 분야로 나누고, 사부를 다시 유(類)로 세분하고 있다. 경상감영의 책판 61종과 대구 인근 사찰에 소장된 책판 16종을 수록하고 있다.

『영호열읍소재책판목록』은 1798년경에 필사된 것으로, 경상도와 전라도의 책판목록이다. 지역과 노정(路程), 책판명과 그 아래에 인출 시 필요한 종이의 수량을 기록하였다. 대구에 85종을 수록하였고 완결 여부나 부분적으로 책판의 상태 등을 기록하고 있다.

『삼남소장책판』은 수록된 책판의 간행 연대를 기준으로 1842년 이후에 편찬한 것으로 판단되는 책이다. 삼남(三南), 즉 전라도와 충청도, 경상도에 소장된 책판목록이며 필사본이다. 책판의 완질 여부, 소장된 책판, 인출 시 필요한 종이의 수량을 기록하고 있다. '경상감영 대구' 항목에 31종을 수록하였는데 사서삼경과 언해본을 각각 분리하여 14종으로 보면 전체 종수는 43종으로 파악된다.

『제도책판록』은 경상도 부분의 내용이 『삼남소장책판』의 목록 기재 순서 및 내용과 같다. 순조 말기에 만들어진 것으로 판단되며 전라도, 충청도, 경상도, 함경도 소장 책판의 목록이다. 책의 내용은 지역명과 서명, 인출 시 필요한 종이의 수량을 기록하고 있다.

『장판고』는 일본 천리대 도서관 소장본으로 25장이며 함경도, 교서관, 전라도, 경상도의 책판을 수록하였다. '영영'에 68종, '대구'에 33종을 수록하였으며 19세기 말에 작성된 것으로 보인다.

『책판록』은 권수제가 『경상도각읍소재책판』인 책이다. 경상도와 전라도의 책판목록으로 '경상감영'과 '대구부'를 구분하여 수록하였다. 감영에서 간행한 삼경사서의 신판 소요장수를 구판 아래에 적었는데 규격 단위나 책 크기가 변했을 가능성이 있다.

『서책목록』은 경상도 지역의 책판목록으로 절첩본 형태로 제작된 것이다. '대구부'를 별도로 표시하지는 않았지만 '영상(營上)' 항목과 구분하여 적고 있으며 모두 동화사(桐華寺), 용연사(龍淵寺), 용천사(湧泉寺) 등 대구 인근 사찰에 소장한 것으로 기록하였다. 『책판록』과 수록된 책판의 내용의 순서가 거의 비슷한데 『책판록』에 추가로 적은 삼경사서의 신판 소요장수가 그대로 수록되어 있어 이 책이 『책판록』의 최신 내용을 반영하여 작성되었다고 볼 수 있다. 작성 연도는 기축년(1889) 7월에 신각한 『우주두율(虞註杜律)』 2권의 간행 연도로 판단해 볼 때 1889년 7월 이후에 작성되었을 것으로 보인다. 이상과 같은 내용을 정리하면 〔표 1〕과 같다.

책판목록의 종합적 검토와 작성 시기의 추정은 윤병태[6]의 저술에

6 『韓國册板目錄總覽』(윤병태 · 정형우 편), 한국정신문화연구원, 1979.
『韓國의 册板目錄』(윤병태 · 정형우 편), 保景文化社, 1995.

표 1 대구 경상감영 책판이 수록된 주요 책판목록의 현황

번호	책판목록	판본	작성 연도	영남지역 책판 수		대구, 경상감영 책판 수
				지역 수	책판 종수	
1	『攷事撮要』	乙亥字本	1576년	42곳	348종	5종(대구)
2	『攷事撮要』	木板本	1583년			9종(대구)
3	『古冊板有處攷』	筆寫本	16세기(20世紀寫)	31곳	247종	4종(대구)
4	『古冊板有處考』	筆寫本	1776년 전후	25곳	243종	4종(대구)
5	『慶尙道冊板』	筆寫本	1767년 이전(1948寫)	31곳	248종	42종
6	『嶺南冊板(慶尙道冊板)』	筆寫本	1767년 이전	31곳	248종	42종
7	『冊板置簿冊』	筆寫本	1740년경	38곳	300종	45종
8	『完營冊板目錄』	筆寫本	1759년	28곳	170종	28종
9	『各道冊板目錄(延)』	筆寫本	1778년경	40곳	340종	71종
10	『各道冊板目錄(奎)』	筆寫本	1840년	32곳	251종	47종
11	『嶠南冊錄』	筆寫本	1783년 이전	43곳		93종
12	『鏤板考』	筆寫本	1796년			61종
13	『嶺湖列邑所在冊板目錄』	筆寫本	1798년경	31곳	211종	85종
14	『嶺湖列邑所在冊板目錄』	筆寫本	1798년경	31곳	211종	85종
15	『三南所藏冊板』	筆寫本	1842년 이후	23곳	122종	43종
16	『諸道冊板錄』	筆寫本	1837년 이후	28곳	172종	43종
17	『藏板考』	筆寫本	19세기	50곳		101종
18	『冊板錄(慶尙道各邑所在冊板)』	筆寫本	1888년 이전	74곳		94종
19	『書冊目錄』	筆寫本	1889년 이후	32곳	394종	121종

서 종합적인 정리가 이루어졌지만 이후 조정화[7]에 의해 기존에 알려진 이들 책판목록의 작성 시기에 대한 재고가 이어졌다. 아울러 남권희[8]에 의해 일본의 천리대학(天理大學) 도서관에 소장된 『장판고』

7 조정화, 「영남지방 책판목록에 대한 고찰—작성 시기 고증을 중심으로—」, 『도서관』 51, 1996, 95~125쪽.

8 남권희, 「천리대학 도서관 소장 한국본 고서」, 『해외전적문화재 조사목록』, 국립문화재연구소, 2005. 12.
남권희, 「慶尙監營 刊行本과 樂育齋 所藏書冊 分析」, 『慶尙監營의 綜合的 硏究』, 경북대 영남문화연구원, 2004. 12.

가 발굴되었고, 이후로도 완영의 책판목록에 대한 김소희의 연구[9]에서 다시 수정하면서 진양 하씨 창주 후손가에 소장된 『영호열읍소재책판목록』 1건을 추가하기도 하였다. 이 장에서는 수정된 작성 시기를 기준으로 책판목록 순서를 정하여 그 현황을 제시하였다. 수록된 책판의 내용과 책판목록의 작성 시기를 보았을 때 가장 늦은 시기에 작성된 책판목록은 『서책목록』으로 파악된다.

책판목록은 당시에 전국에 산재하여 있던 책판들을 지역별로 수록하고 있으며 시기별로 책판 소장의 변화양상을 파악할 수 있는 자료이다. 〔표 1〕의 책판목록에 표시된 책판의 보존과 관련된 기록의 형태는 다양하게 나타난다. 그 내용은 단순히 책판의 명칭만을 기록한 것에서부터 책판의 상태, 규모, 소장처, 이관처 등은 물론 판각 시기나 보수 상황, 인쇄에 소용되는 종이의 수량을 적은 것도 있다. 이는 각 지역별 읍지(邑誌)의 책판조 기록과 함께 특정 시기의 특정 지역에 소장된 책판의 보존·관리 현황을 파악할 수 있는 중요한 자료가 된다. 또한 책판목록 간의 비교를 통해서 변화양상을 통시적으로 파악할 수 있을 것이므로 이를 순차적으로 배열해 볼 필요가 있다. 구체적인 책판의 내용을 비교 고찰해 본다면 각 지역의 책판의 생성과 소멸의 일면을 확인해 볼 수 있을 것이다.

예컨대 『서책목록』과 거의 동일한 체재와 순서를 지니고 있는 『책판록(경상도각읍소재책판)』에는 대구부 소장 책판으로 수록된 『청천집(靑泉集)』 아래에 '이송합천해인사(移送陜川海印寺)'라는 기록이 있다. 이는 『서책목록』에 반영되어 『서책목록』의 각읍소재 합천조(各邑所在

9 김소희, 「책판목록을 통해 본 조선 후기 완영의 출판문화 ― 17~18세기를 중심으로 ―」, 『한국고문서학회 발표집』, 2015. 11.

陜川條) 마지막에 수록되어 있고 그 아래에는 '순영이래재해인사(巡營移來在海印寺)'라고 써 놓았다. 따라서 『책판록(경상도각읍소재책판)』에 작성된 내용이 『서책목록』에 수록된 내용보다 앞선 시점을 반영한 기록물임을 알 수 있다.

이상과 같은 대구 경상감영의 책판목록은 감영의 책판 보존 현황과 그 변화의 추이를 파악할 수 있는 자료이다. 후기로 갈수록 그 종수는 유지되고 있고 19세기 말까지 지속적으로 증가하는 양상을 파악할 수 있다. 각 책판목록별 변화의 양상을 확인하기 위해서는 일정한 배열규칙을 정하고 한 종씩 확인해 가는 방법이 필요하다. 〔부록〕은 책판목록에 기록된 영영의 책판 내용을 비교해 보기 위해 작성해 본 것이다. 대체로 『누판고』와 『서책목록』에서 내용이 빠짐없이 갖추어지는 경향을 확인할 수 있다.

2) 지지(地誌)의 책판기록과 책판목록의 비교

대구 경상감영 책판을 수록하고 있는 기록은 책판목록 외에 각 지방의 지지(地誌)에도 있다. 지지에서 책판은 대부분 마지막 부분에 위치하고 있는데, 그 항목은 '책판(冊板)'인 경우가 대부분이다. 그러나 경우에 따라 '비판(碑版)' 조에 각종 비문판과 함께 책판이 수록된 경우도 보인다. 예를 들어 『용궁현읍지(龍宮縣邑誌)』의 『징비록(懲毖錄)』 책판은 '비판' 조에 '김원발묘갈명(金元發墓碣銘)' 등 5개 비판과 함께 기록되어 있다. 지지에 책판을 수록하면서 단순히 책판의 명칭만 기록하는 것이 아니라 권수, 소용 종이 분량, 보관처와 이동 상황, 보존·관리 상태를 파악할 수 있는 내용을 간략히 담기도 한다. 기록의 형태는 대체로 작은 글씨로 된 두 줄의 주석 형태로 부기하는데, 일부의 경우 책판과 동일한 크기로 기록한 것을 많이 볼 수 있다.

주요 책판목록에서도 언급하였듯이 지지에 수록된 책판에 대해서는 그 작성 시점에 대한 이해가 필요하다. 이는 책판 기록과 지지의 작성 시기가 불일치하는 경우가 많기 때문이며 경우에 따라서는 마지막 작성 시점에 대한 오류를 범하기도 쉽기 때문이다. 가장 늦은 시기에 작성된 책판목록을 확인하고자 하는 이유는 현시점에서 가장 가까운 공식 기록을 알기 위해서다.

대구와 경상감영을 포함하는 각종 지지류(地誌類)는 서울대 규장각한국학연구원에 대부분 소장되어 있다. 대구의 지지로서 책판이 수록된 것으로는 1832년경에 작성된 도지(道誌)인 『경상도읍지(慶尙道邑誌)』(奎 666)가 있다. 이 지지의 저본은 1786년경에 편찬된 경상도의 각 군읍지로 알려져 있다. 그 외에도 1871년에 편찬된 『영남읍지(嶺南邑誌)』(奎 12173) 17책과 1895년에 편찬된 『영남읍지』(奎 12174) 34책이 있으며 대부분 1786년경의 『경상도읍지』, 1832년경의 『경상도읍지』를 저본으로 삼았다.[10] 1871년에 편찬된 『영남읍지』(奎 12173)는 전국적인 읍지 편찬 상송령에 의해 편찬·상송된 경상도의 각 읍지, 역지(驛誌), 목장지(牧場誌), 진지(鎭誌)를 한데 모아 편한 경상도도지이다.

1871년의 저본은 1786년경의 『경상도읍지』, 1832년경의 『경상도읍지』임이 알려져 있으므로 수록된 책판의 내용이 거의 동일하다. 『영남읍지』(奎 12174)는 1894년 11월부터 1895년 5월까지 6개월에 걸쳐 작성된 경상도 63개 읍의 읍지를 의정부에서 모은 것으로 이

10 규장각한국학연구원 소장읍지류 해제 참조(http://e-kyujanggak.snu.ac.kr/home/index.do?idx= 06&siteCd=KYU&topMenuId=206&targetId=379)

전의 읍지를 거의 그대로 전사(轉寫)한 것이다. 여기에도 마찬가지로 1786년경에 편찬된 각 읍지와 1832년경에 편찬된 『경상도읍지』가 이용되었다.

1899년(광무 3) 전국 읍지편찬사업의 일환으로 대구부에서 만든 읍지도 있다. 『대구부읍지(大邱府邑誌, 奎 10838)』가 그것으로 표지서명은 '경상북도대구부읍지(慶尙北道大邱府邑誌)'이다. 이 읍지는 '호구(戶口)', '환적(宦蹟)', '영선생(營先生)', '읍선생(邑先生)' 등 몇 개 조를 제외하고는 『영남읍지』와 내용이 같다.

『대구부읍지』는 1907년 대구부에서 편찬한 지지로 『영남읍지』(奎 12173)에 실린 본부읍지(本府邑誌)를 전사한 것이다. 본문에 간혹 수정 내용을 세주(細註)하고 책의 마지막에 읍지보궐(邑誌補闕)을 첨가하기도 하였지만 책판의 내용은 변함이 없이 그대로다.

읍지나 군지에 나타나는 책판의 기록과 책판목록을 비교해 보면 그 내용상 1796년 『누판고』와 『영호열읍소재책판목록』의 작성 시점을 전후한 시기에 판각된 것과 일치하는 책판명이 많이 등장한다는 것을 알 수 있다.(표 2 참조) 몇몇 책판은 『누판고』나 『영호열읍소재책판목록』에 없는 것도 있지만 이 또한 간행 연대를 확인해 보면 대체로 19세기 중엽 이전에 판각된 책판들이다. 이들은 당연히 1889년 이후에 작성된 『서책목록』에 모두 포함된다. 이는 곧 지지(地誌)에 수록된 책판의 처음 작성 시점이 1889년을 넘어서지 않는다는 것을 의미한다.

즉 대구 지역 지지에 수록된 약 60종의 책판은 19세기 말이나 20세기 초에 작성된 지지라 하더라도 19세기 중엽 이전의 책판 내용을 보이고 있다. 이는 몇 가지 이유가 있겠으나 무엇보다도 이전

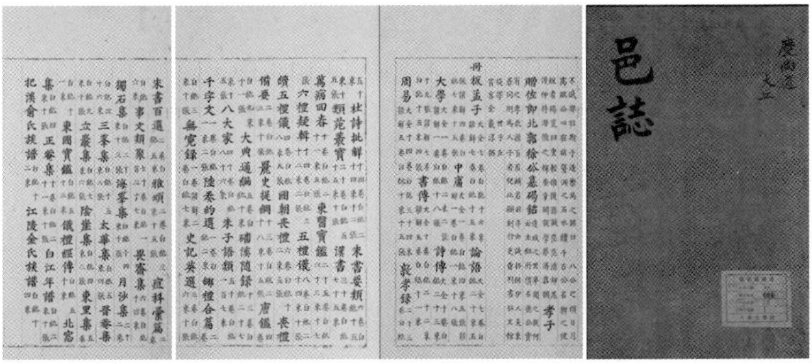

그림 1 『경상도읍지』(규장각 소장본 奎 666)-1832년경 작성

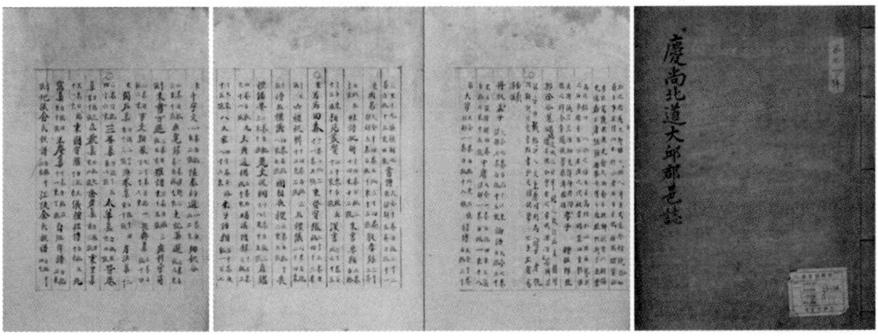

그림 2 『대구부읍지』(규장각 소장본 奎 10838)-1899년경 작성

에 작성한 지지를 그대로 전사하는 방식으로 지지를 편찬한 것이 주 원인인 것으로 보인다. 따라서 앞서 언급한 책판목록 중 작성 당시의 책판 상태를 볼 수 있는 것으로 원 자료로 남은 마지막 기록은 『서책목록』일 가능성이 높다. 『서책목록』은 현시점에 가장 가까운 목록으로 의미를 부여할 수 있으며, 국가 주도의 공식적 기록인 『누판고』와 함께 현재 전해지는 영영장판과의 비교·대조도 가능하므로 책판의 진정성 확보에 도움이 될 수 있을 것으로 보인다.

표 2 『영호열읍소재책판목록』과 『대구부읍지』의 내용 비교

『嶺湖列邑所在册板目錄』	『大邱府邑誌』
家禮	
江陵金氏族譜	江陵金氏族譜白紙十四束
季漢集	
鷗浦集	
國朝喪補編	國朝喪禮六卷白紙十二束五張
杞溪俞氏族譜	杞溪俞氏族譜白紙十二束
南軒集	
論語大全,諺解	論語大全七卷白紙二十束五張諺解四卷白紙七束十五張
唐鑑	唐鑑四卷白紙九束十一張
柳文	八大家四十卷白紙八十六束
	大典通編五卷白紙十束
大明集禮	
大學大全, 諺解	大學大全一卷白紙二束二張諺解一卷白紙十八張
獨石集(桐華寺)	獨石集白紙二十束十三張
	敦孝錄二十三卷白紙五十束
東國通鑑	東國寶鑑白紙五十三束
	東里集五卷白紙十一束
東醫寶鑑	東醫寶鑑二十五卷白紙四十三束十七張
	痘科彙篇二卷白紙六束
杜詩批解	杜詩批解十四卷白紙二十四束十二張
麗史提綱	麗史提綱十三卷白紙二十八束十五張
歷代通鑑纂要	
類苑叢寶	類苑叢寶二十卷白紙五十五束十張
六禮疑輯	六禮疑輯十四卷白紙三十二束二張
	陸奏約選一卷白紙二束
立巖集(龍淵寺)	立巖集白紙七束六張
萬病回春	萬病囬春十卷白紙二十一束五張
孟子大全, 諺解	孟子大全七卷白紙十六束諺解七卷白紙十五束
	無寃録一卷 諺解二卷白紙七束
鳴皐集	
牧隱集	
閔文忠公奏議	
	磻溪随録十三卷白紙二十七束十五張
	白江年譜白紙二束十張
百家類纂	
白洲集	
	北窓集白紙四束十張
	史記英選三卷白紙六束十張
事文類聚	事文類聚七十卷白紙一百三十七束
三綱行實	
	三峯集白紙十五束六張
喪禮備要	喪禮備要二卷白紙三束十張

『嶺湖列邑所在册板目錄』	『大邱府邑誌』
書傳大全, 諺解	書傳大全十卷白紙二十二束諺解五卷白紙十一束
醒翁集	
聖學十圖	
訓義小學具諺解	訓義小學大全
續五禮儀	續五禮儀四卷白紙八束五張
率庵稿	
睡谷集(桐華寺)	
袖珍韵	
習齋集	
詩傳大全, 諺解	詩傳大全十卷白紙二十三束十九張諺解七卷白紙十五束四張
禮記淺見錄	
	雅頌二卷白紙三束十五張
五禮儀	五禮儀八卷白紙二十四束十張
	畏齋集六卷白紙十四束
原病式	
月沙集	月沙集二十二卷白紙四十六束
陰崖集(龍淵寺)	陰崖集白紙四束三張
儀禮經傳	儀禮經傳白紙五十束
醫學正傳	
壹隱集	
莊陵志	
	正菴集十卷白紙二十一束十張
節酌通編	
二倫行實	
周易大全, 諺解	周易大全十四卷白紙三十四束諺解五卷白紙十束十五張
	朱子語類五十卷白紙一百七束
朱書要類	朱書要類六卷白紙十五束十五張
	朱書百選二卷白紙五束
中庸大全, 諺解	中庸大全一卷白紙四束五張諺解一卷白紙一束十八張
定齋集	
	晉菴集白紙九束十張
	千字文一卷白紙一束二張
種德新篇	
太華集(龍淵寺)	太華集白紙五束四張
漢書	漢書三十卷白紙七十五束
海峯集(桐華寺)	海峯集白紙十四束十張
闡義昭鑑	
靑陸集	
聽訟書	
鶴泉集	
	鄕禮合篇二卷白紙三束十張

3. 『누판고』와 『서책목록』의 기록 내용 분석

1) 『누판고』

『누판고』는 다른 책판목록과 다르게 책판목록에 해제를 수록하였으며, 어찬·어정서 다음에 경·사·자·집(經·史·子·集)의 사부 분류에 따라 책판을 배열하고 있다. 무엇보다도 책판의 보관이 관서(官署), 서원, 사찰, 사가 등에서 이루어졌으며, 그중에서도 주로 관서에서 보관해 왔다는 것을 알 수 있다.

『영호열읍소재책판목록』과 『대구부읍지』를 비교·대조하는 방법으로 『누판고』를 『서책목록』과 대조해 보면 경상감영과 대구부의 책판 중 『남헌집(南軒集)』, 『민문충공주의(閔文忠公奏議)』, 『삼강행실도(三綱行實圖)』, 『의학정전(醫學正傳)』의 4종 책판을 제외하고 모두가 『서책목록』에 포함된다. 이는 『서책목록』의 책판목록 편성이 『누판고』의 수록 내용을 기반으로 진행되었다는 반증이라고 볼 수 있다.

『누판고』는 정조 20년(1796)에 완성되었지만 기록된 책판의 실제 판각 시기는 대부분 그 이전 시기 언제쯤 정도로 추정할 수밖에 없다. 판각 시기를 추정하는 방법을 살펴보면 우선 간행기록과 일치하는 책판이 있을 때 그것을 우선한다. 그리고 임진왜란 전에 작성된 책판의 서목과 대조하여 같은 지역 내에 같은 책판이 거의 나타나지 않으면 대부분 임란 이후부터 정조 20년(1796) 사이에 판각된 것으로 추정할 수 있다. 판각 시기가 확실한 것은 정조 연간의 인물이 편찬한 저서들과 정조의 어찬·어정서일 것이다. 한편 책판에 '刓', '欠'의 표시가 없는 것은 영조·정조 무렵에 판각된 것으로 추정할 수 있고, 반대로 '刓', '欠' 표시가 있는 것은 대체로 세월의 흐름이나 사용 연한에 따라 닳아 없어진 경우이므로 임진왜란 이후부터 영조 이전까지 시기에 판각되었음을 짐작할 수 있다.

『누판고』는 국가적으로 조사 사업을 벌여 작성한 공식적 책판목록이다. 책판에 관한 기록은 편찬하는 사람이 직접 책판을 소장하고 있는 고을을 방문해서 기록하는 경우도 있겠으나, 그보다도 조정에서 각 도의 감영으로, 그리고 각 감영에서 각 고을로 연락하여 보고하게 한 경우가 더 많았다. 『누판고』도 각 도의 관아나 민간에 소장하고 있는 판목의 수를 헤아리고 기록하여 중앙으로 올리게 하고 이를 다시 편찬하는 방식으로 작성된 것이다.

『누판고』의 작성 과정과 관련한 기록을 살펴보면 『누판고』가 편찬되기 한참 전부터 열읍의 책판목록을 성책(成冊)하여 올리라는 지시를 내린 사실을 알 수 있다. 1779년 11월 29일에 규장각에서는 홍충감사 이병정(李秉鼎)과 경상감사 홍낙빈(洪樂彬)이 만들어 올린 열읍에 있는 책판의 목록 가운데 일부가 누락되거나 종이 질이 매우 열악하고 장정도 하지 않은 데 대해, 함사(緘辭)로 그 곡절을 엄하게 추고하고 관문을 내어 아뢰도록 명을 내렸다. 이에 대해 홍충감사 이병정이 보고한 내용에는 어람할 자료인 줄 모르고 서둘러 바꾸는 즈음에 황급한 나머지 미처 장정하지 못하고 종이의 품질도 매우 열악하게 되었다는 사정이 기록되어 있다. 분명한 것은 이 당시에 관문으로 '열읍에 있는 책판을 성책하여 올리라.'는 명령이 시행되고 있었다는 것이다.[11] 즉 공식적인 책판목록 작성을

11 『國譯日省錄』, 1779년 11월 29일. "奎章閣啓言因洪忠監司 李秉鼎 慶尙監司 洪樂彬修上列邑所在册板目錄中或有漏落或册紙劣薄亦不粧䌙緘辭重推其委折發關以啓事命下矣卽接洪忠監司 李秉鼎所報則以爲不善擧行致煩問備惶懔之極而當初關文中只曰列邑所在册板修成册以上云云故徒知其留置內閣未料其至登御覽初則成册修成時魯西集一體入錄粧䌙以上矣上送之後因尼城縣監來言魯西集則丙申因朝令毁板云故旣聞之後一例入錄有所未安改修成册急速換來之際事在忙遽未及粧䌙紙品亦甚劣薄今奉關辭莫非不察之致云矣當初內閣關文內旣有奉承傳行關之語而報辭全不明白

위한 준비 과정이 몇 해 전부터 진행되고 있었다는 사실을 확인할 수 있다. 주로 책자 형태로 성책한 문서 기록 속에는, 그 관아에서 소장한 책판이나 그 밖의 판목을 기록한 것이 많이 있다. 이러한 기록들이 전사되어 여러 가지 책판목록을 편찬하는 데 바탕이 되었을 것으로 여겨진다. 이들을 종합하여 체계적으로 분류·목록하고 각 책판의 해제까지 작성하는 것이 『누판고』에 의해 제대로 이루어진 것이다.

또한 규장각에서는 이즈음 경상도 책판과 관련하여 경상감사 홍낙빈이 누락된 책판에 대해 보고한 내용을 아뢴 사실도 확인된다.

> 경상감사 홍낙빈이 엮어 올린 열읍(列邑)에 있는 책판의 목록 가운데 더러 누락된 것이 있어, 본 각이 즉시 관문을 내어 아뢰라고 명하셨습니다. 방금 보고한 내용을 보니, "신이 임소(任所)에 도착한 뒤에 날짜가 지연될 우려가 없지 않았습니다. 그래서 봉행(奉行)하기에 쫓긴 나머지 미처 직접 검사하지 못하고 각 읍에서 보고한 데에 의거해서 성책하여 올림으로써 이처럼 많은 책판이 누락되게 하여 문비(問備)를 받기에까지 이르렀으니, 황공한 나머지 몸 둘 바를 모르겠습니다. 후록한 것 가운데 『통감찬요(通鑑纂要)』는 역대의 통감을 종이 88속에 써넣은 것으로 전에 보고한 성책 가운데 기입하였으며, 『청천집(青泉集)』의 판본은 연전에 영(營)에서 합천군 해인사로 이치(移置)하였으므로 해당 군의 서책 속에 기입하였습니다. 대구에 있는 6종의

所當請推而此與入啓文書有異原報狀還爲下送更爲發關査問敎以可謂罪上添罪自本閣更爲別關嚴査委折以啓"

서책이 누락된 곡절에 대해 대구부에 조사하니, 판관 구응(具膺)이 보고하기를, '『기계유씨족보(杞溪兪氏族譜)』와 『강릉김씨족보(江陵金氏族譜)』는 다른 책과 차이가 있어 감히 일례(一例)로 입록하지 못하였으며, 『원조오잠(元朝五箴)』, 『우재집(愚齋集)』, 『정무공집(貞武公集)』, 『근사록(近思錄)』 등 4종은 연전에 경주부(慶州府)로 이송하였으므로 입록할 수 없었습니다.' 하였습니다. 기타 각 읍에서 누락된 것을 보고하지 않은 것은 그 소행이 매우 놀라워 이제 막 신속히 관문을 내어 한편으로 조사하여 엄히 처리하고 한편으로 개수(改修)하여 보고하도록 신칙하였습니다. 이 밖에 각 읍 가운데 더러 누락된 것이 있으면 다시 상세히 조사하여 완결 여부와 상관없이 모두 낱낱이 열록(列錄)하여 보고하도록 일체 엄히 신칙하였습니다. 각 읍의 보고가 완료될 때를 기다려 성책하여 보고하려고 하는데 열읍에서 오가는 즈음에 지체될 우려를 면할 수 없으니 두려운 마음 이루 말할 수 없습니다." 하였습니다.[12]

이때 경상감사 홍낙빈이 언급한 『청천집』, 『통감찬요(通鑑纂要)』 등의 책판들이 목록에 반영된 것을 확인할 수 있다. 이 당시 어

12 『國譯日省錄』, 정조 3년 기해(1779, 건륭 44) 12월 12일(임술). "本閣啓言慶尙監司 洪樂彬修上列邑所在册板目錄中或有遺漏自本閣卽爲發關以啓事命下矣卽見所報則以爲卑職到任之後恐不無日子遲延之慮故急於奉行未及躬檢只憑各邑所報而修呈成册致此許多册板之見漏至承問備惶恐隕越後錄中通鑑 纂要以歷代通鑑容入紙地八十八束錄入於前報成册中靑泉集板本年前自營下移置於陜川郡海印寺故錄入於該郡書册秩大邱所在六種書册落漏委折査問於同府則判官 具膺所報以爲杞溪兪氏族譜 江陵金氏族譜與他册有異故不敢一例入錄至於元朝五箴 愚齋集 貞武公集 近思錄四種年前移送於慶州府故不得入錄他餘各邑之漏落不報者其所擧行極涉駭然今方星火發關一邊査問嚴處一邊改修報之意申飭知委此外各邑中或有遺漏者更加詳考毋論刓不刓——列錄修報之意一體嚴飭待各邑齊報成册修報計料列邑往復之際不免稽遲之慮不勝惶悚云矣"

떠한 순서에 의해 책판이 추가되었는지에 대해서는 보다 면밀한 검토가 필요하겠지만 공식적인 책판목록 작성을 위한 준비과정이 체계적으로 이루어지고 누락이 없도록 조치하는 과정이 드러난다.

『누판고』에 기재된 영영장판은 총 61종으로 이는 언해본을 포함한 것이다. 어찬(御撰) 3종, 어정(御定) 26종, 경부 11종[총경류(總經類) 7종·예류(禮類) 4종], 사부 4종[통사류(通史類) 3종·사평류(史評類) 1종], 자부 10종[유가류(儒家類) 5종·의가류(醫家類) 2종·설가류(說家類) 2종·유서류(類書類) 1종], 집부 7종[총집류(總集類) 1종·별집류(別集類) 6종]이다. 주로 어정류 서적의 책판이 주를 이룬다. 즉 『누판고』에 나타난 경상감영 책판의 특징은 지역적 특색을 보여 주는 간행보다 중앙의 명에 의해 간행하거나 중앙의 활자본을 번각하는 형태의 간행이 다수를 차지한다는 것이다. 이는 완영의 책판과도 비슷한데, 『실록』이나 『승정원일기』 등의 사료를 통해 볼 때 두 지역 모두 물산이 풍부하며 자체적으로 종이를 생산하는 등의 간행활동을 주도할 수 있었던 지역이었기 때문인 듯하다. 물론 관찰사의 관직을 이용해 간행한 간행본도 일부 있으니, 당시에 인근 사찰에 보관했던 책판의 대부분이 그러한 간행 배경을 지닌 것으로 보인다.

책판명으로 어찬류는 『경세문답(警世問答)』 등, 어정류는 『삼강행실도』, 『오례의(五禮儀)』 등, 경부는 『주역대전(周易大全)』, 『서전대전(書傳大全)』 등, 사부는 『한서평림(漢書評林)』, 『역대통감찬요(歷代通鑑纂要)』 등, 자부는 『주자어류(朱子語類)』, 『성학십도(聖學十圖)』 등, 집부는 『당송팔대가문초(唐宋八大家文鈔)』, 『두시비해(杜詩批解)』 등이 있다.

상세 항목은 〔표 3〕과 같다.

표 3 『누판고』의 경상감영 책판

연번	분류		서명
1	어찬(3종)		『警世問答』, 『雲漢篇』, 『百行源』
2	어정(26종)		『龍飛御天歌』, 『三綱行實圖』, 『五禮儀 · 序例』, 『周易諺解』, 『書傳諺解』, 『詩傳諺解』, 『大學諺解』, 『論語諺解』, 『孟子諺解』, 『中庸諺解』, 『東醫寶鑑』, 『小學諺解』, 『闡義昭鑑』, 『闡義昭鑑諺解』, 『續五禮儀 · 序例』, 『續五禮儀補編』, 『國朝喪禮補編 · 圖說』, 『訓義小學大全』, 『兩漢詞命』, 『明義錄』, 『明義錄諺解』, 『續明義錄』, 『續明義錄諺解』, 『欽恤典則』, 『史記英選』, 『朱書百選』
3	경부	총경류(7종)	『周易大全』, 『書傳大全』, 『詩傳大全』, 『大學大全』, 『論語大全』, 『孟子大全』, 『中庸大全』
		예류(4종)	『禮記淺見錄』, 『司馬氏書儀』, 『喪禮備要』, 『六禮疑輯』
4	사부	통사류(3종)	『漢書評林』, 『歷代通鑑纂要』, 『麗史提綱』
		사평류(1종)	『唐鑑』
5	자부	유가류(5종)	『朱子語類』, 『聖學十圖』, 『擊蒙要訣』, 『磻溪隨錄 · 補遺』, 『敦孝錄』
		의가류(2종)	『醫學正傳』, 『增補萬病回春』
		설가류(2종)	『種德新編』, 『種德新編諺解』
		유서류(1종)	『類苑叢寶』
6	집부	총집류(1종)	『唐宋八大家文鈔』
		별집류(6종)	『杜詩批解』, 『南軒集』, 『朱書要類』, 『節約通編 · 補遺』, 『鳴皐集』, 『閔文忠公奏議』

한편 『누판고』에는 영남관찰영의 소장이 아니라 대구 인근의 사찰인 동화사, 용연사, 용천사에 보관했던 책판도 있다. 『책판록』에는 이들이 모두 '대구부' 항목에 들어 있어서 경상감영과 소속을 달리하여 별도로 보관했던 것으로 보인다. 모두 다 개인 문집이며 『서책목록』에도 이들은 별도로 구분해서 기재하고 있다. 대구부와 경상감영을 엄밀히 구분 지은 것인지는 좀 더 심도 있게 다룰 필요가 있겠다.

표 4 『누판고』의 대구 지역 사찰 소장 책판

책판명	저자명	소장처	첩수	장수
『龍溪集』	金止男	桐華寺	3첩	18장
『海峰集』	洪命元	桐華寺	4첩	2장
『獨石集』	黃赫	桐華寺	2첩	6장
『睡谷集』	李畬	桐華寺	20첩	
『兼山集』	俞肅基	桐華寺	12첩	17장
『陰崖集』, 『年譜』	李耔	龍淵寺	4첩	4장
『三峰集』	鄭道傳	龍淵寺	13첩	6장
『立巖集』	閔齊仁	龍淵寺	6첩	9장
『太華集』	南有常	龍淵寺	5첩	2장
『晉菴集』	李天輔	龍淵寺	9첩	6장
『東里集』	李殷相	龍淵寺	10첩	4장
『月沙集』, 『附錄』, 『別集』	李廷龜	龍淵寺	43첩	15장
『畏齋集』	李端夏	湧泉寺	13첩	3장
『白江年譜 附錄』	不著	湧泉寺	2첩	1장
『正菴集』	李顯益	湧泉寺	20첩	1장
『北窓古玉詩集』	鄭䃏	湧泉寺	4첩	14장

2) 『서책목록』[13]

책판목록에 수록된 내용은 단순히 책판의 명칭만 기록한 것에서부터 책판의 상태, 규모, 소장처, 이관처 등은 물론 판각 시기나 보수 상황 등에 이르기까지 다양하다. 특정 시기의 특정 지역에 소장된 책판의 보존·관리 현황을 파악할 수 있는 중요한 자료로서 의미가 크기 때문에 사소한 기록이라도 실물 자료와 대조하거나 이동 경로를 파악하는 데 중요한 단서가 된다. 이러한 측면에서 『서책목록』은 다른 책판목록과 비교해 볼 때 가장 풍부한 기록을 갖춘 것으로 보인다. 보존·관리와 관련하여 다른 책판목록과 연계하여 살펴본

13 『서책목록』에 관한 내용은 필자의 기존 발표문 「조선 시대 영남지방 책판의 보관기록과 그 의미」, 『조선 시대 책판의 특징과 가치』(2010)의 내용 일부를 수정 · 보완하여 작성한 것임을 밝혀 둔다.

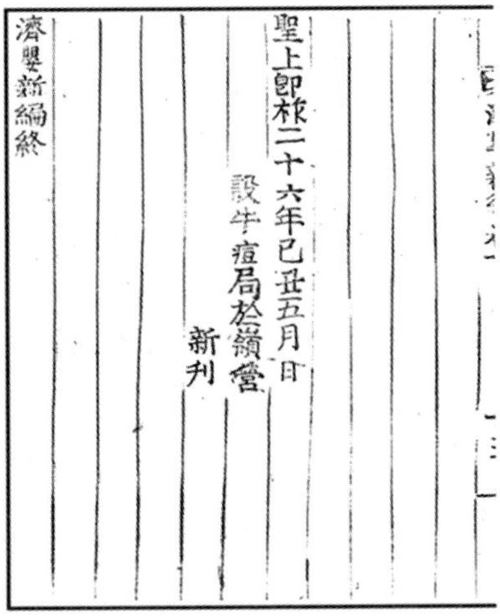

그림 3 영영에서 목활자로 간행된 『제영신편』의 간기(국립중앙도서관 소장본)

다면 현재 남아 있는 책판의 소종래를 통시적으로 파악할 수 있을 것으로 기대된다.

『서책목록』은 특히 목록의 신뢰성이라는 측면에서 주목된다. 그것은 『서책목록』이 경상감영에서 감영 소장 책판은 물론 경상도 각 지역의 책판에 대한 일제 조사를 통해 작성한 것으로 판단되기 때문이다. 이는 곧 경상도 지역의 당시 책판 상황을 신빙성 있게 반영한 것으로 볼 수 있다. 『서책목록』을 중심으로 경상감영 관련 영남 지역 책판의 기록을 분석해 볼 필요가 있는 것이다.

『서책목록』[14]은 한국학중앙연구원 장서각에 소장되어 있는 경상도 지역의 책판목록으로, '경상감영'을 비롯한 영남의 총 32개 지역 항목에 393종의 책판이 수록되어 있다. 여기에 영상(營上)에 소장된

14 이 자료는 처음에 안춘근, 「한국출판고사단」, 『亞細亞學報』 1, 아세아학술연구회, 1965. 12.에 소개되어 알려진 바 있다.

그림 4 『서책목록』의 책판 수록 내용(한국학중앙연구원 장서각 소장본)

1종의 목활자(木鑄字四萬一千六十一字)가 있는데 이를 더하면 394종이다. 이 목활자의 보관에 대해서는 '구장재이청(具欌在吏廳)'이라는 기록이 있고, 활자의 제작에 대해서는 '김등내 사동 기축칠월일 신간(金等內 寺洞 己丑七月日 新刻)'이라는 기록이 있다. 김등내는 1888년 8월에 도임한 김명진(金明鎭) 감사이고, 기축년은 1889년이다. 참고로 1889년 간기를 보이는 책으로 영영에서 목활자로 간행된 『제영신편』이 있다. 활자 제작 시기와 서적 인쇄 시점 간에 약 2개월의 간극이 있어 단정 짓기는 어렵지만 영영에서 간행된 목활자본이라는 측면에서 『제영신편』 간행에 쓰인 목활자가 영영의 목활자일 가능성이 있다.

지역별로 소장 책판의 현황을 살펴보면 〔표 5〕와 같다.

표 5 『서책목록』의 지역별 소장 책판 현황

지역	종수	지역	종수	지역	종수	지역	종수	지역	종수	지역	종수	지역	종수	지역	종수
營上	121종	尙州	19종	善山	14종	密陽	2종	宜寧	1종	龍宮	2종	梁山	1종	金海	9종
河陽	3종	安東	39종	禮安	25종	蔚山	4종	陜川	10종	慶山	1종	高靈	1종	彦陽	1종
河東	1종	永川	14종	居昌	4종	巨濟	5종	咸安	5종	星州	36종	靑松	5종	咸陽	7종
固城	5종	咸昌	6종	慶州	25종	淸道	13종	晉州	9종	知禮	3종	義城	1종	醴泉	1종

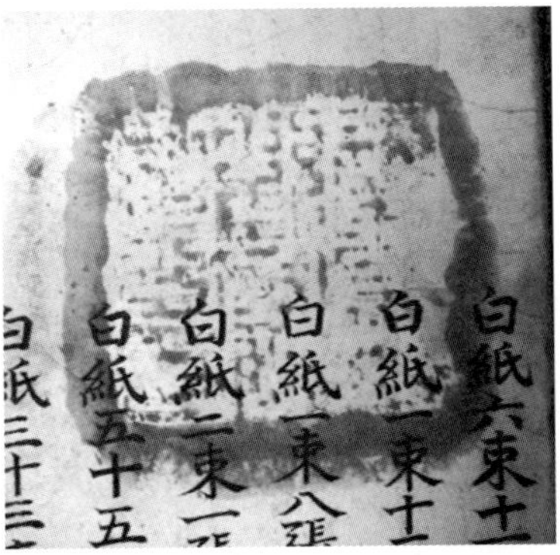

그림 5 『書册目錄』에 날인된 [慶尙道道觀察使之章]

『서책목록』은 이 목록에 날인된 '경상도관찰사지장(慶尙道道觀察使之章)'이라는 관장(官章)으로 볼 때 경상도 감영에서 공적인 목적으로 도내의 각 지역에 소장된 책판 현황을 일제 조사하여 정리한 것으로 짐작된다. 또 영상(營上) 책판목록에 책판의 신각(新刻) 또는 중각(重刻), 수보(修補)를 담당한 '등내(等內)'의 주체가 1869~1888년 사이에 부임한 인물[15]이라는 점을 감안할 때 최소한 1888년 이후에 작성되었다고 추정해 볼 수 있다.

『서책목록』은 실제 해당 지역 소장 책판의 상태를 비교적 정확하게 반영하고 있을 것으로 기대된다. 본문의 기록을 참고해 보면 영상(營上) 책판 가운데 『두시비해』에서 『외재집(畏齋集)』까지 총 36종에 대해 '수재목록 혹원무일판 혹서실, 혹완부용, 혹산판(雖載目錄 或元無

15 남권희, 「慶尙監營 刊行本과 樂育齋 所藏書册 分析」(『조선 시대 지방 감영의 인쇄출판 활동』, 청주고인쇄박물관, 2009)에서는 이 책 '金等內 蓮洞 庚午 5月'과 '金等內 蓮洞 庚午 3月'의 김등내를 1869년 8월에 도임한 金世鎬 감사로, '南等內 寺洞 乙酉 7月日', '南等內 寺洞 丙戌 2月日'의 남등내를 1884년 11월에 부임한 南一祐 감사로, '金等內 寺洞 己丑 7月'의 김등내를 1888년 8월에 도임한 金明鎭 감사로 확인하였다.

一板 或闕失, 或頑不用, 或散板)'이라고 표시되어 있는데, 비록 '수재목록(雖載目錄)'이 바로 이 『서책목록』을 의미하는 것인지, 혹은 다른 목록을 의미하는 것인지는 알 수 없으나, 이 표시가 『서책목록』 작성 당시 실제 조사를 거쳤다는 사실을 확인시켜 준다고 볼 수 있기 때문이다. 이 외에도 책판의 상태와 소장처, 이동에 관한 기록이 비교적 상세하다는 점도 이 목록을 신뢰할 수 있는 요인이 된다.

『서책목록』은 크게 경상도감영을 뜻하는 '영상(營上)'과 감영의 관할지역을 뜻하는 '각읍소재(各邑所在)'의 2부분으로 구별되어 있고, '각읍소재'에는 상주(尙州)에서 예천(醴泉)까지 총 31개 지역에 소장된 책판이 수록되어 있다. 형태는 절첩, 43면으로 양면에 필사되었는데, 앞면은 '영상(營上)'에서 '예안(禮安)'까지, 뒷면은 앞면에 이어 '예안'에서 '예천'까지가 지역 항목으로 설정되어 있다. 본문 면은 선으로 구획하지 않고 3단으로 구성하였는데 모든 책판에 일관된 것은 아니지만 대체로 제1단은 책명과 권수, 제2단은 책판의 인쇄에 소용되는 종이의 장수(張數), 제3단은 책판의 소장처와 보존·관리 상황 등이 기록되어 있다. 제3단에 기록된 책판의 보존·관리에 관한 기록을 중심으로 그 내용을 살펴보면 다음과 같다.

우선 가장 많은 종수를 차지하는 영상(營上)은 그 기록이 다른 지역 책판에 대한 것과 차이를 보인다. 영상의 총 121종의 책판 가운데 소장처를 표시한 것은 25종으로, 그 소장처는 동화사가 12종, 용연사가 10종, 용천사가 3종이다. 이 외 62종에 대해서는 신각 또는 중각, 수보의 주체와 그 시기가 표시되어 있다. 그 나머지는 별도의 표시가 없다. 다음은 영상 책판의 보존·관리에 관한 기록이다.

① 『論語大全』~『周易大全諺解』(14종): 庚午五月 日 蓮洞 金等內 或新刻 或重刻 或間間修補(앞 제1~2면)

② 『禮記』: 南等內 寺洞 乙酉七月 日 落板四立新刻(앞 제5면)

③ 『綱目』: 金等內 蓮洞 庚午五月日 落板四立新刻(앞 제5면)

④ 『史略大全』: 落板一立新刻 南等內 寺洞 丙戌二月日(앞 제6면)

⑤ 『(史略大全)諺解』: 南等內 寺洞 丙戌二月日 落板九十八板一片新刻(앞 제6면)

⑥ 『通鑑』: 金等內 蓮洞 庚午五月 日 一百七十九板新刻 二十七板重刻(앞 제6면)

⑦ 『麗史提綱』: 金等內 蓮洞 庚午五月 日 六板新刻(앞 제7면)

⑧ 『朱書要類』: 金等內 蓮洞 庚午五月 日 四板新刻(앞 제7면)

⑨ 『雅誦』: (金等內 蓮洞 庚午五月 日 四板新刻)一板新刻(앞 제8면)

⑩ 『萬病回春』: 金等內 蓮洞 庚午五月 日 八板新刻(앞 제9면)

⑪ 『杜詩批解』~『畏齋集』(36종): 雖載目錄 或元無一板 或闕失, 或頑不用, 或散板(앞 제15면)

⑫ 『朱書百選』, 『虞註杜律』(2종), 木鑄字 41,061자(具櫝在吏廳): 金等內 寺洞 己丑七月日 新刻(앞 제18면)

⑬ 『白沙集』~『大千字文』(12종): 在桐華寺(앞 제20면)

⑭ 『月沙集』~『水北集』(10종): 在龍淵寺(앞 제22면)

⑮ 『北窓集』~『白江年譜』(3종): 在湧泉寺(앞제23면)

위 기록을 구체적으로 살펴보면, 책판의 현재 상태를 보여 주는 내용으로 '원무일판(元無一板)', '서실(闕失)', '완불용(頑不用)', '낙판(落板)', '산판(散板)' 등의 기록이 보인다. 책판이 남아 있지 않은 원인이 명확하지 않은 경우에는 '원무일판', 그 원인이 화재로 인한 경우에는 '서실'로, 책판 표면이 마멸되어 인쇄에 사용될 수 없는 경우에는 '완불용'으로 표시하였다. '낙판'과 '산판'은 명확하지 않으나, '산판'을 책판이 여러 곳으로 흩어졌거나, 또는 단순히 듬성듬성하게 남아 있는 것을 의미한다고 볼 때, 책판의 전·후반 일부가 남아 있지 않아 완전하게 갖추어지지 않은 경우를 표시한 것으로 보인다.

판각 또는 보수에 대한 내용으로 '신각', '중각', '수보' 등이 있다. ②의 '낙판사립신각(落板四立新刻)'과 같이 동일한 종의 일부 판만 신각하거나, ⑤의 '일백칠십구판신각 이십칠판중각(一百七十九板新刻二十七板重刻)'과 같이 동일한 종의 일부는 신각하고 일부는 중각한 경우도 보인다. ①의 '간간수보(間間修補)'는 해당 총 14종의 책판에 대한 기록으로, 인쇄면 상태는 양호하지만 책판의 광곽, 마구리 등의 상태가 좋지 않은 것을 보수한 것 정도로 추정된다.

위 기록 가운데 판각이나 보수의 주체를 표시한 것은 이 『서책목록』의 특징이라 할 수 있다. 그 주체자로 '등내(等內)'[16]가 언급되어 있는데, '연동 김등내(蓮洞 金等內)'와 '사동 남등내(寺洞 南等內)'가 그것이다. 연동 김등내는 2명으로 ③, ⑥~⑩의 경오년에 재임 중인 김등내는 1869년 8월에 도임한 김세호(金世鎬) 감사이고, ⑫의 기축년에 재임 중인 김등내는 1888년 8월에 도임한 김명진 감사이다. 남등내는 1884년 11월에 부임한 남일우(南一祐) 감사이다.[17] 즉 이들 세 감사가 재임 중에 해당 책판을 판각하거나 보수하였다는 내용을 표시한 것이다. 또 위 예문에서 가장 늦은 시기는 ⑫의 '기축 7월'인데,

16 등내는 '재임 기간 내'라는 뜻으로도 사용되지만, 수령이나 감사와 같이 지방에 파견된 중앙관료를 말하는 용어로도 사용된다.

17 남권희, 앞의 논문(2009) 참조.

표 6 김세호 감사의 1870년 책판보수 내용

서명 및 권수	소용 용지 기록	책판 보수 기록
『論語大全』 7卷	白紙 20束 10張	庚午 5月日 蓮洞 金等内 或新刻 或重刻 或間間修補
『論語諺解』 4卷	白紙 8束 3張	
『孟子大全』 7卷	白紙 16束	
『孟子諺解』 7卷	白紙 15束	
『中庸大全』 1卷	白紙 4束	
『中庸諺解』 1卷	白紙 1束 15張	
『大學大全』 1卷	白紙 2束 10張	
『大學諺解』 1卷	白紙 18張	
『詩傳大全』 10卷	白紙 24束	
『詩傳諺解』 7卷	白紙 25束 4張	
『書傳大全』 10卷	白紙 21束 5張	
『書傳諺解』 5卷	白紙 11束 15張	
『周易大全』 14卷	白紙 33束 15張	
『周易諺解』 5卷	白紙 11束 10張	
『通鑑』 15卷	白紙 23束	金等内 蓮洞 庚午 5月日 179板新刻 27板重刻
『朱書要類』 6卷	白紙 15束 10張	金等内 蓮洞 庚午 5月日 4板新刻
『綱目』 76卷	白紙 165束	金等内 蓮洞 庚午 5月日 落板4立新刻
『麗史提綱』 13卷	白紙 28束 15張	金等内 蓮洞 庚午 5月日 6板新刻
『萬病回春』 10卷	白紙 21束 5張	金等内 蓮洞 庚午 3月 8板新刻

이는 1889년에 해당하며, 이는 이 책의 제작 시기를 추정하는 단서가 된다. 즉 이 목록은 최소한 김명진의 다음 감사 재임 중에 작성되었으며 그 시기는 1889년 7월 이후가 된다. 책판을 가장 많이 보수한 감사는 1869년 8월에 도임한 김세호 감사로, 1870년 5월에 『논어대전(論語大全)』 등 228판이[18] 넘는 책판을 보수하였다.

소장처는 다른 지역의 소장처 표시 방식과 마찬가지로 '재동화사(在桐華寺), 재용연사(在龍淵寺), 재용천사(在湧泉寺)' 등과 같이 건물의

18 228판은 사서삼경을 제외한 수치로 사서삼경에는 전체적으로 '或新刻 或重刻 或間間修補'를 표시하였다. 따라서 실제로 신각, 중각, 보수한 판은 228판보다 훨씬 많았을 것으로 여겨진다.

명칭만 간략히 표시하였다. 이들 사찰은 모두 대구부에 속해 있는데 본 책판은 한 면을 띄워 간격을 벌리는 것으로 '영상'과 '대구'를 구분하고, '대구부'라고 별도로 표시하지 않았다.

이 외에 ⑪『두시비해』~『외재집』까지 총 36종에 대해서는 '수재목록 혹원무일판 혹서실 혹완부용 혹산판(雖載目錄 或元無一板 或闕失 或頑不用 或散板)'이라고 표시되어 있다. 대부분이 『누판고』에 수록되었던 책판으로 오래되고 마모가 심하거나 지금은 없는 책판임을 알려 주고 있다. 이상의 기록으로 볼 때 이 『서책목록』은 현재 영상(營上)에 남아 있는 책판은 물론이고 이전에는 있었으나 현재는 없는 책판까지 기존 목록을 바탕으로 기록하고, 이에 대해 추가 설명을 부기(附記)함으로써 후일에 참고하고자 하였음을 알 수 있다. 이는 그 책판으로 인쇄하여 현재까지 전해지는 전적들을 인쇄한 책판의 마지막 모습이 어떠했는지를 알려 주는 단서를 제공한다고 하겠다.

다음으로 감영은 아니지만 참고 삼아 '각읍소재' 항목의 책판 관리 기록을 살펴보자. 여기서는 각 책판에 대하여 소장처를 주로 병기하였으며, 이 외에 책판의 유무나 이동 등에 관한 내용이 소략하게 보이고 있다. 먼저 소장처의 유형에 따라 지역별로 책판의 종수와 소장처를 정리하면 〔표 7〕과 같다.

표에서 보듯이 각 읍의 책판 소장 기관은 서원이 주를 이루는데, 총 15개 지역의 44개 서원에 122종의 책판이 보관되어 있다. 이에 반해 향교는 밀양향교에 1종과 거제향교에 5종이 전부이다. 사찰의 경우 7개 지역의 12개 사찰에 55종이 보관되어 있다. 지역과 사찰이 보유한 판종의 수가 이에 불과한 것은 이 목록이 불경판을 수록하고 있지 않기 때문인 것으로 보인다. 각 지역의 관청은 '관상(官上)'

표 7 『서책목록』 '각읍소재' 소장처 유형별 각 기관 소장책판 현황

소장처 구분	소장기관(판종)
書院(15개 지역, 44개 서원, 122종)	尙州: 道南書院(1) · 玉成書院(3) · 興巖書院(2) · 西山書院(2) · 近巖書院(3)[19] · 道南書院(1), 善山: 金烏書院(3) · 洛峯書院(4) · 松山書院(3) · 松山書院(1), 密陽: 禮林書院(2), 龍宮: 三江書院(1), 安東: 周溪書院(3) · 屛山書院(6) · 虎溪書院(2) · 三溪書院(1) · 默溪書院(3) · 魯林書院(6), 禮安: 陶山書院(24), 永川: 臨皐書院(4) · 梅谷書院(2) · 道岑書院(5) · 橫溪書院(1), 咸安: 西山書院(3) · 德巖書院(1) · 松亭書院(1), 星州: 柳溪書院(1) · 晴川書院(2), 靑松: 松鶴書院(1), 咸陽: 藍溪書院(2) · 柏淵書院(2) · 唐洲書院(1), 咸昌: 栗谷書院(3), 慶州: 龜江書院(1) · 玉山書院(8) · 龍山書院(1) · 東江書院(1) · 西岳書院(1), 淸道: 紫溪書院(2) · 西巖書院(1), 晋州: 德川書院(2) · 宗川書院(2) · 龍塘書院(2)
鄕校(2개 지역, 2개 향교, 6종)	密陽: 密陽鄕校(1), 巨濟: 巨濟鄕校(5)
寺刹(7개 지역, 12개 사찰, 55종)	尙州: 南藏寺(1) · 龍興寺(1), 河陽: 環城寺(3), 安東: 鳳亭寺(5), 陜川: 甫仁庵(9) · 海印寺(2, 巡營移來), 永川: 世德寺(1), 星州: 雙溪寺(26) · 武屹庵(6) · 安峯寺(2), 晋州: 靑谷寺(1)
官廳(7개 지역, 5개처, 32종)	善山: 官庫(1), 蔚山: 兵營鎭撫廳(1) · 本府人吏廳(1), 星州: 官上(2), 咸昌: 吏廳(1), 慶州: 府上(14), 淸道: 官上(10), 晋州: 兵營(2)
개인, 문중(3개 지역, 4개처, 4종)	善山: 李司諫宅(1), 龍宮: 茂村李氏門中(1), 知禮: 上佐院李參奉宅(1) · 李氏門中(1)
기타(4개 지역, 4개처, 13종)	尙州: 中北面(1), 永川: 浩然亭(9), 靑松: 草溪(2), 晋州 :班城面(1)

이나 '부상(府上)', '관고(官庫)'와 같이 구체적인 기구를 지칭하지 않은 경우가 대부분이고, 이 외에 일부 책판에 대하여는 '울산 병영진무청(蔚山 兵營鎭撫廳)'과 '인리청(人吏廳)', '진주병영(晋州兵營)', '함창리청(咸昌吏廳)'과 같이 기구의 명칭을 구체적으로 표시하기도 하였다. 개인의 경우 '이사간댁(李司諫宅)', '상좌원이참봉댁(上佐院李參奉宅)'과 같이 특정 가를 표시하거나 '무촌이씨문중(茂村李氏門中)', '이씨문중(李氏門中)'과 같이 문중을 표시하기도 하였다. 지명을 소장처로 표시한 경우도 있는데, 상주(尙州)의 '중북면(中北面)', 영천(永川)의 '호연정(浩然亭)', 청송(靑松)의 '초계(草溪)', 진주(晋州)의 '반성면(班城面)'과 같은 경우이다.

19 '咸昌' 조에 『東國通鑑提綱』, 『寓庵集』에 대하여 '在尙州近巖鄕賢祠'라고 표시하였다.

표 8 『서책목록』 '각읍소재' 책판의 관리기록

지역	책판명	판종수	내용
金海	『博學愼問』, 『淸江草書』, 『忠烈錄』	3종	本板闖失
靑松	『李評事集』	1종	板本闖失
義城	『丹巖奏議』	1종	巡營移來板多闖失
金海	『小學諺解』	1종	破傷
安東	『三綱實行』	1종	巡營移去懸註 而營門無此板
安東	『小學諺解』	1종	禮安移去
禮安	『小學諺解』	1종	安東移來

〔표 8〕은 '각읍소재' 책판의 소장처 표시 외에 책판의 상태, 유무, 소장처 이동 등 관리에 관한 기록을 정리한 것이다.

김해의 『박학신문(博學愼問)』, 『청강초서(淸江草書)』, 『충렬록(忠烈錄)』 책판 3종과 청송의 『이평사집(李評事集)』은 소실되어 '책판서실(冊板闖失)'로 표시되어 있다. 의성의 『단암주의(丹巖奏議)』는 순영에서 의성으로 옮겨 온 판인데 서실이 많이 된 판임을 '판다서실(板多闖失)'로 표시하였다. 김해의 『소학언해(小學諺解)』는 규모를 알 수 없지만 파손된 상황을 '파상(破傷)'으로 표시하였다. 안동에 있던 『삼강행실(三綱行實)』은 순영에서 가지고 가서 주를 달았으나 현재 영문(營門)에 이 책판이 없다고 하였다. 『소학언해』는 책판의 이동 상황이 표시되어 있는데, 예안의 『소학언해』에 대해서는 안동에서 옮겨 왔다고 표시되어 있고, 안동의 『소학언해』에 대해서는 예안으로 옮겨 갔다고 표시되어 있다. 또 인쇄에 소용되는 종이가 '백지 14속 8장'으로 양쪽 모두 동일하게 기록된 점으로 볼 때 이 두 책판은 동일한 것임을 알 수 있다. 이처럼 책판의 이동 상황을 서로 다른 항목에 상호 참조가 되도록 같은 방식으로 기록한 것으로 볼 때 이 목록의 작성이 각 지역에서 보고된 자료

를 단순히 전사한 것이 아니라 상호 검토를 거친 것임을 알 수 있다.

3) 현존하는 경상감영 책판

이상과 같은 책판목록과 함께 수록된 내용을 바탕으로 현재까지 그 기록 내용에 부합하는 책판을 조사해 본 결과는 다음과 같다.

기존에 영영장판은 서울대 규장각에 17종[20]이 전해지는 것으로 알려졌다. 사서삼경과 언해를 포함한 14종에 『상례비요』, 『소미가숙점교부음통감절요』, 『소학언해』를 포함한 것이다. 규장각 소장자료 중에는 임전(任錪)의 문집인 『명고집(鳴皐集)』도 추가할 수 있을 것으로 여겨진다. 『서책목록』에 수록되어 있고 발문을 1704년 경상도 관찰사 박권(朴權)과 1726년 경상도 김천찰방 임술(任述)이 작성하였다.

규장각 외에도 대구 용연사에 『의례경전통해보(儀禮經傳通解補)』 155판, 김진규(金鎭圭)의 『죽천집(竹泉集)』 91판, 남유상(南有常)의 『태화문집(太華文集)』 21판, 정도전의 『삼봉집(三峰集)』 1판이 남아 있다. 특히 『삼봉집』은 1791년 증보판인데 대구 용연사에 목판이 소장되어 있다가 판고가 거의 무너지자 이운(移運)의 허락을 받아 묘정(廟庭)으로 옮겨 지금은 경기도 평택 종가에 목판 14권 228판이 남아 있다. 옮길 때 부족한 34장을 보충하여 다시 속간하기도 하였다. 이에 대해서는 1914년 삼간속간된 『삼봉집』 권말의 발문이 있다.[21]

20 김윤제, 「규장각 소장책판의 내용과 소장처 분석」(『태동고전연구』 32, 2014, 254쪽)에서 이미 기존에 알려진 16종에 간기가 드러나지 않는 『주역전의대전』 1종을 더하는 것이 바람직하다는 의견을 제시하고 있다. 판심의 형태적 특징과 남은 책판과의 관련성 등 여러 정황으로 보았을 때 간기가 없는 『주역전의대전』이 영영장판인 것은 틀림없어 보인다.

21 『삼봉집』 三刊本 卷末. "定宗辛亥(1791) 命重刊 仍藏板于大邱府南龍仁寺者 一百二十二年 壬子(1912)板閣傾覆 翌年請願於道長官 承認移運 計其數零三十四張 賜諡敎旨 與致祭文 幷補續刊 崇奉于廟庭 時甲寅(1914)冬十月 日也"

4. 맺음말

이상과 같이 영남 지방, 특히 경상감영을 중심으로 책판이 수록되어 있는 책판목록을 정리하고, 기록된 내용을 1차적으로 분석해 보았다. 책판이 수록된 영영의 책판목록, 그중에서도 『누판고』, 『서책목록』을 중심으로 그 작성 시점 등을 살펴보았는데 이는 경상감영 책판이 수록되어 있는 각종 책판목록을 정리하고 기록된 내용을 일부 분석하여 두 목록이 지니는 의미를 보이고자 한 것이다. 두 책판목록 중에 『누판고』는 관 주도의 공식적 기록으로서, 『서책목록』은 원 자료로 남은 마지막 기록으로서 특히 주목된다. 현시점에 가장 가까운 목록으로 의미를 부여할 수 있으며 현재 전해지는 영영장판과의 비교·대조도 가능하므로 책판의 진정성 확보에 도움이 될 수 있을 것으로 보인다. 주지하다시피 경상도는 전라도와 더불어 한국 인쇄문화사에서 큰 기둥 역할을 했던 지역으로 조선 전기와 후기를 막론하고 많은 양의 서적을 간행해 냈다. 규장각이나 대구 지역의 사찰에서 확인되는 것이 있다 하지만 관판인쇄의 주역으로서 경상감영에서 판각된 책판의 많은 부분은 현재 실물을 찾을 수 없는 상태이다. 이와 같이 책판목록을 조사하고 그 내용을 분석하는 것은 보다 정확한 경상감영 책판의 목록을 작성하는 데 조금이나마 보탬이 될 수 있을 것이다. 경상감영판의 정확한 범주 설정도 필요한데 책판목록에도 혼재된 것이 드러나기 때문이다. 목록 간의 변화와 그 추이를 살펴봄으로써 경상감영의 책판이 변화되는 상황을 파악하는 것도 앞으로 검토되어야 할 논제다.

참고문헌

김소희, 「책판목록을 통해 본 조선 후기 완영의 출판문화－17~18세기를 중심으로－」, 『한국고문서학회 발표집』, 2015. 11.

김윤식, 「누판고의 서지적 연구」, 성균관대학교 대학원 도서관학과 석사학위논문, 1978.

김윤제, 「규장각 소장책판의 내용과 소장처 분석」, 『태동고전연구』 32, 2014. 6. 254쪽.

남권희, 「慶尙監營 刊行本과 樂育齋 所藏書冊 分析」, 『조선 시대 지방 감영의 인쇄출판 활동』, 청주고인쇄박물관, 2009.

남권희, 「三五庫重記로 본 箕營의 出版文化」, 『조선 시대 지방 감영의 인쇄출판 활동』, 청주고인쇄박물관, 2009.

박 순, 「한국국학진흥원 목판의 역사적 가치부여를 위한 선행작업」, 『조선 시대 책판의 특징과 가치』, 경북대학교 영남문화연구원, 2010. 12.

안춘근, 「한국출판고사단」, 『亞細亞學報』 1, 아세아학술연구회, 1965. 12.

옥영정, 「조선 시대 책판은 어떻게 관리되었나」, 『목판의 행간에서 조선의 지식문화를 읽다』, 글항아리, 2014.

옥영정, 「冊版目錄을 통해본 朝鮮時代 善山地域의 木板印刷文化 研究」, 『書誌學研究』 34, 2006. 8.

옥영정, 「한국국학진흥원 소장 族譜, 童蒙書, 地誌, 日記類 등 책판의 성격과 가치」, 『대동문화연구』 70, 2010. 6.

옥영정, 「조선 시대 영남지방 책판의 보관기록과 그 의미」, 『조선 시대 책판의 특징과 가치』, 경북대학교 영남문화연구원, 2010. 12.

유탁일, 『嶺南地方 出版文化論考』, 世宗出版社, 2001.

윤병태, 「韓國地誌 속의 册板에 대하여」, 『古書研究』 12, 1995.

임기영, 「海印寺 寺刊板殿 所藏 木板 研究」, 경북대학교 대학원 박사학위논문, 2009.

임노직, 「서원 판각 책판의 현황과 내용」, 『(한국국학진흥원 소장)목판 목록집』, 한국국학진흥원, 2007.

조정화, 「조선조 후기 영남관판본에 관한 연구」, 성균관대학교 박사학위논문, 1996.

조정화, 「영남지방 책판목록에 대한 고찰－작성 시기 고증을 중심으로－」, 『도서관』 51, 1996, 95~125쪽.

『韓國의 冊板目錄』(윤병태·정형우 편), 保景文化社, 1995.

웹사이트

규장각한국학연구원(http://e-kyujanggak.snu.ac.kr/search/search01.jsp)

문화재청(http://www.cha.go.kr/index.html)

유교넷(http://www.ugyo.net)

조선왕조실록(http://sillok.history.go.kr/main/main.jsp)

한국고전번역원(http://www.itkc.or.kr/MAN/index.jsp)

한국고전적종합목록시스템(http://www.nl.go.kr/korcis)

한국국학진흥원(http://www.koreastudy.or.kr)

한국학중앙연구원 한국역사정보통합(http://yoksa.aks.ac.kr/)

부록_ 대구 경상감영 책판이 수록된 주요 책판목록의 비교

慶尙道册板 (營上, 大丘)	册板置簿册 (營上, 大丘)	完營册板目錄 (慶尙監營上)	各道册板目錄 (大邱)	各道册板目錄 (慶尙監營, 大丘)	鏤板考 (嶺南觀察營)
		江陵金氏族譜			
				江陵金氏族譜(大丘)	
					擊蒙要訣
			兼山集(舊板)	擊蒙要訣(監營)	兼山集(大邱桐華寺)
	警民編(營上)			兼山集(大丘)	
				警世問答(大丘)	
	南溪集(376)(大丘)			庚申司馬榜目(監營)	
桂苑筆耕(營上)	桂苑筆耕(大丘, 營上)				
季漢書(營上)					
古文百選(營上)	古文百選(大丘)				
鷗浦集(營上)					
			國朝喪禮補編(朽傷)		國朝喪禮補編
			奎章全韻(新板)	國朝喪禮補篇(監營)	
		杞溪俞氏族譜			
南軒集(營上)	南軒集(大丘)	南溪集(海印寺上)		杞溪俞氏族譜(大丘)	南軒集
論語(營上)	論語(大丘)		論語具解(新板)		論語大全, 諺解
	農家集(大丘)			論語大全,諺解(監營)	
	農家集(營上)				
唐鑑(營上)	唐鑑(大丘)	唐鑑		丹巖奏議(監營)	唐鑑
			(唐宋)八大家(舊板)	唐鑑(監營)	唐宋八大家文鈔
唐詩鼓吹(營上)	唐詩鼓吹(大丘, 營上)			(唐宋)八大家(新刊秩)	
大明集禮(營上)	大明集禮(大丘)				
大學(營上)			大學具解(新板)		大學大全, 諺解
				大學大全, 諺解(監營)	
		獨石集(黃赫著)			獨石集(大丘桐華寺)
			敦孝錄(舊板)	獨石集(大丘)	敦孝錄
東國通鑑(大丘)	東國通鑑(大丘)				
			東里集(朽傷)		東里集(大丘龍淵寺)
	峒隱集(大丘)				
			東醫寶鑑(舊板)		東醫寶鑑
				東醫寶鑑(監營)	
	杜詩(大丘)				
		杜詩批解			杜詩批解
			杜律分韻(新板)	杜詩批解(監營)	
			痘疹會通(新板)		

嶺湖列邑所在册板目錄 (大丘)	三南所藏册板 (慶尙監營大丘)	諸道册板錄 (慶尙監營)	書册目錄
家禮			
江陵金氏族譜	江陵金譜	江陵金氏族譜	江陵金氏族譜(在桐華寺)
			綱目
			擊蒙要訣
			兼山集(在桐華寺)
			警世問答原篇
			庚申司馬榜目
季漢集			
鷗浦集			
國朝喪補編			國朝喪禮補編
			奎章全韻
杞溪俞氏族譜	杞溪俞譜	杞溪俞氏族譜	杞溪俞氏族譜(在桐華寺)
南軒集	南溪集	南溪集	
論語大全, 諺解			論語大全, 諺解
唐鑑	唐鑑	唐鑑	唐鑑
	(唐宋)八大家	(唐宋)八大家	(唐宋)八大家
			大明律
大明集禮			大典通編
			大千字文(在桐華寺)
大學大全, 諺解			大學大全, 諺解
	大華集	大華集	
獨石集(桐華寺)	獨石集	獨石集	獨石集(在桐華寺)
			敦孝錄
東國通鑑			東國通鑑
			東里集(在龍淵寺)
東醫通鑑			東醫寶鑑
			痘科彙編
	杜詩	杜詩	
杜詩批解	杜詩批解	杜詩批解	杜詩批解
			杜律分韻
			痘疹會通

慶尙道册板	册板置簿册	完營册板目錄	各道册板目錄	各道册板目錄	鏤板考
樂靜集(大丘)	樂靜集(大丘)				
琅玕書(營上)					
					兩漢詞命
麗史提綱(營上)	麗史提綱(大丘)	麗史提綱	麗史提綱(舊板)	麗史提綱(監營)	麗史提綱
		歷代通鑑		歷代通鑑纂要(監營)	歷代通鑑纂要
				龍溪集(大丘)	龍溪集(大丘桐華寺)
柳文(營上)	柳文(大丘)				
				類苑叢寶(監營)	類苑叢寶
				六禮疑輯(監營)	六禮疑輯
		立岩集(閔齊賢著)		立巖集(大丘)	立巖集(大丘龍淵寺)
			萬病回春(舊板)	萬病回春(監營)	增補萬病回春
孟子(營上)	孟子(大丘)		孟子具解(新板)	孟子大全, 諺解(監營)	孟子大全, 諺解
		嗚皐集		嗚皐集(監營)	嗚皐集
				明義錄, 諺解(新刊帙)	明義錄, 諺解
牧隱集(大丘)	牧隱集(大丘)				
					閔文忠公奏議
			磻溪隧錄(舊板)	磻溪隧錄(新刊帙)	磻溪隧錄, 補遺
百家類纂(營上)					
				白江年譜(大丘)	白江年譜(大丘湧泉寺)
白洲集(大丘)	白洲集(大丘)				
				百行源(監營)	百行源
	兵將說(營上)				
				兵學指南(監營)	
	報典集(大丘)				
			北窓集(舊板)		北窓詩集, 古玉詩集, 附錄 (大丘湧泉寺)
			史記英選(舊板)		史記英選
			史略(新板)		
					司馬氏書儀
四溟集(大丘)	四溟集(大丘)				
事文類聚(營上)	事文類聚, 圖(大丘)		事文類聚(新板)		
		四書具諺解			
			史漢一統(新板)		
					三綱行實圖
	三經諺解(大丘)	三經具諺解			
					三峰集(大丘龍淵寺)
				三韻聲彙(新刊帙)	
		喪禮備要	喪禮備要(舊板)	喪禮備要(監營)	喪禮備要

嶺湖列邑所在册板目錄	三南所藏册板	諸道册板錄	書册目錄
			樂靜集
麗史提綱	麗史提綱	麗史提綱	麗史提綱
歷代通鑑纂要	歷代通鑑	歷代通鑑	歷代通鑑纂要
			龍溪集(在桐華寺)
柳文			
類苑叢寶			類苑叢寶
六禮疑輯			六禮疑輯
			六典條例
			陸奏約選
立巖集(龍淵寺)	立石集	立石集	立巖集(在龍淵寺)
萬病回春	萬病回春	萬病回春	萬病回春
孟子大全, 諺解			孟子大全, 諺解
鳴皐集	鳴皐集	鳴皐集	鳴皐集
			明義錄大全, 諺解
牧隱集			牧隱集
			無寃錄, 諺解
閔文忠公奏議			
			磻溪隧錄
百家類纂			
			白江年譜(在湧泉寺)
			白沙集(在桐華寺)
白洲集			白洲集
			百行源
			兵學指南
			北窓集(在湧泉寺)
			史記英選
			史略大全, 諺解
事文類聚			事文類聚
			史補略
	四書具諺解	四書具諺解	
			史漢一統
三綱行實			
	三經具諺解	三經具諺解	
			三禮儀(在桐華寺)
			三峯集(在龍淵寺)
			三韻聲彙
喪禮備要	喪禮備要	喪禮備要	喪禮備要

慶尙道册板	册板置簿册	完營册板目錄	各道册板目錄	各道册板目錄	鏤板考
書傳, 諺解(營上)			書傳具解(新板)	書傳大全, 諺解(監營)	書傳大全, 諺解
		醒翁集(金德誠著)			
				聖學十圖(監營)	聖學十圖
			小學具解(新板)		小學諺解
				續明義錄, 諺解(新刊秩)	續明義錄, 諺解
		續五禮儀	續五禮儀(舊板)	續五禮儀(監營)	續五禮儀
		率菴稿			
		睡谷集(李畬著)	睡谷集(舊板)	睡谷集(大丘)	睡谷集(大邱桐華寺)
		習齋集			
受教輯錄(營上)				詩傳大全, 諺解(監營)	詩傳大全, 諺解
詩傳, 諺解(營上)	詩大全, 諺解(大丘)		詩傳具解(新板)		
詩藪(營上)	詩藪(大丘)			兩漢詞命(監營)	
				御製雲漢篇(監營)	(御製)雲漢篇
		禮記淺見錄			禮記淺見錄
易學啓蒙(營上)	易學啓蒙(大丘, 營上)	五禮儀	五禮儀(舊板)	五禮儀(監營)	五禮儀
	五柳先生集(營上)				
	吳子(營上)				
				溫公書儀(監營)	
					畏齊集(大邱湧泉寺)
				龍飛御天歌(監營)	龍飛御天歌
		原病式			
月沙集(營上)	月沙集(大丘)	月沙集(李廷龜 著)	月沙集(舊板)	月沙集(大丘)	月沙集, 附錄, 別集(大丘龍淵寺)
				陰崖集(大丘)	陰崖集, 年譜(大丘龍淵寺)
儀禮經傳(大丘)	儀禮經傳(大丘)				
					醫學正傳
壹谷集(營上)	節酌通編, 寶編(大丘)	節酌通編		節酌通編(監營)	節酌通編, 補遺
				正庵集(大丘)	正菴集(大邱湧泉寺)

嶺湖列邑所在册板目錄	三南所藏册板	諸道册板錄	書册目錄
書傳大全, 諺解			書傳大全, 諺解
醒翁集	醒翁集	醒翁集	
聖學十圖			聖學十圖
	小學		小學大全, 諺解
			小華外史(在桐華寺)
			續明義錄大全, 諺解
			續史略
續五禮儀	續五禮儀	續五禮儀	續五禮儀
率庵稿	率菴集	率菴稿	
			宋朝名臣錄
睡谷集(桐華寺)			睡谷集(在桐華寺)
			水北集(在龍淵寺)
袖珍韵			
習齋集	習齋集	習齋集	
			崇儒重道綸音
詩傳大全, 諺解			詩傳大全, 諺解
			雅頌
			兩漢詞命
			御製雲漢編
禮記淺見錄	禮記淺見錄	禮記淺見錄	禮記
五禮儀	五禮儀	五禮儀	五禮儀
			溫公書儀
			畏齋集
			龍飛御天歌
			虞註杜律
原病式	原病式	原病式	
月沙集	月沙集	月沙集	月沙集(在龍淵寺)
			諭中外綸音
陰崖集(龍淵寺)			陰崖集(在龍淵寺)
儀禮經傳			儀禮集(在龍淵寺)
醫學正傳			
二倫行實			
壹隱集			
莊陵志			
節酌通編	節酌通編	節酌通編	節酌通編
			正庵集(在湧泉寺)

慶尙道册板	册板置簿册	完營册板目錄	各道册板目錄	各道册板目錄	鏤板考
				種德新篇大全, 諺解(監營)	種德新編, 諺解
帝王韻紀(營上)					
	趙子杜詩(大丘)				
趙註杜律(營上)	趙註杜律(大丘, 營上)				
周易大全, 諺解(營上)	周易大全, 諺解(大丘)		周易具解(新板)	周易大全, 諺解(監營)	周易大全, 諺解
			朱子語類(舊板)	朱子語類(新刊秩)	朱子語類
	酒德頌(營上)	朱書要類	朱書類要(舊板)	朱書類要(監營)	朱書要類
			朱書百選(舊板)		朱書百選
				朱子敬齋箴(監營)	
				朱子篇(監營)	
中庸(營上)	中庸(大丘)		中庸具解(新板)	中庸大全, 諺解(監營)	中庸大全, 諺解
			晉巖集(朽傷)		晉菴集(大邱龍淵寺)
				闡義昭鑑(監營)	闡義昭鑑
				千字(新刊秩)	
	靑虛集(大丘)				
聽訟書(營上)					
		淸陸集			
		太華集(南有常著)	太華集(舊板)	太華集(大丘)	太華集(大邱龍淵寺)
			通鑑(新板)		
			八子百選(新板)		
風雅(營上)	風雅(大丘, 營上)				
河濱集(營上)					
韓文(營上)	韓文(大丘)		漢書(舊板)	漢書(監營)	漢書評林
海峯集(大丘)	海峰集(大丘)	海峯集(洪命元著)	海峯集(舊板)	海峯集(大丘)	海峰集(大丘桐華寺)
	皇極經書(大丘)				
玄洲集(營上)					
		訓義小學	訓義小學具解(新板)	訓義小學大全, 諺解(監營)	訓義小學大全
				欽恤典則(新刊秩)	欽恤典則

嶺湖列邑所在册板目錄	三南所藏册板	諸道册板錄	書册目錄
			丁酉司馬榜目(1807)
定齋集			
種德新篇			種德新篇, 諺解
			左傳
			周禮
周易大全, 諺解			周易大全, 諺解
			朱子語類
朱書要類	朱書要類	朱書要類	朱書要類
			朱書百選
			朱子敬齋箴
			竹泉集(在龍淵寺)
中庸大全, 諺解			中庸大全, 諺解
			直庵集(在桐華寺)
			晉庵集(在龍淵寺)
闡義昭鑑			闡義昭鑑
靑陸集	淸陸集	靑陸集	
聽訟書			
太華集(龍淵寺)			太華集(在龍淵寺)
			通鑑
			八子百選
鶴泉集			
漢書	漢書	漢書	漢書
海峯集(桐華寺)	海峰集	海峰集	海峯集(在桐華寺)
			鄕禮合編
			皇明世說
			黃帝素問
訓義小學具諺解		訓義小學	
			欽恤典則
			木鑄字四萬一千六十一字(具藏在吏廳)

제4장

조선 후기 경상감영의 출판과 간행본의 특징

_손계영

1. 머리말

감영은 조선의 중앙집권적 행정체제에서 중앙의 국왕과 군현 사이에 위치하였다. 국왕의 명령을 군현의 수령과 지역민에게 전달하고, 군현의 업무를 파악하고 평가하였으며, 군정의 조정과 부세의 수취 등의 업무를 중앙에 보고하는 역할을 담당하였다. 조선 전기에는 감사가 도내 각 지역을 순행하는 행영(行營)의 형태였으나 조선 후기가 되면 한 곳에 머무는 유영(留營)의 형태로 변화하였는데, 경상감영의 경우 조선 초기 경주와 상주·안동 등에서의 행영 체제였다가 조선 후기에 대구부를 중심으로 한 유영 체제를 구축하였다. 유영 체제로 변화된 경상감영은 중앙 및 군현과의 소통, 지방 재정의 운영, 문서 작성과 관리, 지방관의 평가 등 다양한 역할을 하였지만, 또 다른 중요 역할 중 하나가 출판이었다.

경상감영에서는 다양한 주제의 서책이 책판으로 간행되었고, 해당 책판은 감영의 장판각에서 보관·관리되었다. 경상감사는 경상도 고을에서 간행되었던 책판을 조사하여 책판목록을 만들고 현황을 파악하였으며, 그것을 중앙에 보고하여 각 도의 소장 책판목록을 공개할 수 있는 기반을 마련하였다. 따라서 당시 작성된 책판목록을 통해 각 고을마다 어떤 책판을 간행하고 소장하였는지를 파악할 수 있었던 것이다.

이 장에서는 유영 체제로 정착하게 된 조선 후기 경상감영에서 어떤 유형의 서책을 출판하였는지 다루고자 하며, 경상감영 출판의 특징은 무엇인지 살펴보고자 한다. 이를 위해 조선 후기 책판목록에 수록된 경상감영 간행본을 분석하고, 각 간행본의 현존본을 조사하여 책판목록 경상감영본과 비교·분석하고자 한다. 구체적인 방법으로 우선 책판목록에 수록된 영영본 168종을 추출하여 경·사·자·집(經·史·子·集) 주제별로 분류함으로써 경상감영본의 성격을 파악할 것이다. 또한 책판목록 수록 영영본 168종의 현존본을 찾기 위해 경상감영본임을 알려 주는 간기(刊記)와 표제지(標題紙)를 조사하고, 조사된 영영본 간기의 다양한 형태와 표현방식을 상세히 살펴보고자 한다. 마지막으로는 책판목록 수록 경상감영본 168종과 현존본을 비교·분석하여 감영 출판의 특징과 의미를 파악해 보고자 한다.

2. 경상감영 간행본의 주제별 현황

경상감영이 대구에 정착하게 된 이후에 작성된 책판목록을 조사하고, 해당 책판목록에서 대구의 경상감영에서 소장하였던 책판의 서명을 분석하였다. 경상감영은 '경상도영상(慶尙道營上)', '경상감영(慶尙監營)', '영남관찰영(嶺南觀察營)', '대구(大丘, 大邱)', '대구영상(大丘營上, 大邱營上)' 등으로 표기된 사례를 대상으로 하였고, 경상감영 소장 책판이 표기된 책판목록으로는 ①『경상도책판(慶尙道冊板, 1730년경)』, ②『영남책판(嶺南冊板, 1730년경)』, ③『책판치부책(冊板置簿冊, 1740년경)』, ④『삼남소장책판(三南所藏冊板, 1743년경)』, ⑤『제도책판록(諸道冊板錄, 1750년경)』, ⑥『완영책판목록(完營冊板目錄, 1759년경)』, ⑦『영호열읍소재책판목록(嶺湖列邑所在冊板目錄, 1760년경)』, ⑧『각도책판목록(各道冊板目錄, 1778년경)』, ⑨『누판고(鏤板考, 1796년)』, ⑩『서책목록(書冊目錄, 1889년)』, ⑪『책판록(冊板錄, 작성 연도 미상)』 등 총 11종이 있는 것으로 확인되었다.[1] 각 책판목록별 경상감영 소장 책판의 종수는 〔표 1〕과 같다.

이상에 언급한 11종의 책판목록에 수록된 경상감영 소장 책판을 종합하여 정리하면 책판 종수의 합계는 총 168종인 것으로 확인되었다. 책판목록에 수록된 경상감영 책판이 모두 경상감영에서 간행되었다고 단정할 수는 없다. 다만 조선 후기에 지방관아의 책판이 사찰 또는 서원으로 이동하였던 현상은 있었던 반면, 사찰·서원 등의 책판이 감영 등 지방관아로 이동한 사례는 아직 발견되지 않았으므로 책판목록에 수록된 경상감영 책판을 모두 경상감영 간행본으로 간주하더라도 큰 무리는 없을 것이다.

경상감영 간행본 168종의 주제별 성격을 파악하기 위해 경부(經部)·사부(史部)·자부(子部)·집부(集部)의 사부 분류와 각 부별(部別) 세부 항목인 유별(類別)의 분류도 함께 시도하였다. 경·사·자·집의 각 부별

1 이 장에서는『韓國의 冊板目錄』(정형우 · 윤병태 공편, 보경문화사, 1995)에 수록된 책판목록 중심으로 조사하였다.

표 1 경상감영 소장 책판이 수록된 책판목록 및 경상감영 소장 책판 종수

	책판목록명(작성 시기)	경상감영의 표기	종수	비고
1	『慶尙道册板』(1730년경)	(慶尙)營上	35종	
2	『嶺南册板』(1730년경)	慶尙道營上	42종	
3	『册板置簿册』(1740년경)	(慶尙)營上	11종	
4	『三南所藏册板』(1743년경)	慶尙監營大丘	31종	
5	『諸道册板錄』(1750년경)	慶尙監營	31종	
6	『完營册板目錄』(1759년경)	慶尙道營上	28종	
7	『嶺湖列邑所在册板目錄』(1760년경)	大丘	36종	刓不用, 間刓, 사찰 소장본 별도
8	『各道册板目錄』(1778년경)	慶尙監營	56종	新刊 9종 포함
9	『鏤板考』(1796년)	嶺南觀察營	49종	
10	『書册目錄』(1889년)	(慶尙)營上	95종	사찰 소장 25종 별도
11	『册板錄』(미상)	大丘營上	72종	사찰 소장본 별도, 대구본부 23종 포함

표 2 경사자집(經史子集) 부별(部別) 세부 분류 및 해당 종수

經部	**禮類**	四書類	小學類	易類	詩類	書類	春秋類			31종
	11종	8종	4종	3종	2종	2종	1종			
史部	**政法類**	別史類	雜史類	編年類	詔令·奏議類	傳記類	抄史類	正史類	譜系類	46종
	14종	6종	6종	5종	5종	3종	3종	2종	2종	
子部	**儒家類**	醫家類	兵家類	藝術類	類書類	農家類	雜家類			33종
	16종	7종	3종	3종	2종	1종	1종			
集部	**別集類**	總集類	詞曲類	詩文評類						58종
	48종	7종	2종	1종						
	합 계									168종

세부 항목과 해당 종수를 살펴보면 〔표 2〕와 같다.

경부는 총 31종으로 예류(禮類) 11종, 사서류(四書類) 8종, 소학류(小學類) 4종, 역류(易類) 3종, 시류(詩類) 2종, 서류(書類) 2종, 춘추류

(春秋類) 1종으로 나타났다.[2] 예류에는 『가례(家禮)』, 『삼례의(三禮儀)』, 『상례비요(喪禮備要)』, 『예기집설대전(禮記集說大全)』, 『예기천견록(禮記淺見錄)』, 『육례의집(六禮疑輯)』, 『의례집전(儀禮集傳)』, 『의례경전통해(儀禮經傳通解)』, 『찬도호주주례(纂圖互註周禮)』, 『향례합편(鄕禮合編)』, 『사마씨서의(司馬氏書儀)』 등이 간행되었으며, 사서류에는 논어·맹자·대학·중용과 그 언해본이 포함되었다. 소학류에는 『어정규장전운(御定奎章全韻)』, 『삼운성휘(三韻聲彙)』, 『시운수진(詩韻袖珍)』, 『천자문(千字文)』 등이 간행되었고, 역류에는 주역과 그 언해본, 시류와 서류에는 시경·서경 및 그 언해본이 간행되었던 것으로 확인된다. 춘추류에는 『춘추경전집해(春秋經傳集解)』가 간행되었다.

사부는 총 46종인 것으로 확인되었다. 세부 유별로 살펴보면, 정법류(政法類)가 14종으로 가장 많았으며, 그 다음으로 별사류(別史類, 6종), 잡사류(雜史類, 6종), 편년류(編年類, 5종), 조령·주의류(詔令·奏議類, 5종), 전기류(傳記類, 3종), 초사류(抄史類, 3종), 정사류(正史類, 2종), 보계류(譜系類, 2종)의 순으로 나타났다. 정법류에는 『국조상례보편(國朝喪禮補編)』, 『대명률강해(大明律講解)』, 『대명집례(大明集禮)』, 『대전통편(大典通編)』, 『증수무원록대전(增修無冤錄大全)』, 『증수무원록언해(增修無冤錄諺解)』, 『반계수록(磻溪隨錄)』, 『소화외사(小華外史)』, 『국조오례의(國朝五禮儀)』, 『국조속오례의(國朝續五禮儀)』, 『육전조례(六典條例)』, 『어정흠휼

2 경상감영에서 간행된 사서류, 역류, 시류, 서류 등의 七書類 종수는 한문본과 언해본이 포함된 것이다. 경상감영에서 간행된 칠서류 한문본 및 언해본 실물을 살펴보면 戊寅·壬午·甲申·丙戌·戊子 新刊本과 乙丑四月·庚辰七月·丁巳正月·戊午五月 등의 重刊本으로 구분할 수 있다. 이 가운데 중간본의 경우에는 동일 판본일 가능성이 높다는 선행연구가 있는데, 선행연구에 의하면 嶺營 간행본 중 七書類는 지금까지 알려진 것처럼 약 20여 년을 주기로 계속 새겨 간행된 것이 아니라 이미 있던 기존의 판을 누가적으로 보충하여 간행된 것으로 보았다.(남권희, 「경상감영 간행본과 낙육재 소장서책 분석」, 『경상감영의 종합적 연구』, 경상북도·경북대 영남문화연구원, 2004, 292~293쪽.)

전칙(御定欽恤典則)』, 『수정재경신증광사마방목(崇禎再庚申增廣司馬榜目)』, 『숭정기원후삼정유증광사마방목(崇禎紀元後三丁酉增廣司馬榜目)』 등이 해당되며, 별사류에는 『계한서(季漢書)』, 『십구사략통고(十九史略通攷)』, 『십구사략언해(十九史略諺解)』, 『사보략(史補略)』, 『속사략익전(續史略翼箋)』, 『제왕운기(帝王韻紀)』 등이 포함되었다.

또한 잡사류에는 『명의록(明義錄)』, 『속명의록(續明義錄)』, 『명의록언해(明義錄諺解)』, 『속명의록언해(續明義錄諺解)』, 『장릉지(莊陵誌)』, 『천의소감(闡義昭鑑)』이 간행되었고, 편년류에는 『자치통감강목(資治通鑑綱目)』, 『동국통감(東國通鑑)』, 『여사제강(麗史提綱)』, 『역대통감찬요(歷代通鑑纂要)』, 『소미가숙점교부음통감절요(少微家塾點校附音通鑑節要)』 등이 포함되었다. 조령·주의류에는 『민문충공주의(閔文忠公奏議)』, 『수교집록(受教輯錄)』, 『육주약선(陸奏約選)』, 『숭유중도윤음(崇儒重道綸音)』, 『유중외대소신서윤음(諭中外大小臣庶綸音)』 등이 간행되었던 것으로 확인된다. 전기류에는 『백강선생연보(白江先生年譜)』, 『송명신언행록(宋名臣言行錄)』, 『황명세설신어(皇明世說新語)』 등이, 초사류에는 『동래선생음주당감(東萊先生音註唐鑑)』, 『사기영선(史記英選)』, 『사한일통(史漢一統)』 등이 간행되었으며, 정사류와 보계류에는 『한서(漢書)』, 『한서평림(漢書評林)』, 『강릉김씨세보(江陵金氏世譜)』, 『기계유씨족보(杞溪兪氏族譜)』 등이 포함되었다.

자부는 총 33종이며, 유가류(儒家類)가 16종으로 가장 많은 비중을 차지하였고 그 다음으로 의가류(醫家類, 7종), 병가류(兵家類, 3종), 예술류(藝術類, 3종), 유서류(類書類, 2종), 농가류(農家類, 1종), 잡가류(雜家類, 1종)의 순으로 나타났다. 가장 많은 비중을 차지하는 유가류에는 『격몽요결(擊蒙要訣)』, 『경민편(警民編)』, 『어제경세문답(御製警世問答)』, 『돈효록

(敦孝錄)』, 『어제백행원(御製百行源)』, 『삼강행실도(三綱行實圖)』, 『성학십도(聖學十圖)』, 『소학(小學)』, 『소학언해(小學諺解)』, 『이륜행실도(二倫行實圖)』, 『종덕신편(鍾德新編)』, 『종덕신편언』, 『주서백선(朱書百選)』, 『주서요류(朱書要類)』, 『경재잠집설(敬齋箴集說)』, 『주자어록(朱子語錄)』 등이 포함되었다. 의가류에는 『동의보감(東醫寶鑑)』, 『두과휘편(痘科彙編)』, 『두진회통(痘疹會通)』, 『소문현기원병식(素問玄機原病式)』, 『의학정전(醫學正傳)』, 『증보만병회춘(增補萬病回春)』, 『황제내경소문(黃帝內經素問)』 등이 있으며, 병가류에는 『병장도설(兵將圖說)』, 『병학지남(兵學指南)』, 『오자직해(吳子直解)』 등이, 예술류에는 『주덕송(酒德頌)』과 안평대군·성수침 글씨 등이 간행되었던 것으로 확인되었다. 유서류에는 『고금사문유취(古今事文類聚)』, 『유원총보(類苑叢寶)』, 농가류에는 『농가집성(農家集成)』, 잡가류에는 『백가류찬(百家類纂)』 등이 해당된다.

집부는 총 58종이며, 그 가운데 별집류(別集類)가 48종으로 집부의 80% 이상을 차지한다. 이 외에도 총집류(總集類, 7종), 사곡류(詞曲類, 2종), 시문평류(詩文評類, 1종)의 순으로 나타났다. 별집류에는 『겸산집(兼山集)』, 『구포집(鷗浦集)』, 『독석집(獨石集)』 등 개인 시문집의 비중이 많았으며, 총집류에는 『고문백선(古文百選)』, 『당송팔대가문초(唐宋八大家文鈔)』, 『당대가유유주문초(唐大家柳柳州文抄)』, 『당시고취(唐詩鼓吹)』, 『온양세고(溫陽世稿)』, 『당송팔자백선(唐宋八子百選)』, 『염락풍아(濂洛風雅)』 등이 포함되었다. 사곡류에는 『어평양한사명(御評兩漢詞命)』, 『용비어천가(龍飛御天歌)』, 시문평류에는 『시수(詩藪)』 등이 간행되었다.

이상에서 살펴본 경사자집의 비중을 살펴보면 경부 31종으로 18.5%, 사부 46종으로 27.4%, 자부 33종으로 19.6%, 집부 58종으로 34.5%로 나타났다(그림 1 참조). 집부의 비중이 가장 높았으며, 다

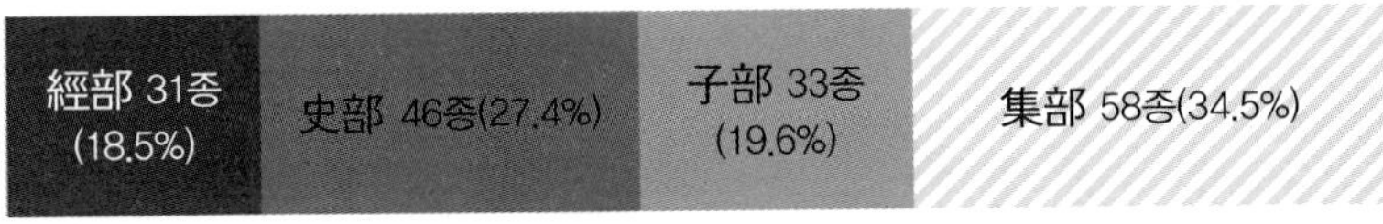

그림 1 경상감영 간행본 168종의 경사자집(經史子集) 비중

음으로 사부, 자부, 경부의 순으로 비중을 차지하였다.

일반적으로 경상감영 간행본은 경서 또는 교육용 서적인 경부가 가장 많은 비중을 차지할 것으로 짐작하였으나, 문학류인 집부가 가장 많은 비중을 차지하는 것으로 나타났다. 특히, 집부 58종 가운데 고려·조선 시대 인물의 시문집이 38종으로 전체 25%에 육박하는 비중을 차지한 점에서 주목된다. 타 지방관아와 마찬가지로, 경상감영에서도 문집 간행이 상당히 중요한 비중을 차지하였으며, 감영과 군현 관아에 관계없이 문집 간행이 활발하게 이루어졌음을 알 수 있다.

3. 경상감영 간행본의 간기 분석

서책 실물을 통해 경상감영본임을 알 수 있는 주요 요소 중 하나가 간기와 표제지이다. 간기에는 간행 시기·간행 주체 등이 표기되어 있으며, 일반적으로 권말 또는 발문 뒤에 위치하지만, 드물게 목차 끝에 위치하기도 한다. 표제지는 일반적으로 앞표지 다음에 위치하며 제명, 저자나 편자, 간행 시기, 간행 주체 등의 정보가 수록된다. 그러나 우리나라 고서에는 표제지가 없는 경우가 대부분이며, 18세기 이후 고서에서 간혹 볼 수 있다.

이 장을 집필하면서 간기 또는 표제지에 경상감영이 표기된 사례를 살펴본 결과, 총 93건을 확인할 수 있었다. 표제지의 사례는 극히 일부이며, 93건 대부분이 간기에서 경상감영본임을 표기하였다. 이들 간기가 형태와 표현의 측면에서 어떤 특징이 있는지 살펴보고자 한다.

1) 간기의 형태

간기는 대부분 책의 권말, 특히 발문 마지막에 들어가는 경우가 많았으며, 발문이 없는 경우 마지막 권의 끝에 새겨 넣었다. 간혹 거질의 서책인 경우 총목차 끝에 들어가는 사례도 볼 수 있었다. 간기의 형태는 크게 장방형의 직사각형 테두리가 있는 경우와 없는 경우로 구분할 수 있다. 직사각형 테두리가 없는 경우에는 다른 두 가지 형태로 구분할 수 있는데, 마지막 페이지 전체 면을 사용하는 경우와 본문 끝에 한 줄로 간략하게 표기하는 경우로 나눌 수 있다. 이에 대한 사례를 살펴보면 다음과 같다.

첫 번째 간기 형태는 정방형 사각 테두리 안에 간기가 표기된 경우이며, 가장 일반적으로 볼 수 있는 형태이다(그림 2~7 참조). 사각 테두리에 간기를 표기하는 경우 대부분 양각으로 새기지만, 간혹 음각으로 판각한 경우도 있다(그림 7). 사각 테두리 안의 글자 배열은 2행4자가 가장 일반적이며, 간혹 3행인 경우나(그림 4), 한 행에 5~6자인 경우(그림 3·4)도 있다.

두 번째는 사각 테두리 없이 마지막 페이지에 표기된 경우이다. 이러한 형태의 간기는 흔하지 않지만, 마지막 책판의 비어 있는 왼쪽 마지막 면에 표기하기도 하고(그림 8), 별도의 판목에 간기만 새겨 넣어 책의 마지막 페이지에 수록하기도 한다(그림 9). 또는 목차의 마

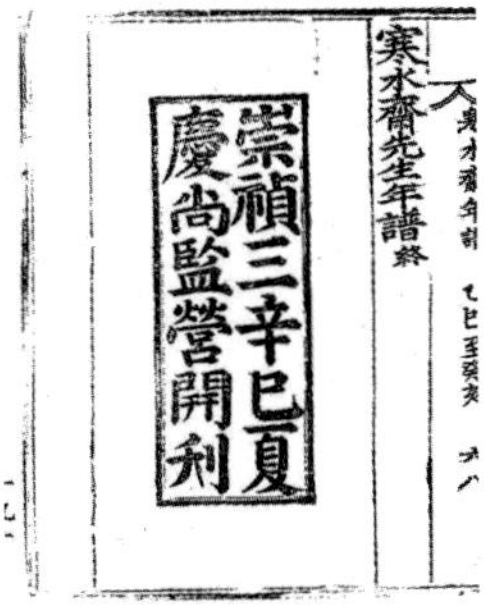

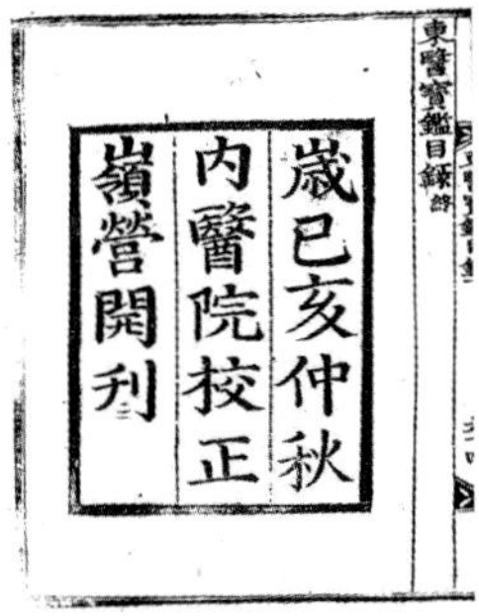

그림 2 『당송팔대가문초』(모덕사본) [戊戌仲夏 嶺營開刊]
그림 3 『한수재집(寒水齋集)』(후손 문중본) [崇禎三辛巳夏 慶尙監營開刊]
그림 4 『동의보감』(국립중앙도서관본) [歲己亥仲秋 內醫院校正 嶺營開刊]
그림 5 『찬도호주주례』(러시아국립도서관본) [乙卯仲夏 嶺營新刊]
그림 6 『서전언해(書傳諺解)』(국립중앙도서관본) [壬戌季春 嶺營重刊]
그림 7 『십구사략통고』(국립중앙도서관본) [歲在壬辰 嶺營新刊]

지막 여백 면에 간기를 수록한 경우도 있다(그림 10).

세 번째는 본문 끝에 한 줄로 간략하게 표기한 경우이다. 본문의 글씨 크기와 비슷하거나 조금 작게 표기되어 앞서 언급한 두 가지 간기 형태보다는 눈에 쉽게 띄지 않는다(그림 11~13). 간행사항을 크게 표기하기에는 공간이 부족하거나 책판이 완성된 이후 간기를 새겨 넣은 별도의 나무조각을 책판에 삽입한 경우에 이러한 형태를

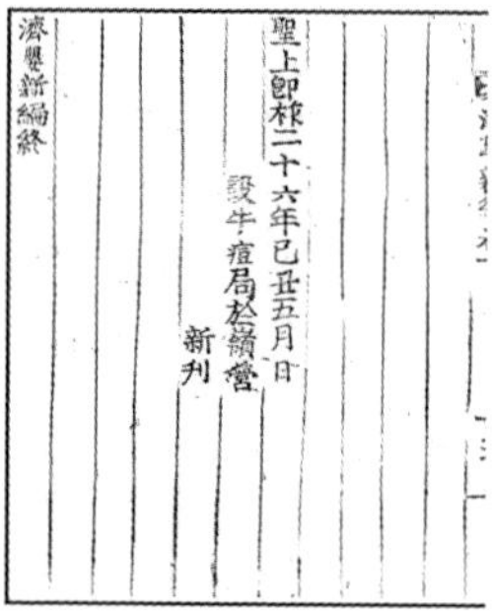

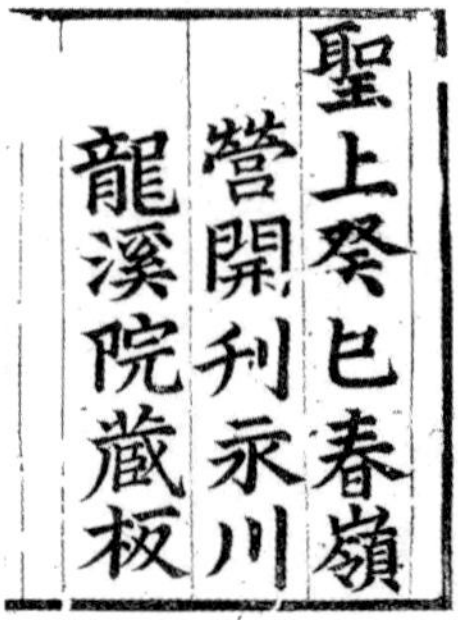

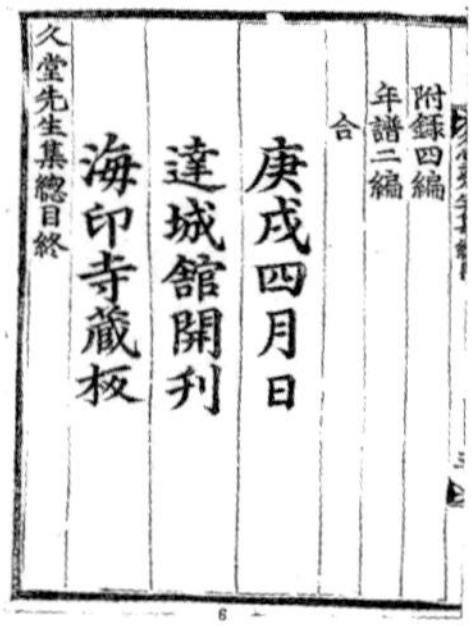

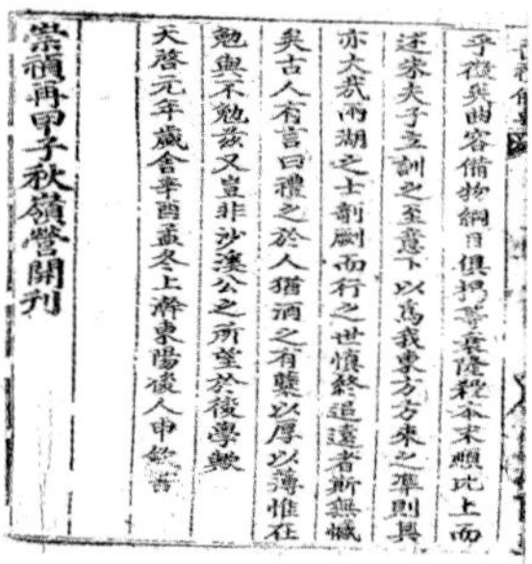

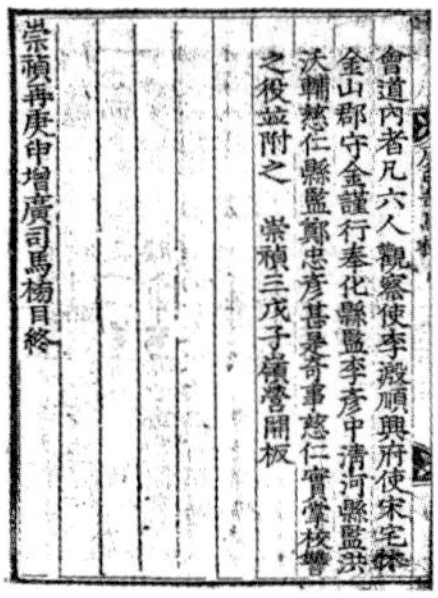

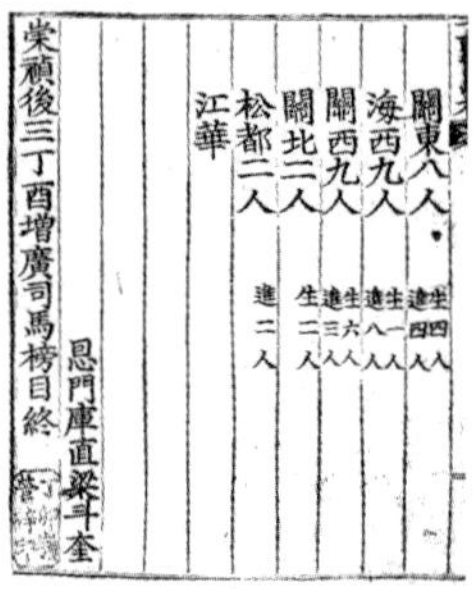

그림 8 『제영신편(濟嬰新編)』(국립중앙도서관본) [聖上卽祚二十六年己丑五月日 設牛痘局於嶺營 新刊]

그림 9 『생육신선생집(生六臣先生集)』(국립중앙도서관본) [聖上癸巳春 嶺營開刊永川龍溪院藏板]

그림 10 『구당선생집(久堂先生集)』(국립중앙도서관본) [庚戌四月日 達城館開刊 海印寺藏板]

그림 11 『상례비요(1744)』(프랑스동양언어문화학교본) [崇禎再甲子秋 嶺營開刊]

그림 12 『숭정재경신증광사마방목(崇禎再庚申增廣司馬榜目)』(국립중앙도서관본) [崇禎三戊子 嶺營開板]

그림 13 『숭정기원후삼정유증광사마방목(崇禎紀元後三丁酉增廣司馬榜目)』(국립중앙도서관본) [丁卯嶺營梓印]

띤 것으로 보인다.

이상 3가지 형태의 간기를 살펴보았다. 간기 이외에도 간행 시기와 간행 주체를 알 수 있는 요소로 표제지가 있는데 그 사례가 많지 않아 형태를 유형화하기는 어렵다. 경상감영본의 사례에서 볼 수

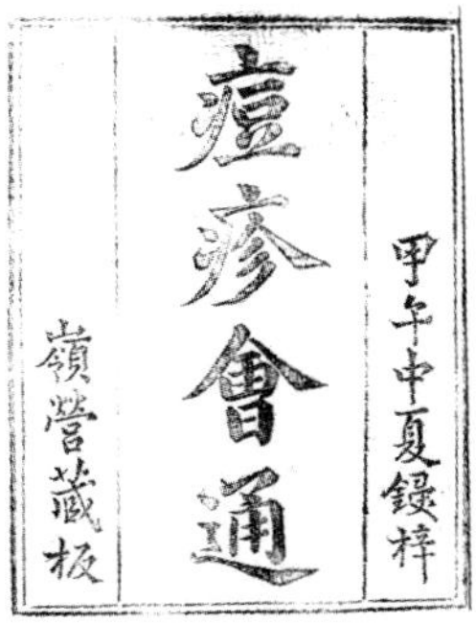

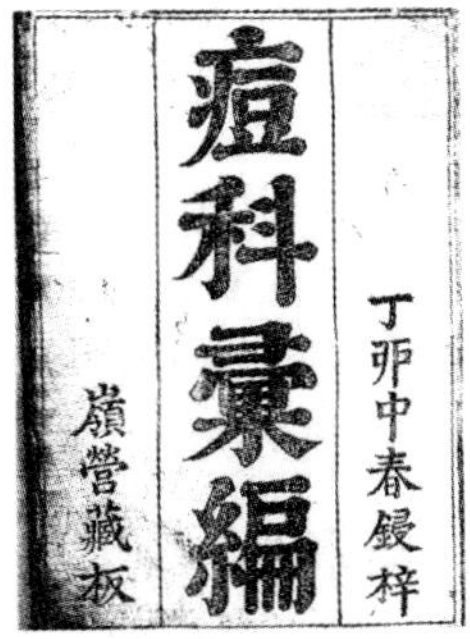

그림 14 『사보략』(국립중앙도서관 소장본) [癸亥仲春 嶺營新刊]
그림 15 『두진회통』(국립중앙도서관 소장본) [甲午中夏鋟梓 嶺營藏板]
그림 16 『두과휘편』(국립중앙도서관 소장본) [丁卯中春鋟梓 嶺營藏板]

있는 표제지의 형태를 살펴보면(그림 14~16), 가운데는 서명이 위치하고 좌우에 간행사항을 알 수 있는 정보가 배치되는 형태이다. 서명의 우측에 간행 시기를 알려 주는 내용을 기재하였고, 좌측에는 간행 또는 보관 주체에 대한 내용을 표기하였다.

2) 간기의 표현

이상 간행 시기와 간행 주체 등의 정보를 알려 주는 간기와 표제지의 형태를 살펴보았는데, 경상감영본의 간기에 포함되는 내용과 표현 방식을 살펴보고자 한다. 일반적으로 간기에 포함되는 내용은 기본적으로 간행 시기에 대한 표현, 간행 주체에 대한 표현, 간행 행위에 대한 표현으로 구성되어 있으며, 예외적으로 책판 보관의 주체와 행위에 대한 표현, 원고 교정의 주체와 행위에 대한 표현 등이 추가되기도 한다. 간기의 표현을 세분하여 분석하면 다음과 같다.

첫 번째는 간행 시기에 대한 표현이다. 간행 시기는 연월까지 표기한 경우도 있고 간행 연도만 표기한 경우도 있는데, 간행 연도는 주로 간지(干支)로 표기하는 것이 일반적이다. 때문에 정확한 연도를 파악하기 위해서는 별도의 서지학적 분석 및 내용 분석이 필요하다. 경우에 따라 숭정(崇禎) 등의 중국 연호나 성상(聖上) 등의 표현을 사용하여 간행년을 표현한 경우에는 정확한 간행 시기를 파악할 수 있다. 예를 들면, '숭정재갑자(崇禎再甲子, 1744)' 또는 '성상즉조이십육년기축(聖上卽祚二十六年己丑, 1889)' 등으로 표기된 경우이다.

두 번째는 간행 주체의 표현이다. 경상감영본의 경우에는 간행 주체를 대부분 '영영(嶺營)'으로 표기하였고, 드물게 '경상감영(慶尙監營)'을 사용하기도 하였다(그림 3). 이와 같이 경상감영이 간행의 주체가 되어 간행이 이루어졌지만, 간혹 감영의 특정 조직 또는 기구가 서책의 간행 주체로 표기된 사례도 있다. 예를 들면, 우두(牛痘)에 관한 의학서인 『제영신편(濟嬰新編)』 간기에는 '설우두국어영영신간(設牛痘局於嶺營新刊)'이라 기록되었는데(그림 8), 이는 『제영신편』 간행의 주체가 영영(嶺營)에 설치된 우두국(牛痘局)임을 의미한다. 또 다른 사례로 『구당선생집(久堂先生集)』 간기에 의하면 '달성관개간(達城舘開刊)'으로 간행 주체를 표기하였는데(그림 10), 이때의 달성관(達成館)은 경상감영 겸 대구부에 설치된 객사(客舍)의 편명(扁名)이었다. 즉 대구부 객사에서 주관하여 간행이 이루어졌음을 알 수 있는데, '달성관'이란 표현은 크게는 대구부에서의 간행을 의미하는 것으로 해석된다. 이상 우두국과 달성관의 사례에서 보는 바와 같이 경상감영의 특정 건물·조직·기구가 간행 주체가 되어 서책 간행이 이루어졌던 사례도 있음이 확인되었다.

세 번째는 간행 행위에 대한 표현이다. 간행을 표현하는 가장 일반적인 용어는 '개간(開刊)'이며, 간혹 '재행(梓行)', '재인(梓印)', '침재(鋟梓)' 등의 표현도 사용되었다. 간행 판차에 대한 표현으로는 일반적으로 '신간(新刊)'과 '중간(重刊)'의 용어를 사용하였고, '개간(改刊)'을 사용한 사례도 있다.

마지막으로 책판의 보관 및 원고의 교정 등에 관한 표현 사례이다. 간기에서는 책판 보관과 원고 교정 등에 관한 정보를 쉽게 볼 수 없지만 간혹 표기되는 경우도 있다. 책판의 보관 주체와 행위에 대한 표현이 있는 간기로는 『생육신선생집(生六臣先生集)』과 『구당선생집』 간기를 대표적인 사례로 들 수 있다. 전자의 경우에는 '성상계사춘 영영개간 영천용계원장판(聖上癸巳春 嶺營開刊 永川龍溪院藏板)'이라 표기하였는데(그림 9), 경상감영에서 간행하였고 영천의 용계서원에서 책판을 보관하였음을 알 수 있다. 후자의 경우에는 '경술사월일 달성관개간 해인사장판(庚戌四月日 達城舘開刊 海印寺藏板)'이라 표기하였다(그림 10). 대구부 달성관에서 간행하였고, 간행한 책판은 합천 해인사에서 보관하였던 것이다. 이와 같이 책판의 보관에 있어 '장판(藏板)'이라는 표현을 사용하였으며, 책판 보관 주체와 행위에 대한 표현을 간기에 포함한 사례도 볼 수 있다. 또한 원고 교정의 주체와 행위에 대해 표현한 대표적인 사례는 『동의보감』이다. 『동의보감』 영영본 간기에는 '내의원교정 영영개간(內醫院校正 嶺營開刊)'이라 기록하였는데(그림 4), 내의원에서 교정하였고 경상감영에서 간행하였음을 표기한 것이다.

4. 경상감영 출판의 특징

책판목록에 수록된 경상감영 소장본이 경상감영 간행본이라는 전제하에 168종의 간행본과 감영 출판의 특징을 살펴보고자 한다. 여기에서 언급하는 경상감영 출판의 특징은 경상감영만의 특징이라기보다는 각 감영 출판의 공통적인 특징이라 할 수 있을 것이다. 다른 감영과 비교되는 경상감영 고유의 특징에 대해서는 타 감영 간행본과 출판에 대한 연구가 함께 진행되어야 가능할 것으로 보인다.

1) 지역 거점 간행소로서의 중앙간인본(中央刊印本) 번각과 배포

경상감영 간행본을 통해 살펴본 감영본의 첫 번째 특징은 중앙에서 간행된 목판본 또는 금속활자본이 각 지역 감영에서 목판으로 번각되어 해당 도의 주부군현 및 유생들에게 배포되었다는 점이다. 그 대표적인 사례는 『대전통편』의 번각과 관련된 다음 내용과 같다.

> 『대전통편(大典通編)』이 이루어졌으니, 국조(國朝)의 전장제도(典章制度)에 관한 책이다.… (임금이) 손수 서문(序文)을 지어 첫머리에 기재하고 인하여 교서관(校書館)에 보내어 간인(刊印)하였다. 이 책이 이루어지매 편집(編輯)에 참여한 여러 신하가 전문(箋文)을 갖추어 올리니, 임금이 인정전(仁政殿)에 나가서 몸소 받아서 전국에 반포하였다. 또 호남(湖南)·영남(嶺南)·관서(關西)의 감영(監營)에 명하여 번각(翻刻)하여 목판(木板)을 간직하게 하였다.[3]

3 『정조실록』 20권, 정조 9년(1785) 9월 11일 정사. "大典通編成 國朝掌故之書…親製引弁之 因付芸閣刊印 是書成 編輯諸臣 具箋以進 上御仁政殿 親受分頒中外 又命湖南 · 嶺南 · 關西營 翻刻藏板"

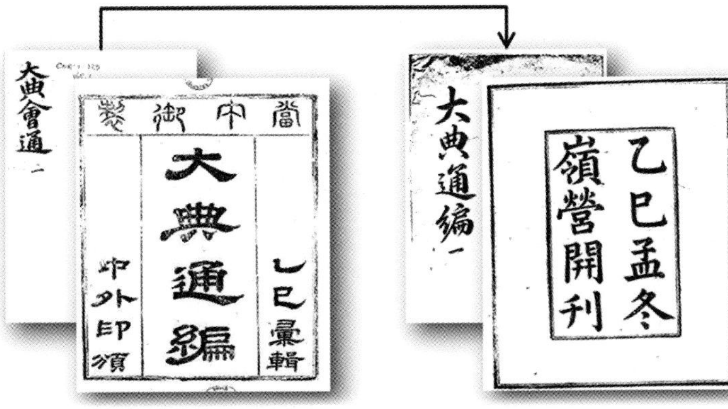

『대전통편』 목판본(1785년 교서관 간행)
(프랑스동양언어문화학교 소장본)

『대전통편』 목판본(1785년 경상감영 번각)
(국립중앙도서관 소장본)

그림 17 『대전통편』 교서관 목판본이 경상감영에서 번각된 사례

위 내용에서 보는 바와 같이 1785년(정조 9)에 완성된 『대전통편』은 교서관에서 목판본으로 간행되었고, 이후 교서관본을 전라감영·경상감영·황해감영에 보내 목판 번각 후 감영에서 번각판을 보관하게 하였다. 실제 『대전통편』이 교서관과 각 감영에서 간행되었는지 확인한 결과, 표제지와 간기를 통해 교서관본과 이를 번각한 경상감영본을 찾을 수 있었다(그림 17 참조).

『정조실록』의 기사와 현존본 표제지·간기를 통해 교서관본이 경상감영에서 번각되는 과정을 다시 정리하면 다음과 같다. 1785년 9월 이전에 『대전통편』이 완성되어 교서관에서 목판본으로 간행되었다. 같은 해 9월 11일에 왕이 각 감영에 번각할 것을 명하였고, 실제 교서관 간행본이 감영으로 전달되어 경상감영에서 번각이 완료된 시점이 정확한 날짜가 기록되어 있지는 않지만 간기를 통해 10월인 것으로 확인된다. 따라서 한 달 사이에 감영 번각본이 완성되었던 것이고, 매우 신속하게 번각이 이루어질 수 있는 시스템을 갖추었다고 볼 수 있다.

책판목록을 확인한 결과『대전통편』의 감영 번각은 경상감영에서만 이루어진 것이 아니며, 전라감영·충청감영·황해감영에서도 번각된 것으로 확인된다.『누판고』에서는『대전통편』의 목판이 교서관, 호서관찰영, 호남관찰영, 관서관찰영에 보관되어 있다고 기록하였다.[4]

『대전통편』은 교서관에서 목판본으로 간행된 것이 각 감영에서 다시 목판본으로 번각된 사례이다. 교서관에서 금속활자로 인쇄하여 각 감영에서 번각한 사례도 확인되는데 가장 대표적인 사례가『어정육주약선(御定陸奏約選)』이다. 완성된『어정육주약선』은 1797년(정조 21) 윤6월 12일에 교서관에서 금속활자로 인행(印行)하여 반포하라는 왕명이 있었는데,[5] 당시에 정유자로 인쇄한 금속활자본이 현존하고 있다. 1797년 윤6월에 교서관에서 인쇄한 금속활자본은 이후 전라감영과 경상감영에서 번각되었는데, 이는 1797년에 간행된 완영본과 영영본 표제지·간기를 통해 확인된다(그림 18 참조).

1797년『어정육주약선』의 감영 번각 과정을 정리하면 다음과 같다. 1797년 윤6월에 교서관에서 정유자로 간인되었고, 이후 교서관 금속활자본을 경상감영과 전라감영으로 보내어 목판본으로 간행하였다. 당시 경상감영본은 7월에 간행되었음을 간기를 통해 확인할 수 있는데,『어정육주약선』의 경우에도 한 달 사이에 번각본 간행이

4 『누판고』 권1,「大典通編」. "校書館藏 印紙九牒六張一片, 湖西觀察營藏 印紙十一牒十張, 湖南觀察營藏 印紙九牒十二張, 關西觀察營藏 印紙九牒十張"

5 『정조실록』 46권, 정조 21년(1797) 윤6월 12일 경술 기사. "陸奏約選成 上 雅愛陸贄奏議之明白剴切 有裨治敎 御極之初 命校書館 印頒全集"

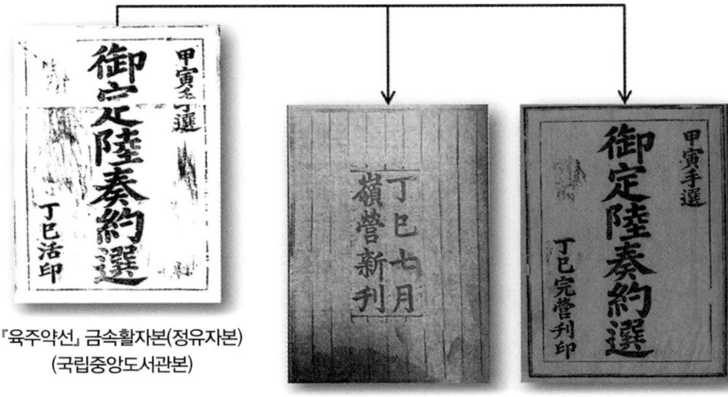

『육주약선』 금속활자본(정유자본)
(국립중앙도서관본)

『육주약선』 목판본(경상감영 번각)
(한중연 장서각본)

『육주약선』 목판본(전라감영 번각)
(버클리대 동아시아도서관본)

그림 18 『어정육주약선』 교서관 금속활자본이 영영(嶺營) · 완영(完營)에서 번각된 사례

이루어질 만큼 중앙에서 지방 감영으로의 왕명 전달과 지방 감영에서의 목판 번각 기술이 신속하게 이루어질 수 있는 시스템과 인프라를 갖추고 있었다고 할 수 있다.

이상에서 언급한 바와 같이 중앙간인본이 각 지방 감영으로 전달되어 다시 번각본으로 간행되는 현상은 조선 시대 감영 출판의 중요한 특징으로 볼 수 있다. 중앙간인본이 경상감영에서 재간행되었던 대표적인 사례를 살펴보면 『어정규장전운』, 『어정육주약선』, 『어정흠휼전칙』, 『대전통편』, 『어정주서백선(御定朱書百選)』, 『어제백행원』, 『어제경세문답』, 『어제왕세자책례후각도신군포절반탕감윤음(御製王世子冊禮後各道身軍布折半蕩減綸音)』 등이 있다. 이들의 공통점은 국왕이 중요시했던 서책이라는 점으로서 대부분 어제서(御製書), 어정서(御定書), 어평서(御評書)에 해당되며, 이들 서책에는 어제서문(御製序文) 또는 어필(御筆)이 수록되어 있는 경우가 대부분이다. 이들 서책의 특징은 왕의 국정 철학과 통치 이념을 담았다는 점이며, 이들 서책이 중앙에서 간인된 후 지방 감영으로 전달되어 번각되는 시스템을 갖추고 있었다는 것은 왕의 국정 철학과 통치 이념을 주부군현의 말단에까지 전달하려는 의지가 높았음을 의미한다. 이를 보여 주는 대표적인 사례가 『어정주서백선』이다.

> 『주서백선』이 완성되었다. … 정유자(丁酉字)를 써서 창경궁의 구 홍문관 자리에서 인쇄하였다. … 책이 완성되자 여러 신하들에게 반포하고, 또 호남·영남·관서의 감영에 명하여 번각(飜刻)하고 목판을 보관하게 하였다.[6]

1794년 12월 『어정주서백선』이 완성되었고, 정유자를 사용하여 금속활자본이 인행되었다. 중앙의 금속활자본은 전라감영, 경상감영, 황해감영에 보내져 이를 번각하도록 명하였고, 번각된 목판은 각 감영에서 소장하도록 하였다. 왕은 지방 감영의 번각을 통해서 4도(都) 8도(道) 300주부군현(州府郡縣)에 책을 배포하도록 하였고, 이와 같이 각 지역 구석구석 배포하고자 하는 이유를 밝히기를 "나라 안의 관복 입은 선비들이 모두 내가 주자를 존경하는 뜻을 알게 하도록 각 도(道)에 하유(下諭)"하기 위함이라고 하였다.[7]

이와 같이 팔도 감영에서의 어제서·어정서·어평서 간행을 통해 국왕의 철학과 이념을 전달하였고, 이를 통해 지방의 백성에게 자

---

6 『정조실록』 41권, 정조 18년(1794) 12월 25일 무인. "朱書百選成…用丁酉字 開印于昌慶宮舊弘文館…書成 頒諸臣 又命湖南 · 嶺南 · 關西營 翻刻藏板"

7 『승정원일기』 96책, 정조 24년(1800) 4월 13일 을미. "俾域中之冠儒服儒者 皆知予尊朱之意事 下諭諸道"

신의 뜻을 전하고 교화하고자 하였던 것이다. 즉 중앙의 지방 통치를 위해 감영 출판이 적극 활용되었으며, 중앙간인본의 감영 번각 출판은 왕의 지방 통치에 중요한 역할을 하였던 것이다.

2) 경상감사 주도의 문집류(文集類) 간행

기존 연구에 의하면 조선 시대 감영을 포함한 지방관아에서 지방관에 의한 문집 간행이 성행하였던 것으로 나타난다.[8] 조선 초기에는 명현의 문장을 보존하기 위한 차원에서 왕명에 의한 문집 간행이 간헐적으로 이루어졌으며, 이는 국가가 해당 문집에 공식적인 가치를 부여하는 의미를 가졌다. 이후에 국가에서 보존하고자 하는 명현 문집의 수량이 증가하고, 이에 따라 이들 문장의 보급 확대에 어려움이 생기자 이 문제를 해결하기 위해 지방관 주도의 문집 간행이 주부군현에 정착되었다.

각 도의 책임자인 관찰사부터 군현(郡縣) 단위의 수령인 군수·현령·현감에 이르기까지 다양한 품계의 지방관들이 문집 간행의 결정권을 가졌다. 그 가운데 도내의 최고 책임자인 관찰사는 문집 간행에 있어 가장 중요한 역할을 하였는데, 지방 감영의 출판 결정권은 관찰사인 감사(監司)의 절대적인 권한이었다고 해도 과언이 아니다. 따라서 감사로 부임한 이들은 해당 감영에서 자신의 선조 문집을 간행하려고 하였고, 주위의 인물들이 자기 선조의 문집을 간행하기 위해 감사에게 청탁을 넣는 일은 하나의 관행으로 행해졌다.

8 이 절의 내용은 「지방관과 선조 문집 간행」(손계영, 『영남학』 15, 2009)과 「조선 시대 감영의 문집 간행과 그 배경 연구」(손계영, 『조선 시대 지방 감영의 인쇄출판 활동』, 청주고인쇄박물관, 2015)를 참고하였음.

관찰사 등의 지방관이 해당 지역에서 문집을 간행하려는 것은 명현의 문장을 보존하려는 공적 명분이 있기도 하지만 해당 지역에서 물적·인적 지원을 받을 수 있다는 것이 가장 중요한 요소로 작용하였다. 목판 제작 및 서책 인출을 위해서는 판목 등의 물적 자원과 각수 등의 노동력을 갖추어야 하는데, 이는 개인의 차원에서 진행하기에 부담스러운 작업이었다. 때문에 지방관에 제수되면 수집·편찬한 선조 유고의 간행에 착수하는 형태를 보였다. 또한 지방관에 제수한 이에게 지원을 요청하는 경우도 전형적인 문집 간행의 방식이었다. 감사의 물적·인적 지원으로 간행이 이루어진 대표적인 사례는 1692년에 간행된 정개청(鄭介淸, 1529~1590)의 『우득록(愚得錄)』이다. 숙종 17년(1691) 나덕준(羅德峻)의 증손 나두춘(羅斗春)은 증조의 스승인 정개청의 문집 간행을 위해 전라감사 이현기(李玄紀, 1647~1714)에게 필요한 지원을 요청하였고, 전라감사는 간행에 필요한 목판(木板)을 지원하였다. 다음 해인 1692년에는 새로 부임된 전라감사 홍만조(洪萬朝, 1645~1725)의 지원 아래 전라도 여러 고을에 목판을 배분하여 개간(開刊)이 완료되었다.[9]

각 도 감사에 의한 문집 간행이 모두 성사되었던 것은 아니다. 여기에는 몇 가지 걸림돌이 있었다. 우선 해당 지역의 재정적 어려움이 있는 경우에는 간행이 중단되거나 간행의 규모가 축소되었다. 대표적인 사례로 김지남(金止男, 1559~1631)의 『용계유고(龍溪遺稿)』를 들 수 있다. 숙종 22년(1696) 이선부(李善溥, 1646~1721)는 경상감사로

9 鄭介淸, 『困齋先生愚得錄附錄』 上, 「困齋先生事實」. "辛未冬 監司李玄紀 用別檢羅斗春曾孫言 以數百板材助之 至是 監司洪萬朝 採務安儒生等所白 遂頒諸邑而刻焉 士人尹世泰 先生弟應淸外後孫高玧等 幹其事 月餘功告訖"

부임하여 외증조부 김지남의 문집 『용계유고』를 간행하려 시도하였으나 그해의 흉년으로 인해 간행을 중단하였다.[10] 이와 유사한 사례로 함경감사로 있던 권혁(權爀, 1694~1759)이 영조 33년(1757) 자신의 백부 권상하(權尙夏, 1641~1721)의 문집 『한수재집(寒水齋集)』의 간행을 시도하였으나 함경감영의 '물력(物力)이 피폐하여' 결국 간행하지 못하였고,[11] 이후 저자의 외증손 황인검(黃仁儉, 1711~1765)이 경상감사를 지내면서 외증조부의 문집을 34권 15책으로 간행하였다. 감사가 간행에 대한 절대적인 결정권을 가지고 있지만 문집 간행이 감영의 지원으로 이루어지기 때문에 해당 감영의 재정적 문제는 예민한 요소로 작용하였던 것이다. 감사가 관의 물력을 동원하면서도 감영이 재정적 어려움에 처하자 간행 작업을 중단한 것은 이 작업이 감사 자신의 개인적 명분에 의한 것임을 정확하게 인식하고 있었기 때문이다.

감사의 문집 간행에 있어 감영의 재정 문제 이외에 작용하였던 중요한 장애요소는 감사의 체직 시기였다. 문집 간행이 진행되는 과정에서 감사가 체직되었을 경우 문집 간행을 전면 중단하였다. 대표적인 사례로 채유후(蔡裕後, 1599~1660)의 『호주집(湖洲集)』의 경우를 들 수 있다. 숙종 27년(1701) 채유후의 종손(從孫) 채팽윤(蔡彭胤, 1669~1731)이 채유후의 유고를 가지고 전라감사 홍만조를 찾아가 간행을 부탁하자 홍만조는 간행을 약속하였다. 그러나 홍만조가 다음해에 형조참판으로 자리를 옮기면서 간행은 이루어지지 못하였

10 李善溥, 『龍溪遺稿』, 「龍溪遺稿跋」. "昨年 不肖之忝守嶺臬也 盖嘗有意於校讎板本 添入行跡 以爲傳衣永遠之圖 而歲適大歉 無暇私事 卒卒徑歸 深以爲恨 今大學士吳公 聞而慨然 作爲弁首之語 舍仲兄方宰益山郡 竝取碣銘 而剞劂之 歸其板於山縣"

11 尹鳳九, 『屛溪集』 卷13, 「答權亨叔」.

다. 3년 뒤인 1704년 11월에 홍만조가 다시 외직으로 함경감사에 제수되면서 『호주집』 간행이 성사되었다.[12] 즉 전라감사 시절에 약조한 문집 간행을 함경감영에서 간행하였던 것이다. 이는 교체되는 전라감사 후임자에게 간행 작업을 인수인계하여 간행을 완료하는 방식이 아니었다. 해당 지역에서의 간행 작업을 전면 중단하고 다음 부임지인 감영에서 재착수한 것이다. 이러한 방식은 문집 간행이 감영이라는 공간 중심이 아닌 감사라는 인물 중심의 체제였음을 보여 준다.

감사의 문집 간행은 감영이라는 공적 공간과 재정에서 이루어짐에도 불구하고 감사가 체직되었을 때에는 전면 중단되는 사적 성격이 강한 관행이었음을 알 수 있다. 감사의 사적 간행이었음을 말해주는 또 다른 근거는 간행 후 책판을 사적 공간으로 이동한 경우이다. 영조 37년(1761) 경상감사 황인검은 외조부인 권상하의 문집을 간행하며 '숭정삼신사하 경상감영개간(崇禎三辛巳夏 慶尙監營開刊)'이란 간기를 표기하였다(그림 19 참조). 즉 신사년(1761) 경상감영에서 목판으로 간행하였음을 서책의 끝에 표기함으로써 해당 감영의 공적 간행임을 보여 주었다. 그러나 현존하는 책판목록의 '경상감영' 또는 '대구'의 항목에서 권상하의 『한수재집』에 대한 기록은 전무하다. 경상감영에서 간행되었고, '경상감영'이란 간기가 표기되어 있음에도 불구하고 책판목록에서는 완전히 누락되었다. 단 1700년대 후반의 책판이 수록되어 있는 『누판고』에서 그 소장처가 단양 상선암으로 기록되어 있는데, 이것은 간행 이후 후손들이 『한수재집』의 책판을

12 蔡彭胤, 『湖洲集』, 「湖洲集跋」. "頃年前左侍郎洪公觀察湖南 彭胤以公集謁 洪公義然曰諾 謀於伯兄以合役且擧 洪公罷 越四年 洪公有北臬之命 亟取以行曰 吾不可以不卒吾事 蓋後公卒四十餘年而斯文始顯 嗚呼 豈故有待耶"

그림 19 『한수재집』 권1 권수제면(左)과 간기(右)

감영에서 단양 상선암으로 옮겨 갔기 때문일 것이다.[13] 감영의 공적 간행임을 보여 주는 간기의 표기가 있음에도 불구하고 공적 리스트인 책판목록에 표기되지 않은 점과 후손들의 선조 문집 책판의 이동 행위는 문집 간행을 사적 행위로 인식하였음을 보여 주는 근거가 될 수 있다.

현종 10년(1669) 민제인(閔齊仁, 1493~1549)의 5대손 민시중(閔蓍重, 1625~1677)이 경상감사로 부임하며 이전에 간행된 민제인의 『입암집(立巖集)』 판목 중 손상된 부분을 보각(補刻)하고 일부 내용은 추각(追刻)하였다. 그 이후 68년이 지난 영조 12년(1736)에 민제인의 7대손이자 민시중의 손자인 민응수(閔應洙, 1684~1750)가 경상감사로 부임하게 되었고, 다시 『입암집』을 보각·추각하였다. 1760년경에 작성된 『영호열읍소재책판목록』, 『각도책판목록』 등의 책판목록은 민제인

13 상선암은 권상하가 직접 이름을 부여하고 암자를 세운 곳으로 남다른 의미가 있는 장소이기에 후손들이 단양 상선암에 옮긴 것으로 추정된다.

표 3 경상감사 등의 주도에 의한 문집 간행 사례

문집명	저자	간행 연도	간행 형태	간행주도인물(직책)	저자와의 관계
「海峰集」	洪命元	1656년	初刊	洪處厚(慶尙監司)	아들
「樂靜集」	趙錫胤	1670년경	初刊	閔蓍重(慶尙監司)	처조카
「月沙先生集」	李廷龜	1688년	重刊	李世華(慶尙監司)	손자의 交友
「壺谷集」	南龍翼	1695년경	初刊	李寅煥(慶尙監司)	아들의 장인
「龍溪遺稿」	金止男	1697년	追刻後刷	李善溥(慶尙監司)	외증손
「鳴皐集」	任錪	1704년	初刊	朴權(慶尙監司)	외현손
「醒翁先生遺稿」	金德諴	1706년	重刊	金演(慶尙監司)	증손
「鶴泉集」	成汝學	1706년	初刊	李壄(慶尙監司)	외손 조카
「海峰集」	洪命元	1716년	重刊	洪禹寧(慶尙監司)	증손
「習齋集」	權擘	1717년	三刊	權㦢(慶尙監司)	후손(4세손)
「月沙先生別集」	李廷龜	1720년	別集	李雨臣(大邱判官)	후손(4세손)
「白洲集」	李明漢	[1720년 이전]	三刊	李雨臣(大邱判官)	증손
「壺隱集」	洪受疇	1722년	初刊	洪禹傳(慶尙監司)	堂姪
「獨石集」	黃赫	1727년	重刊	黃璿(慶尙監司)	후손(6세손)
「久堂先生集」	朴長遠	1730년	初刊	朴文秀(慶尙監司)	증손
「南溪集」	朴世采	1732년	初刊	趙顯命(慶尙監司)	문인
「立巖集」	閔齊仁	1736년	補遺	閔應洙(慶尙監司)	후손(7세손)
「太華子稿」	南有常	1736년	初刊	閔應洙(慶尙監司)	友人의 재종형
「畏齋先生文集」	李端夏	[1738~9년]	初刊	李箕鎭(慶尙監司)	姪孫
「睡谷集」	李畬	1739년	初刊	李箕鎭(慶尙監司)	從子
「陰崖先生集」	李耔	1754년	初刊	李彜章(慶尙監司)	族從孫
「靑泉集」	申維翰	1770년	初刊	李瀰(慶尙監司)	先代交友
「正菴集」	李顯益	1773년	初刊	李商進(大邱判官)	손자
「兼山集」	俞肅基	1775년	初刊	金載順(慶尙監司)	사위
「晉庵集」	李天輔	1781년	初刊飜刻	李文源(慶尙監司)	아들
「水北遺稿」	金光炫	1805년	初刊	金羲淳(慶尙監司)	후손(6세손)
「直菴集」	申暻	1811년	初刊	金會淵(慶尙監司)	외손
「休翁集」	沈光世	1859년	重刊	沈敬澤(慶尙監司)	후손(9세손)

의 『입암집』이 대구에 소장되어 있다고 공식적으로 기록하였다. 그러나 이후 12대손 민영휘(閔泳徽)가 대구의 책판을 부여의 종중(宗中)으로 옮겨 가져간 사실이 확인되는데,[14] 이처럼 감사 또는 그의 후손들이 감영에서 간행한 책판을 자신의 근거지로 이동해 갔다는 것 또한 감영에서의 문집 간행이 사적 개념으로 인식되었음을 알 수 있게 한다.

책판목록에 나타나는 168종의 책판 가운데 고려·조선 시대 인물의 문집 간행은 38종으로 나타났으며, 전체의 22.6% 비중을 차지하고 있다. 저자와 혈연·혼맥·학맥 등의 관계를 갖는 경상감사 등에 의해 문집이 경상감영에서 간행된 사례를 살펴보았다. 서·발문, 묘갈명, 연보, 간찰 등을 통해 혈연·혼맥·학맥 등의 관계를 이용하여 문집 간행이 이루어졌음을 확인한 사례는 〔표 3〕과 같다.

〔표 3〕의 사례 가운데 경상감영에서 간행되었음을 간기로 표시한 사례는 많지 않지만, 서문과 발문, 묘갈명 등에 경상감사 또는 대구판관의 도움을 받아 감영에서 간행하였다는 기록이 남아 있다. 앞서 설명한 권상하의 『한수재집』과 같이, 책판목록에 수록되지 않았지만 경상감영 간기가 있는 사례도 발견되는데, 1854년에 간행된 조하망(曺夏望, 1682~1747)의 『서주집(西州集)』(그림 22), 1758년경 간행된 민업(閔業, 1605~1671)의 『양호선생유고(楊湖先生遺稿)』(그림 23) 등이 이에 해당된다. 즉 책판목록에서 경상감사 주도의 문집 간행 비중은 전체 간행의 22.6%로 나타났지만 책판목록에 기입되지 않은

14 閔泳徽, 『立巖集』, 「立巖集重刊序」. "板本藏于大邱龍淵寺 守護惟謹 而閱歲既久 刓缺頗多 亦有佚落者 不肖泳徽 爲是之懼 玆歲乙丑 以繼述之義 另屬族叔達鎬 運致扶餘宗中 攷校釐正 補刊其缺落 於是乎完矣"

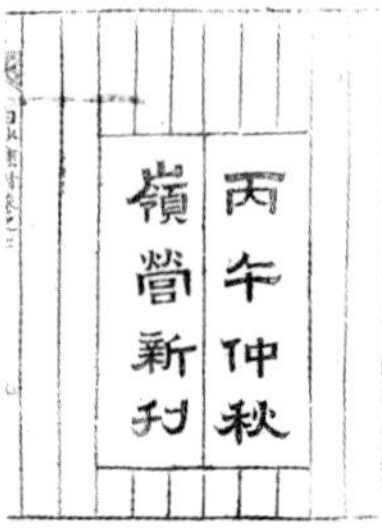

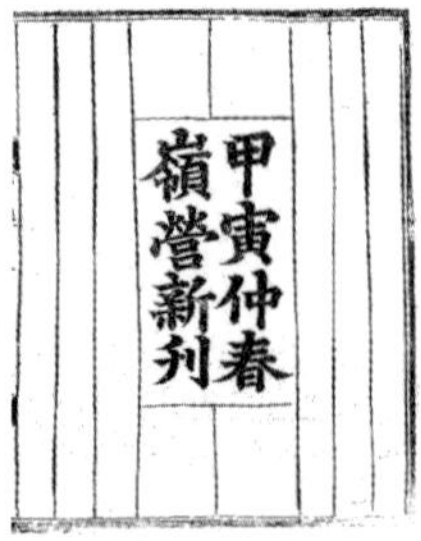

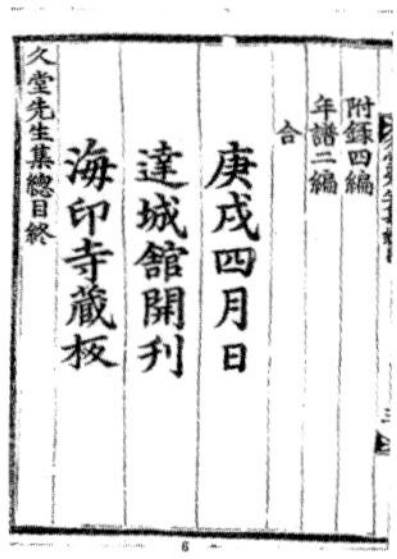

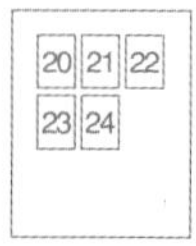

그림 20 『백사집(白沙集)』 [嶺營新刊]
그림 21 『수북유고(水北遺稿)』 [嶺營梓行]
그림 22 『서주집』 [嶺營新刊]
그림 23 『양호유고(楊湖遺稿)』 [嶺營開刊]
그림 24 『구당집(久堂集)』 [達城舘開刊]

사례도 다수 발견되고 있어 이를 감안한다면 전체 25% 정도를 차지할 것으로 예측된다. 이는 경상도 36개 관아에서 간행된 서책 중 문집류가 차지하는 비중과 상당히 유사한 수치이다.[15]

3) 문집·족보류 책판의 이동과 사찰에서의 별도 관리

책판목록에는 기본적으로 각 책판의 서명과 인출에 필요한 종이와 먹의 양이 기록되어 있고, 경우에 따라 해당 책판이 현재 어디에 소장되어 있는지 표기하기도 하였다. 경상감영에서 소장된 것으로 표기된 책판목록에 의하면, 경상감영본 책판 168종 가운데 31종의

15 경상감영을 포함한 영남 지역 36개 관아에서 간행된 서책을 분석한 결과 문집류가 25% 이상의 비중을 차지하였다.(유탁일, 1999.; 장인진, 2003.; 조정화, 1996.)

표 4 경상감영 간행 책판의 이동 대상과 이동 사찰

<table>
<tr><th>이동 사찰</th><th>구분</th><th>옮겨 간 책판의 서명</th><th>합계</th></tr>
<tr><td rowspan="3">동화사
(桐華寺)</td><td>족보류</td><td>『江陵金氏世譜』, 『杞溪俞氏族譜』</td><td rowspan="3">12종</td></tr>
<tr><td>문집류</td><td>『兼山集』, 『獨石集』, 『白沙先生集』, 『睡谷先生集』, 『龍溪遺稿』, 『直菴集』, 『海峰集』</td></tr>
<tr><td>기 타</td><td>『三禮儀』, 『千字文』, 『小華外史』</td></tr>
<tr><td rowspan="3">용연사
(龍淵寺)</td><td>문집류</td><td>『太華子稿』, 『東里集』, 『三峰集』, 『水北遺稿』, 『月沙先生集 · 附錄 · 別集』, 『陰崖先生集』, 『立巖集』, 『竹泉集』, 『晉菴集』</td><td rowspan="3">11종</td></tr>
<tr><td>연보류</td><td>『陰崖先生年譜』</td></tr>
<tr><td>기 타</td><td>『儀禮集傳』</td></tr>
<tr><td rowspan="2">용천사
(湧泉寺)</td><td>문집류</td><td>『北窓古玉兩先生詩集』, 『正菴集』, 『畏齋先生文集』</td><td rowspan="2">4종</td></tr>
<tr><td>연보류</td><td>『白江先生年譜』</td></tr>
<tr><td>해인사
(海印寺)</td><td>문집류</td><td>『青泉集』, 『明谷集』, 『久堂先生集』, 『南溪先生朴文純公文集 · 外集 · 續集』</td><td>4종</td></tr>
</table>

책판이 다른 공간으로 이동된 것으로 기록되었다. 책판의 사찰 이동에 대한 표기는 1760년경 작성된 『영호열읍소재책판목록』, 1796년 작성된 『누판고』, 1889년 작성된 『서책목록』, 작성 시기 미상의 『책판록』에서 찾을 수 있으며, 이를 정리하면 〔표 4〕와 같다.

〔표 4〕에서 보는 바와 같이 31종의 책판이 이동된 공간은 주로 사찰이며, 동화사(桐華寺, 12종), 용연사(龍淵寺, 11종), 용천사(湧泉寺, 4종) 등 대구 지역 사찰과 합천 해인사(海印寺, 4종) 등 4곳으로 나타났다. 각 사찰별로 살펴보면 동화사로 옮겨 간 책판은 『강릉김씨세보』, 『기계유씨족보』, 『겸산집』, 『독석집』, 『백사선생집(白沙先生集)』, 『수곡선생집(睡谷先生集)』, 『용계유고』, 『직암집(直菴集)』, 『해봉집(海峰集)』, 『삼례의』, 『천자문』, 『소화외사』 등 12종이고, 용연사로 이동된 책판은 『태화자고(太華子稿)』, 『동리집(東里集)』, 『삼봉집(三峰集)』, 『수북유고(水北遺稿)』, 『월사선생집(月沙先生集)』, 『음애선생집(陰崖先生集)』, 『입암집』,

『죽천집(竹泉集)』, 『진암집(晉庵集)』, 『의례집전』 등 11종이다. 용천사에는 『북창고옥양선생시집(北窓古玉兩先生詩集)』, 『정암집(正菴集)』, 『백강선생연보』 등 4종이 이동된 것으로 나타나고, 합천 해인사에도 『청천집(靑泉集)』, 『구당선생집』 등 4종이 이동된 것으로 나타났다. 경상감영의 위치와 동화사, 용연사, 용천사의 위치를 살펴보면 〈그림 25〉와 같다.

이들 책판은 주로 개인 또는 문중의 정보를 담고 있는 문집류, 연보류, 족보류가 대부분을 차지하고 있다. 이는 경상감영 간행본 중 개인·문중 관련 서책의 경우에 의도적으로 사찰 등의 공간으로 이동하는 작업이 있었음을 의미한다. 책판목록에 의하면, 경상감영뿐만 아니라 타 지방관아에서도 같은 시기에 문집·연보·족보류 책판이 사찰·서원·서당 등으로 옮겨진 정황을 찾을 수 있다.

사찰로의 책판 이동 현상은 책판의 이동 시점과 관련하여 두 가지 양상으로 나타난다. 첫 번째는 책판 제작 직후 곧장 사찰에서 보관되었던 경우이고, 두 번째는 경상감영에서의 책판 제작과 보관 후 특정 시기에 사찰로 이동하여 보관되었던 경우이다. 책판 제작 직후 곧장 사찰에서 보관되었던 첫 번째 양상의 대표적인 사례는 『구당선생집』이다. 박장원(朴長遠)의 『구당선생집』 간기(그림 10)에 표기된 '달성관개간 해인사장판(達城舘開刊 海印寺藏板)'에서 알 수 있듯이 책판이 간행되는 시점을 기준으로 보았을 때 경상감영의 달성관에서 책판이 간행되고, 해인사에 책판이 보관된다는 내용을 새겨 넣은 것이다. 이것은 경상감영에서의 책판 보관 없이 책판 제작 직후 해인사에서 보관되었음을 의미한다.

두 번째는 경상감영에서 책판이 제작된 이후 감영에서 보관이 이

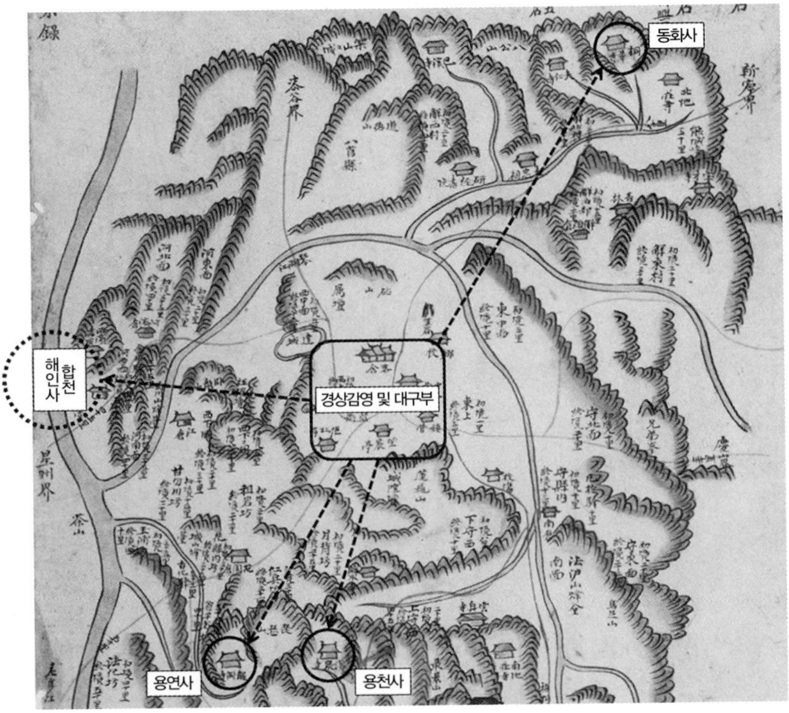

그림 25 경상감영과 책판 이동 사찰의 위치(海東地圖 大邱府, 奎 古4709-61)

루어졌고, 특정 시기에 사찰로 이동하여 보관되었던 경우이다. 대표적인 사례로는『해봉집』을 들 수 있다. 18세기 책판목록에 의하면『해봉집』의 책판은 경상감영 대구에 소장되었던 것으로 기록되었으나,[16] 19세기 책판목록에 의하면 책판이 대구 동화사에 보관되어 있는 것으로 나타난다.[17] 즉『해봉집』 책판은 18세기에는 경상감영에

16 『三南所藏册板』 慶尙監營大丘條 "海峰集";『諸道册板錄』 慶尙監營條 "海峰集 四束十一丈";『完營册板目錄』 慶尙道營上條 "海峰集 白紙四束十丈三折二 洪命元著";『嶺南册板』 大丘條 "海峰集 四卷十張三折"

17 『書册目錄』(慶尙道)營上條 "海峰集 二卷 白紙四束十張 在桐華寺";『慶尙道各邑所在册板』 大丘本府條 "海峰集 白紙四束十張 桐華寺";『鏤板考』 "海峰集五卷…大丘桐華寺藏 印紙四牒二張"

서 보관되었으나, 18세기 후반 이후 19세기 사이의 어느 시점에 동화사로 이동되어 보관되었음을 의미한다. 이러한 현상과 관련하여 각 지방관아의 책판이 타 공간으로 이동한 시기와 이동 사유 등에 대한 별도의 연구가 필요할 것으로 보이며, 이는 조선 후기 지방관아의 재정 및 역할의 변화와 깊은 관련이 있을 것으로 추측된다.[18]

이와 같이 경상감영에서 31종의 책판이 동화사·용연사 등의 사찰로 이동하게 된 원인은 아직 밝혀지지 않았지만, 사찰로의 책판 이동과 관리 주체의 변화는 감영 출판문화의 중요 특징 중 하나로 볼 수 있다.

5. 맺음말

이 장에서는 책판목록에 수록된 경상감영 간행본을 조사하여 이를 중심으로 주제별 현황, 간기 형태와 표현의 분석, 경상감영 출판의 특징 등을 다루었다. 그 내용을 요약하면 다음과 같다.

첫째, 책판목록 수록 영영본 168종을 경사자집 주제별로 분류한

18 조선 후기에 시행되었던 새로운 부세 제도는 지방관아의 재정에 큰 변화를 일으켰다. 공물 제도를 획기적으로 변화시킨 대동법 시행은 재원의 중앙 상납분에 비해 지방 유치분이 부족하여 지방관아를 운영하기에 상대적으로 궁핍한 상황이 되었고, 오랜 良役變通 논의의 결과로 시행된 균역법은 減疋로 인한 각급 기관으로의 재정지원책인 給代가 중앙기관에 집중됨으로써 지방재정이 더욱 악화되었다. 뿐만 아니라 漁鹽船稅 등 부세원의 차단 및 총액제적 부세수취 방식인 전세 比總制 등도 지방재정의 부족 현상을 가속화하였다.(손계영, 「조선 후기 영남문집 목판본 간행의 확산 양상에 관한 연구」, 『한국도서관정보학회지』 44-3, 2013. 재인용.) 부세 제도의 변화에 따른 지방재정 영향에 관해서는 아래의 연구에서 자세히 다룬 바 있다. 손병규, 『조선왕조 재정시스템의 재발견—17~19세기 지방재정사연구』, 서울: 역사비평사, 2008.; 권기중, 「조선 후기 부세의 운영과 감사의 역할」, 『역사와 현실』 81, 2011, 187~212쪽.; 김태웅, 「조선 후기 감영 재정체계의 성립과 변화」, 『역사교육』 89, 2004, 163~193쪽.; 정연식, 「균역법 시행 이후의 지방재정의 변화」, 『진단학보』 67, 1989, 31~43쪽.

결과, 경부 18.5%, 사부 27.4%, 자부 19.6%, 집부 34.5%로 나타났다. 이 가운데 집부의 비중이 가장 높았고, 집부의 유별 분류에서는 문집이 포함된 별집류가 48종으로 가장 많은 비중을 차지하였다.

둘째, 현존본을 통해 경상감영이 표기된 간기 또는 표제지가 있는 사례를 조사한 결과 다양한 간기의 형태와 표현을 살펴볼 수 있었다. 간기 형태는 정방형 사각 테두리가 있는 경우와 없는 경우로 구분되고, 테두리가 없는 경우에는 간기 표기를 위해 마지막 페이지 전체 면을 사용한 경우와 본문 끝에 한 줄로 간략하게 표기한 경우로 구분되었다. 간기 표현의 경우에는 기본적으로 간행 시기에 대한 표현, 간행 주체에 대한 표현, 간행 행위에 대한 표현으로 구성되었고, 예외적으로 책판 보관 주체와 행위에 대한 표현, 원고 교정의 주체와 행위에 대한 표현 등이 추가되기도 하였다.

마지막으로는 경상감영 출판의 특징을 살펴본 결과, 경상감영은 중앙에서 전달된 중앙간인본을 번각하여 출판하는 지역 거점 간행처로서의 역할을 한 것으로 나타났다. 또한 문집류 간행에 있어서는 경상감사와 대구판관 주도하에 문집이 간행되는 사례가 빈번하였다. 문집류와 족보류·연보류와 같이 특정 인물 또는 문중과 관련된 서책 책판의 경우에는 경상감영에서 계속 보관하지 않았고, 인근 사찰로 옮겨져 보관되었던 것으로 나타났다.

이상과 같은 경상감영 출판의 특징 가운데 경상감영이 중앙간인본을 번각하는 지역 거점 간행처로서의 역할을 하였다는 점과 감영 간행본 책판이 인근 사찰로 이동되어 보관되었던 점은 추후 심화된 연구가 필요하다고 볼 수 있다. 이러한 특징이 조선 후기의 사회, 경제, 문화와 어떻게 관련되는지를 연구할 수 있는 중요한 주제임에 틀림없다.

이 장에서는 경상감영 간행본을 통해 경상감영 출판의 특징을 도출하고자 하였다. 그러나 도출된 특징을 경상감영본만의 특징으로 보기는 어려우며, 이들 특징은 타 감영본의 특징과 크게 다르지 않을 것으로 보인다. 경상감영 간행본만의 고유한 특징을 도출하기 위해서는 각 감영본의 비교·분석 연구가 필수적으로 선행되어야만 한다.

참고문헌

『朝鮮王朝實錄』

『承政院日記』

『鏤板考』

남권희 외, 『조선 시대 지방 감영의 인쇄출판 활동』, 청주고인쇄박물관, 2009.

황위주 외, 『경상감영의 종합적 연구』, 경상북도·경북대 영남문화연구원, 2004.

손병규, 『조선왕조 재정시스템의 재발견－17~19세기 지방재정사연구』, 역사비평사, 2008.

『경상도칠백년사』(경상도칠백년사편찬위원회 편), 경상도칠백년사편찬위원회, 1999.

『韓國의 冊板目錄』(정형우·윤병태 공편), 보경문화사, 1995.

권기중, 「조선 후기 부세의 운영과 감사의 역할」, 『역사와 현실』 81, 2011, 187~212쪽.

김무진, 「조선 후기 경상감영에 관한 연구」, 『학림』 36, 2015, 125~179쪽.

김백철, 「英祖의 綸音과 王政傳統 만들기」, 『장서각』 26, 2011, 10~67쪽.

김소희, 「17~18세기 완영 출판의 간행양상과 특징」, 『서지학연구』 70, 2017, 65~87쪽.

김태웅, 「조선 후기 감영 재정체계의 성립과 변화」, 『역사교육』 89, 2004, 163~193쪽.

남권희, 「慶尙監營 刊行本과 樂育齋 所藏書冊 分析」, 『경상감영의 종합적 연구』, 경상북도·경북대 영남문화연구원, 2004, 285~320쪽.

류탁일, 「慶尙監營의 出版文化」, 『경상도칠백년사』, 경상북도·경상도칠백년사판찬위원회, 1999, 651~670쪽.

손계영, 「地方官과 先祖 文集 刊行」, 『영남학』 15, 2009, 229~269쪽.

______, 「조선 시대 감영의 문집간행과 그 배경 연구」, 『조선 시대 지방 감영의 인쇄출판 활동』, 2015, 181~196쪽.

______, 「조선 후기 영남문집 목판본 간행의 확산 양상에 관한 연구」, 『한국도서관정보학회지』 44-3, 2013, 447~470쪽.

옥영정, 「경상감영 책판목록의 현황과 기록내용 분석」, 『영남학』 61, 2017, 35~71쪽.

______, 「藏書閣 所藏 御製類 刊本의 서지적 분석」, 『서지학연구』 29, 2004, 405~433쪽.

______, 「조선 시대 完營의 인쇄문화에 대한 고찰」, 『서지학연구』 50, 2011, 433~470쪽.

우진웅, 「조선 시대 맹자류의 간행과 판본」, 경북대학교 대학원 문헌정보학 석사학위논문, 2006.

이근호, 「조선 후기 국왕 御製類의 의미와 연구 동향」, 『조선시대사학보』 79, 2016, 187~210쪽.

이정민, 「英祖代 御製書 편찬의 의의」, 서울대학교 대학원, 국사학과, 석사학위논문, 2003.

장인진, 「경상감영의 인쇄문화가 지역출판에 끼친 영향」, 『한문학연구』 17, 2003, 241~257쪽.

정연식, 「균역법 시행 이후의 지방재정의 변화」, 『진단학보』 67, 1989, 31~43쪽.

조정화, 「조선조의 嶺南觀察營本에 관한 서지적 연구」, 성균관대학교 석사학위논문, 1986.

제5장

영영판의 범주에 대한 재고찰

_박순

1. 서론

영영판(嶺營板)이란 조선 시대 경상도 감영에서 간행한 서적을 말한다.[1] 경상도 감영은 조선의 개국 이래 일정한 공관 없이 관할 지역을 순행하며 업무를 보다가[巡營], 선조 34년 대구에 고정적인 감영을 설치하면서 관찰사가 감영에 상주하는 체재로[留營] 변경되어 한일합방 때까지 유지되었다. 일반적으로 영영판이란 바로 유영 시기 경상감영에서 간행된 서책을 의미하는 용어로 사용되고 있다.

영영판의 종류와 간행 시기 등에 대해서는 이미 다수의 선행 연구가 있다. 유탁일(柳鐸一)은 영영에서 간행된 모든 서적을 목록화하고, 이를 다시 간년(刊年)이 확인된 것과 미확인된 것으로 구분하여

1 趙婷化, 「朝鮮朝 嶺南觀察營本에 관한 書誌的 硏究」, 『書誌學硏究』 2, 1987, 285쪽.

160종의 서적을 확인하였으며,[2] 이후 조사를 더 진행하여 총 203종의 간행본을 찾아 목록화하였다.[3] 이 외 윤병태,[4] 장인진,[5] 조정화[6] 등의 연구에서도 대체로 비슷한 분량의 간행본을 확인하였으며, 또 이들 연구에서는 영영에서 간행된 책의 거의 전부가 목판본이란 점을 지적하고 있다.[7]

그런데 선행의 연구에서는 몇 가지 공통점을 찾을 수 있는데, 하나는 영영판의 범주를 설정할 때 출판의 목적이 어디에 있었는가와는 상관없이 '경상도 감영'이라는 장소와, '경상도 관찰사'라는 인물이 출판 행위에 개입한 경우를 모두 영영판으로 단정하고 있다는 것이며, 다른 하나는 조선 시대의 책판목록에 영영장판으로 기록된 모든 책들을 영영판의 범주에 넣었다는 것이다.[8] 때로는 경상도 관찰사가 대구부사를 겸임하던 시절에 대구부에서 간행한 책도 영영판의 범주에 포함하는데, 과연 이런 책들이 전부 영영판이라 할 수 있는가 하는 원초적인 의문이 이 장의 출발점이라 할 수 있다.

이에 이 장에서는 우선 선행연구에서 영영판의 기준으로 목록화한 방법에 따라 이 기준에 해당하는 책들을 몇 종류 더 찾아보았으며, 대구감영 체재 이전에 경상도 감사의 주도로 어떤 책들이 간행되었는지도 간단하게 살펴보았다. 아울러 선행연구에서 영영판으

---

2 柳鐸一, 『영남지방 출판문화 논고』, 세종출판사, 2001, 274~320쪽.

3 경상북도, 『慶尙道七百年史』 3, 2006, 668~680쪽. 그러나 『慶尙道七百年史』 제4권 999~1006쪽에서는 다시 주 2와 동일한 목록을 제시하고 160종만 기록하고 있어 혼동이 생기고 있다.

4 윤병태, 「경상감영 및 대구간행의 목판인쇄문화」 『圖書館報』 4, 1979.

5 장인진, 「경상감영의 인쇄문화가 지역출판에 끼친 영향」, 『한문학연구』 17, 2003.

6 조정화, 「조선조 후기 영남관판본에 관한 연구」(성균관대학교 박사학위논문, 1996) 및 앞의 논문(1987).

7 조정화는 앞의 논문(1987) 304쪽에서 고종 26년에 간행된 『濟嬰新編』만 민간목활자를 이용하였고, 나머지는 전부 목판본이라 하였다.

8 조정화, 앞의 논문(1987), 285~286쪽.

로 목록화한 책들 중 새롭게 고찰할 필요가 있는 책 몇 종류를 살펴보고 영영판의 목록을 새롭게 정리해 보았다.

매우 아쉬운 것은 현재까지 알려진 바에 의하면 영영판은 단 1종만 제외하고는 전부 목판으로 판각, 책을 간행한 것으로 알려졌는데, 이 책판들이 거의 남아 있지 않다는 점이다. 현재 규장각에는 영영판으로 알려진 책판이 약 4천여 장 남아 있는데, 매우 부족한 자료이기는 하지만 이를 통해 현존 책판이 가진 판각의 특징도 간단히 살펴보고자 하였다.

2. 영영판의 종류

1) 대구감영 설치 이전의 영영판

보통 영영판이라 함은 대구에 고정적인 감영이 설치된 시기부터 철폐까지 출간된 서적을 말하고 있다. 그러나 그 이전 경상감사가 경상도를 순력하던 순영 시기에도 지방 행청에 필요한 책들을 중심으로 끊임없이 서적이 간행, 배포되었기 때문에 이를 한 번 고찰해 보는 것도 필요하다고 생각된다. 이들 책 중에는 이름만 남은 것도 있으며 후대에 중간되어 전해지는 서적들도 다수가 있다. 우선 그 목록을 살펴보면 아래와 같다.

- 경상도 감사가 새로 간행한 『주역』, 『서경』, 『춘추』 등의 책판을 올리자 주자소(鑄字所)에 두도록 명하였다.(세종 11년 2월 23일)
- 예조에서 전의감의 첩정(牒呈)에 의거하여 아뢰기를 "본 감의 생도는 오로지 의학서를 습독하기 위한 것인데, 지금 본 감에

있는 『직지방(直指方)』, 『상한류서(傷寒類書)』, 『의방집성(醫方集成)』, 『보주동인경(補註銅人經)』 등은 당본(唐本)으로 각 한 권씩만 있어 습독하는 사람이 많아 함께 보기 어렵습니다. 주자소로 하여금 인쇄하게 하여 반포(頒布)하되, 지금 『보주동인경』을 자세히 살펴보면 도형(圖形)이 있어 주자(鑄字)로 인쇄하기 어려우니, 재목(材木)이 있는 경상도에서 판각하게 하고…."(세종 13년 5월 11일)

- 경상도 감사가 새로 인쇄한 송나라의 『양휘산법(楊輝算法)』 1백 권을 진상하므로, 집현전과 호조와 서운관의 습산국(習算局)에 나누어 하사하였다.(세종 15년 8월 25일)
- 한성부에 명하여 『검시장식(檢屍狀式)』을 간행하게 하고, 또 각 도 관찰사와 제주 안무사에게 전지하여 판(板)을 새겨 인쇄하여 도내 각 고을에 반포하게 하였다.(세종 21년 2월 6일)
- 『신찬병요(新纂兵要)』를 강원도, 전라도, 경상도에 나누어 보내 간판(刊板)하게 하였다.(세조 2년 2월 2일)
- 병조에서 경상도 관찰사의 첩정에 의거하여 아뢰기를, "『진서(陣書)』를 인쇄할 종이를 올려 보내지 말게 하고, 본 도와 전라도·충청도에서 각각 종이와 먹을 수송하여 진주(晉州)의 새로 새긴 판자(板子)를 사용하여 인출케 하되, 중익(中翼)에는 15벌, 좌우익과 독진(獨鎭)에는 각각 10벌씩을 갈무리하게 하고, 본 도에서는 별도로 지묵을 준비하여 숫자를 요량하여 인출하여 올려 보내게 하소서." 하니, 그대로 따랐다.(세조 2년 7월 4일)
- 임금이 궐내(闕內)에 간수한 『대명강해률(大明講解律)』과 『율학해이(律學解頤)』, 『율학변의(律學辨疑)』 등의 책을 내어 대사헌 양성지

(梁誠之)에게 명해 이를 교정하게 하고, 『강해률』은 경상도에, 『해이』는 전라도에, 『변의』는 충청도에 나누어 보내 이를 각 5백 건씩 간인하게 하여 중외에 널리 반포하였다.(세조 12년 7월 1일)

- 『악서(樂書)』를 경상도, 전라도, 충청도, 강원도에 나누어 보내 간행하게 하였다.(세조 14년 4월 28일)
- 경상도 관찰사 김영유(金永濡)가 새로 『육선공주의(陸宣公奏議)』를 올리니, 유시하기를 "이제 『육선공주의』를 보니, 임금이 다스리는 데 도움이 되는 말이 많이 있다. 경이 능히 명심하고 올려 나의 부족함을 도우려는 정성이 지극하므로, 내가 매우 가상하게 여기고 기뻐한다. 경에게 단의(段衣) 한 벌을 하사하니, 이르거든 영수하라." 하였다.(성종 6년 2월 10일)
- 우찬성 손순효(孫舜孝)가 『식료찬요(食療撰要)』를 올렸다.[의원 전순의(全循義)가 편찬한 것인데, 손순효가 일찍이 경상도 감사(慶尙道監司)가 되었을 때 상주에서 간행하게 한 것이다.](성종 18년 4월 27일)
- 내의원 제조 영돈녕 윤호(尹壕) 등이 『신찬구급간이방(新撰救急簡易方)』 9권을 바치자 전교하기를, "많이 인출하여 중외 모든 고을에 두루 반포함이 가하다. 또 민간의 소민(小民)들도 모두 인출한 것을 얻도록 하라." 하니, 윤호 등이 아뢰기를 "모든 고을에 두루 반포하기는 어려우니, 모든 도의 감사로 하여금 본 도에서 개간(開刊)하여 계수관이 찍어내도록 하소서." 하니, 전교하기를 "가하다." 하였다.(성종 20년 5월 30일)
- 제도 관찰사(諸道觀察使)에게 하서하기를, "지금 『장감박의(將鑑博議)』

를 보내니, 개간하여 널리 반포하라." 하였다.(성종 20년 10월 20일)

- 홍문관 부제학 김심(金諶) 등이 차자를 올리기를, "지난번 이극돈(李克墩)이 경상감사가 되고, 이종준(李宗準)이 도사(都事)가 되었을 때 『유양잡조(酉陽雜俎)』, 『당송시화(唐宋詩話)』, 『유산악부(遺山樂府)』 및 『파한집(破閑集)』, 『보한집(補閑集)』, 『태평통재(太平通載)』 등의 책을 간행하여 바치니, 이미 내부에 간직하도록 명하셨습니다."(성종 24년 12월 28일)
- 『황달학질치료방(黃疸瘧疾治療方)』을 정원에 내리면서 일렀다. "이 방문을 보니 치료법이 간단명료하다. 각 도 주부군현(州府郡縣) 및 첨사, 만호에게 이미 아뢴 바에 따라 인출하여 반포하도록 명하였다. 그러나 궁벽한 시골의 백성들은 두루 구해 보지 못할 것이니 감사 및 주부(州府) 등 큰 고을에서 인출하게 하여 경내의 백성들에게 나누어 준다면 그 치료 방법에 이익 되는 바가 많을 것이다."(명종 5년 11월 10일)
- 『태허정집(太虛亭集)』(최온(崔薀) 저) 발(跋). "영의정 영성부원군 최문정공은 나[崔薀]의 7대조이시다.…그 후 공의 증손인 영의정 영평부원군 최흥원이 일찍이 경상도 도사로 계시면서 (태허정집을) 중간하셔서 자손들에게 나누어 주셨으니…."[9]

사실 앞에서 거론한 책들이 순영 시절에 간행한 책의 전부는 아닐 것이다. 순영이 있었던 군현은 경주와 상주, 안동 등이었는데,

---

9 崔恒, 『太虛亭集』, 跋. "領議政寧城府院君崔文靖公 乃薀七代祖也,…厥後 公之曾孫領議政寧平府院君興源 曾爲慶尙都事 慨然重刊 布示子孫 而傳寫失眞 讎校未精 多有闕文誤字 薀不揆愚不肖 或質他本 或究文意 辨其魚魯 正其眞贗 標諸卷頭 以竢具眼云 天啓五年乙丑九月下澣 七代孫薀 志."

조선 전기의 책판목록이 수록된 『고사촬요(攷事撮要)』(1585년 판)는 이 세 지역에서 조선 전기에 많은 책들이 간행되었음을 보여 주고 있다. 이를 살펴보면 아래와 같다.

• **상주**_ 『나재집(懶齋集)』, 『장감박의(將鑑博議)』, 『읍취헌집(挹翠軒集)』, 『이상국집(李相國集)』, 『명현시화(名賢詩話)』, 『주회암집(朱晦庵集)』, 『태평통재(太平通載)』, 『이태백문집(李太白文集)』, 『급암집(及菴集)』, 『식료찬요(食療纂要)』, 『신간이상국집(新刊李相國集)』, 『일기(日記)』, 『진서(陣書)』, 『한도십영(漢都十詠)』, 『허(백)당집(虛(白)堂集)』, 『진헌심도(進獻心圖)』, 『수노십영(垂老十詠)』, 『상형요람(詳刑要覽)』, 『휴암집(休巖集)』, 『졸재집(拙齋集)』, 『인천세고(仁川世稿)』, 『통감총론(通鑑總論)』, 『경민편(警民編)』, 『충효당가례(忠孝堂家禮)』

• **경주**_ 『자경편(自警編)』, 『활인심방(活人心方)』, 『상서(尙書)』, 『언토상서(諺吐尙書)』, 『호전(胡傳)』, 『춘추(春秋)』, 『중용(中庸)』, 『대학(大學)』, 『장자필담(莊子筆談)』, 『용재총화(慵齋叢話)』, 『유양잡조(酉陽雜俎)』, 『역대세년가(歷代世年歌)』, 『이학지남(吏學指南)』, 『무원록(無冤錄)』, 『강해율(講解律)』, 『둔촌시(遁村詩)』, 『북경팔경시(北京八景詩)』, 『효행록(孝行錄)』, 『불자기문(不自棄文)』, 『송휘양산법(宋輝揚算法)』, 『구성궁(九成宮)』, 『잠서(蠶書)』, 『귀거래사(歸去來辭)』, 『증급유방(拯急遺方)』, 『삼국사(三國史)』, 『삼국유사(三國遺事)』, 『익재난고(益齋亂藁)』, 『시표(詩表)』, 『창진방(瘡疹方)』, 『주자시집(朱子詩集)』, 『백리지남(百里指南)』, 『역옹패설(櫟翁稗說)』, 『진초서천자(眞草書千字)』, 『원육전(元六典)』, 『대전효경(大全孝經)』, 『성리대전(性理大全)』, 『당음(唐音)』, 『제왕운기(帝王韻記)』, 『설암서체시형도(雪庵書體時亨圖)』, 『연주시격(聯珠詩格)』, 『소전대명율(小全大明律)』, 『약운

(略韻)』, 『관혼상제의(冠婚喪祭儀)』, 『십초시(十抄詩)』, 『남악창수(南嶽唱酬)』, 『의안방(醫眼方)』, 『구황촬요(救荒撮要)』, 『삼국사기(三國史記)』, 『용학지남(庸學指南)』, 『회재집(晦齋集)』, 『회재소제퇴계서병풍(晦齋所製退溪書屛風)』, 『대병풍양산묵담(大屛風兩山墨談)』, 『봉선잡의(奉先雜儀)』, 『회재연보(晦齋年譜)』, 『유선록(儒先錄)』, 『황명명신언행록(皇明名臣言行錄)』, 『구인록(求仁錄)』, 『구경연의(九經衍義)』, 『춘종(春種)』

- **안동**_ 『성리대전(性理大全)』, 『유향설원(劉向說苑)』, 『신촌집(愼村集)』, 『상락백행록(上洛伯行錄)』, 『사자천자(四字千字)』, 『삼봉집(三峯集)』, 『원파방(元播芳)』, 『현토소학(懸吐小學)』, 『설곡집(雪谷集)』, 『농상집(農桑集)』, 『촬백가의(撮白家衣)』, 『농서(農書)』, 『효경(孝經)』, 『잠서(蠶書)』, 『정속(正俗)』, 『집고법첩(集古法帖)』, 『오자천자(五字千字)』, 『팔자천자(八字千字)』, 『소학후록추구(小學後錄推句)』, 『권씨족도(權氏族圖)』, 『송계원명이학통록(宋季元明理學通錄)』, 『반산집(半山集)』, 『제생방(濟生方)』, 『계산잡영(溪山雜詠)』, 『영호루(映湖樓)』, 『대자십구사략(大字十九史略)』

물론 이 책들 전부가 경상감영의 유영 시절에 간행되었다는 확신은 없지만, 목록의 책 대부분이 일반인들이 간행하여 소유하기에는 어울리지 않는 책들, 즉 개국 초기 국가 경영에 필요한 책들로 구성되었다는 것을 볼 때, 이들 책들은 목민(牧民)의 필요성과 막 전파되기 시작한 성리학의 기초를 수립하기 위해 간행된 책들로 봐야 할 것이다. 조선 전기의 엄청난 책가(冊價)를 감안할 때 민간에서 간행하고 유통된 책으로 보기는 어렵다. 경상 유영에서 어떠한 형태로든 위 책들의 출간에 관여했을 가능성이 매우 높다고 봐야 할 것이다.

2) 대구감영 시기의 영영판

영영에서 간행된 서적의 종류에 대해서는 선정 기준이 무엇인가를 떠나 이미 여러 차례 선행 연구에서 밝혀진 바가 있다. 우선 선행 연구에서 밝혀진 이른바 영영판의 목록은 아래와 같다.[10]

선행연구에서 밝혀진 영영판 목록

『경서석의(經書釋義)』, 『홍애선생유고(洪崖先生遺稿)』, 『분류두공부시(언해)(分流杜工部詩(諺解))』, 『졸옹집(拙翁集)』, 『가정선생문집(稼亭先生文集)』, 『파곡유고(坡谷遺稿)』, 『동국지리지(東國地理志)』, 『역학도설(易學圖說)』, 『점필재선생집(佔畢齋先生集)』, 『가례고증(家禮考證)』, 『홀기(笏記)』, 『용비어천가(龍飛御天歌)』, 『남파상공집(南坡相公集)』, 『여사제강(麗史提綱)』, 『만랑집(漫浪集)』, 『동래선생음주당감(東萊先生音註唐鑑)』, 『정암선생문집(靜庵先生文集)』, 『월사선생문집·부록(月沙先生文集·附錄)』, 『백가유찬(百家類纂)』, 『대명집례(大明集禮)』, 『정유식년사마방목(丁酉式年司馬榜目)』, 『용계유고(龍溪遺稿)』, 『수교집록(受教輯錄)』, 『명고집(鳴皐集)』, 『오리선생속집(梧里先生續集)』, 『곡운집(谷雲集)』, 『양호선생유고(楊湖先生遺稿)』, 『명곡집(明谷集)』, 『내훈(內訓)』, 『이륜행실도(二倫行實圖)』, 『남계집(南溪集)』, 『찬도호주주례(纂圖互註周禮)』, 『입암집(立巖集)』, 『찬주두시택풍당비해(纂註杜詩澤風堂批解)』, 『솔암유고(率庵遺稿)』, 『국조오례의(國朝五禮儀)』, 『국조속오례의(國朝續五禮儀)』, 『숭정재경신증광사마방목(崇禎再庚申增廣司馬榜目)』, 『상례비요(喪禮備要)』, 『주서절요(朱書節要)』, 『증보만병회춘(增補萬病回春)』, 『음애선생문집(陰崖先生文集)』, 『성학십도성현도학연원

10 유탁일의 연구를 바탕으로 작성하였다.

(聖學十圖聖賢道學淵源)』, 『천의소감(闡義昭鑑)』, 『민문충공주의(閔文忠公奏議)』, 『국조상례비편(國朝喪禮補編)』, 『종덕신편(種德新編)』, 『육례의집(六禮疑輯)』, 『절작통편(節酌通編)』, 『독암유고(獨庵遺稿)』, 『구당선생문집·부록(久堂先生文集·附錄)』, 『설문청공종정명언(薛文清公從政名言)』, 『한수재선생문집·연보(寒水齋先生文集·年譜)』, 『양한사명(兩漢詞命)』, 『어제운한편(御製雲漢編)』, 『어제백행원(御製百行源)』, 『숭정재경신증광사마방목(崇禎再庚申增廣司馬榜目)』, 『반계수록(磻溪隨錄)』, 『운재유고(芸齋遺稿)』, 『청천집(靑泉集)』, 『주자어류대전(朱子語類大全)』, 『호은집(壺隱集)』, 『정암집(正庵集)』, 『사한일통(史漢一統)』, 『겸산집(兼山集)』, 『진암집(晉菴集)』, 『명의록(明義錄)』, 『속명의록(續明義錄)』, 『당송팔대가문초(唐宋八大家文鈔)』, 『동의보감(東醫寶鑑)』, 『당송팔자백선(唐宋八子百選)』, 『춘추경전집해(春秋經典集解)』, 『돈효록(敦孝錄)』, 『어제왕세자책례후각도신포절반탕감윤음(御製王世子冊禮後各道身布折半蕩減綸音)』, 『북창고옥양선생시집(北窓古玉兩先生詩集)』, 『고금역대표제주석십구사략통고(古今歷代標題註釋十九史略通考)』, 『대전통편(大典通編)』, 『숭정삼병오식연사마방목(崇禎三丙午式年司馬榜目)』, 『한정당집(閒靜堂集)』, 『삼봉집(三峯集)』, 『주서백선(朱書百選)』, 『증정읍취헌유고(增訂挹翠軒遺稿)』, 『춘추좌씨전(春秋左氏傳)』, 『증수무원록대전(增修無冤錄大全)』, 『사기영선(史記英選)』, 『향례합편(鄕禮合編)』, 『흠휼전칙(欽恤典則)』, 『의례경전통해보(儀禮經傳通解補)』, 『수북유고(水北遺稿)』, 『두과휘편(痘科彙編)』, 『숭정기원후삼정유증광사마방목(崇禎紀元後三丁酉增廣司馬榜目)』, 『직암집(直菴集)』, 『삼례의(三禮儀)』, 『병학지남(兵學指南)』, 『신간증보삼략직해(新刊增補三略直解)』, 『가례증해(家禮增解)』, 『신편고금사문유취(新編古今事文類聚)』, 『십구사략언해(十九史略諺解)』, 『소미가숙점교음통감절요(少微家塾點校音通鑑節要)』, 『생육신선생합집(生六臣先生合集)』, 『두진회통(痘疹會通)』, 『어정규

장전운(御定奎章全韻)』, 『두율분운(杜律分韻)』, 『송명신언행록(宋名臣言行錄)』, 『예기집설대전(禮記集說大全)』, 『휴옹집(休翁集)』, 『사략보(史補略)』, 『육전조례(六典條例)』 / 『동리집(東里集)』, 『습재집(習齋集)』[11]

간년미상 미확정도서

『훈의소학대전(訓義小學大全)』, 『신편의학정전(新編醫學正傳)』, 『남헌집(南軒集)』, 『유원총보(類苑叢寶)』, 『사마씨서의(司馬氏書儀)』, 『소학언해(小學諺解)』, 『아송(雅誦)』, 『역대통감찬요(歷代通鑑纂要)』, 『조주두율(趙註杜律)』, 『한서평림(漢書評林)』, 『해봉집(海峯集)』, 『예기천견록(禮記淺見錄)』, 『경세문답(警世問答)』, 『동국병감(東國兵鑑)』, 『병장도설(兵將圖說)』, 『격몽요결(擊蒙要訣)』, 『백강연보(白江年譜)』, 『가례(家禮)』, 『강릉김씨족보(江陵金氏族譜)』, 『강목(綱目)』, 『구포집(鷗浦集)』, 『기계유씨족보(杞溪兪氏族譜)』, 『농가집성(農家集成)』, 『동국통감(東國通鑑)』, 『당시고취(唐詩鼓吹)』, 『병원식(病原式)』, 『계원필경(桂苑筆耕)』, 『사명집(四溟集)』, 『수진운(袖珍韻)』, 『숭유중도윤음(崇儒重道綸音)』, 『시수(時藪)』, 『역학계몽(易學啟蒙)』, 『오유선생집(五柳先生集)』, 『오자(吳子)』, 『유문(柳文)』, 『장릉지(莊陵誌)』, 『제왕운기(帝王韻紀)』, 『주덕송(酒德頌)』, 『주자경재잠(朱子敬齋箴)』, 『천자(千字)』, 『청육집(淸陸集)』, 『청송서(聽訟書)』, 『풍아(風雅)』, 『학천집(鶴泉集)』, 『한문(韓文)』, 『호곡집(壺谷集)』, 『황명세설(皇明世說)』, 『황제소문(黃帝素問)』, 『우주두율(虞註杜律)』, 『계한서(季漢書)』, 『과재집(果齋集)』

11 조정화, 앞의 논문(1987), 295쪽. 조정화의 연구에서는 이 2종이 추가되었다.

이상은 기존의 연구에서 발췌한 영영판의 목록이다. 그런데 두 번째의 '간년미상 미확정도서'라 분류된 서적들 중 많은 서적들을 이미 확정된 영영판과 같은 기준으로 볼 수 있는 전거를 찾을 수 있었는데, 이를 정리하면 아래와 같다.

표 1 '간년미상 미확정도서'의 간년 및 전거

서적명	저자	간년	전거
『訓義小學大全』		1744년	『鏤板攷』 및 『保晩齋集』 권13, 「英宗大王行狀」
『新編醫學正傳』	虞博(明)	1691년	『鏤板攷』[12]
『南軒集』	張栻(宋)		목판본은 1498년(宋 弘治 11)에 沈暉의 淳熙 甲辰本을 重刊한 明板本을 複刻한 것. 이 판본을 후대에 번각한 것으로 추측.
『類苑叢寶』	金堉	1643년	『鏤板攷』[13]
『司馬氏書儀』	司馬光	1767년	『鏤板攷』
『小學諺解』		1586년	『鏤板攷』
『雅誦』	正祖 御撰	1799년(嘉慶己未御命撰)	壬辰字 번각본
『歷代通鑑纂要』		1507년	『鏤板攷』
『趙註杜律』		康熙初年	『攷事撮要』 册板印紙數條
『漢書評林』			『鏤板攷』
『海峯集』	洪命元	1682년	『宋子大全』 권139 「海峯集序」
『禮記淺見錄』	權近		『鏤板攷』[14]
『警世問答』	英祖御製	1763년	『鏤板攷』
『東國兵鑑』	文宗命撰		『鏤板攷』 嶺南右節度營藏[15]
『兵將圖說』		1742년	영조실록[16]

12 『攷事撮要』에는 전라감영판으로 기록되어 있다. 康熙 30年 攷事撮要册板印紙數條.

13 『古鮮册譜』에서는 인조 22년 계미 간행이라 하였으나, 계미는 인조 21년, 1643년이다.

14 『古鮮册譜』에서는 '康熙中濟州大丘刻'이라 하였다.

15 『東國兵鑑』의 초간은 문종 즉위년 3월 11일에 간행하였다. 이 책은 조선 후기에 중간한 것으로 보인다.

16 『영조실록』, 영조 18년 10월 15일. "命各道 重刊兵將圖說. 承旨洪象漢言 兵將圖說 雖有重刊頒賜之命 然京中頒賜 無以廣布 宜令各道 重刊廣布 上從之"

표 1 계속

서적명	저자	간년	전거
『擊蒙要訣』	李珥	1783년	嶺南監營 藏[17]
『白江年譜』			『鏤板攷』'大丘湧泉寺藏'
『江陵金氏族譜』		1743년	桐華寺藏板[18]
『鷗浦集』	宋獻徵	1696년	
『杞溪俞氏族譜』		1645년	乙酉譜[19]
『農家集成』	申洬	1734년	『保晩齋集』[20]
『東國通鑑』	徐居正 등	1575년	『攷事撮要』
『唐詩鼓吹』		康熙初年	『攷事撮要』
『四溟集』	四溟大師	1612년	『古鮮册譜』
『時藪』	明 胡應麟		『鏤板攷』[21]
『吳子』			『鏤板攷』
『柳文』			『鏤板攷』
『莊陵誌』		1711년	刊記[22]
『淸陸集』	金德謙	1647년	金尙의 跋文에 의함
『鶴泉集』		1706년	외손 李整의 序[23]
『壺谷集』	南龍翼	1695년[24]	
『黃帝素問』		1615년(?)	정확한 간행 연도는 미상이나, 광해군 7년(1615) 2월 내의원에서 황제소경을 간행하고 6월에 반사하였다는 기록이 있다.
『虞註杜律』	元 虞集	康熙初年	『攷事撮要』
『果齋集』	成近默	1883년	古鮮册譜[25]

17 조정화, 앞의 논문(1987), 310쪽의 연구에 의함.

18 강릉 김씨 대동보 발간 연혁기에 의하면 경상감사 金尙星이 1743년에 영영에서 간행하였다고 기록되어 있다.

19 • 인조 23년(1645). 乙酉譜. 대사헌 유철공이 경상도 관찰사가 되었을 때 문충 유계공이 편찬하여 대구에서 인쇄 · 간행하였다.

• 戊午譜(영조 14년/1738) 한성판윤 俞拓基가 경상도 관찰사가 되었다. 유척기는 을유년에 판각한 목판을 찾아 재판하고….(이상 기계 유씨 족보 연혁에 의함)

20 『保晩齋集』 권13.「英宗大王行狀」"英宗十年甲寅春正月 命八道監司兩都留守 廣印農家集成 均布民間…"

21 『鏤板攷』에서는 嶺營 장판으로 明板을 飜刻했다 함.

22 간기에는 淸安縣監이 간행하였다고 한다. 영영판인지 고찰할 필요가 있을 것으로 본다.

23 『鶴泉集』(외손 李整) 序 "…適家弟墍出按嶺南. 捐俸付之剞劂…崇禎後六十三年丙戌"

24 남용익의 아들 南正重의 장인 李寅煥이 경상감사 재직 시 판각.

25 『古鮮册譜』에서 손자 成斗鎬가 간행했다는 기사에 의함.

표 2 영영 간행 경전 목록

서명	권책	간행 연도
『論語集註大全』	20권 7책/17권 6책	壬午/丁巳
『論語諺解』	4권 4책	壬午(宣祖命撰)/壬戌
『大學章句大全』	1책	戊子/辛丑
『大學諺解』	1책	戊子/壬戌
『孟子集註大全』		甲申
『孟子諺解』		甲申
『詩傳大全』		戊子
『詩經諺解』		戊子
『周易傳義』	22권 14책	戊寅
『周易諺解』	9권 5책	戊寅/庚寅/壬戌
『周易傳義大全』	24권 14책	庚寅/戊午
『中庸章句大全』	1책	戊子/戊午/丁巳
『中庸諺解』	1책	戊子
『書傳大全』	10권 10책	丙戌
『書傳諺解』	5권 5책	丙戌

〔표 1〕에서 제시한 목록에는 없지만, 현재 영영에서 간행한 각종 간행 기록 또는 실물을 중심으로 간행 서적을 추가해 보면 〔표 2〕와 같다.[26]

이 목록을 기준으로 선행 연구에서 이른바 '영영판'의 범주에 포함시킨 서적들을 살펴보면 다음과 같다. 첫째, 사서오경(四書五經)과 같은 유학 경전 종류로, 이들 서적에는 말미에 경상감영에서 간행했다는 목기(木記)가 있다. 둘째, 서문이나 발문 또는 각종 기록에서 경상감사가 간행에 관여했다고 언급한 책들은 전부 영영판의 범주에 넣었다. 셋째, 『누판고(鏤板攷)』와 같은 각종 책판목록에 '영영장판

26 이 목록은 규장각 소장 영영판 책판목록과 한국국학진흥원 소장 영영판 고서목록을 대상으로 조사한 목록이다. 간지의 정확한 연대는 일부만 확인되고 있다.

(嶺營藏板)'으로 기록한 경우도 전부 포함하였으며, 대구 인근의 용연사(龍淵寺), 용천사(湧泉寺), 동화사(桐華寺)나 해인사(海印寺)에 이판(移板)한 것도 일부 포함되었다. 이러한 기준으로 분류한 목록의 서책들을 모두 영영판의 범주에 넣을 수 있을지는 차치하고, 만약 이 기준을 영영판의 범주에 적용한다면 이에 부합하여 영영판의 목록에 추가할 수 있는 서적들은 다수 존재한다.

- 『강릉유씨족보(江陵劉氏族譜)』: 『누판고』의 영영, 완영, 대구순영장판이란 기록에 의함.
- 『남당경의기문록(南塘經義記聞錄)』: 한원진(韓元震) 저, 1741년 영영판각. 고선책보(古鮮冊譜)에 의함.
- 『고문류선(古文謬選)』: 『누판고』에 의함.
- 『두시비해(杜詩批解)』: 『누판고』에 의함.
- 『박정자유고(朴正字遺稿)』: 박태한(朴泰漢) 저. 종자(從子) 경상감사 박문수 간행.
- 『반계수록보유(磻溪隨錄補遺)』: 『누판고』에 의함.
- 『백사선생집(白沙先生集)』: 1726년 간행.[27]
- 『백주집(白洲集)』: 이명한(李明漢) 저. 효종~현종 간행. 영영중간(嶺營重刊).
- 『삼강행실도(三綱行實圖)』: 『누판고』에 의함.
- 『삼경사서대전(三經四書大全)』: 『누판고』에 의함.
- 『성옹선생일고(醒翁先生逸稿)』: 김덕함(金德諴) 저, 1706년 간행.[28]

27 조정화, 앞의 논문(1987), 297쪽에 의함.

28 후손 경상감사 金演 跋. "…頃年不肖出守安陵 此乃先祖所莅之桐鄉 纍墻之慕 爲如何哉 遂捐俸倩工

- 『소화외사(小華外史)』: 오경원(吳慶元) 저, 1830년 간행. 『누판고』에 의함. 동화사장판(桐華寺藏板).
- 『수곡선생집(睡谷先生集)』: 이여(李畬), 1739년 판각.[29]
- 『낙정선생문집(樂靜先生文集)』: 조석윤(趙錫胤). 1670년 간행. 조석윤의 처조카 민기중(閔蓍重), 경상감사 재직 시 간행.
- 『영남견혜총록(嶺南蠲惠總錄)』: 1794년 판각. 『누판고』에 의함.
- 『우사집(雩沙集)』: 이세백(李世白) 저, 1712년 판각. 아들 이의현(李宜顯) 경상감사 재직 시 판각. 본가장(本家藏).
- 『의학정전(醫學正傳)』: 1579년 판각. 『누판고』에 의함.
- 『저헌집(樗軒集)』: 이석형(李石亨) 저, 1705년 판각.
- 『제영신편(濟嬰新編)』: 이재하(李在夏) 저, 1902년 판각. 간기의 '설우두국어령영신간(設牛痘局(1899)於嶺營新刊)'에 의함.
- 『청송심씨족보(靑松沈氏族譜)』: 『누판고』에 의함.
- 『추강집(秋江集)』: 남효온(南孝溫) 저. 1577년 판각. 『고사촬요』, 외손 유홍(兪泓) 경상감사 재직 시 초간.[30]
- 『춘정집(春亭集)』: 변계량(卞季良) 저. 1482년 판각. 문인 권맹손(權孟孫) 경상감사 재직 시 간행.
- 『파한집(破閑集)』: 이인로(李仁老) 저. 1493년 초간. 경상감사 이극돈 간행. 1659년 중간(重刊).

得以刊印 伊後續得前席奏對之語 章箚遺逸之文 且撰次年譜 添入狀錄 分爲四編 及按嶺藩 更爲鋟梓以壽其傳…歲在丙戌暮春下澣 曾孫嘉善大夫慶尙道觀察使兼兵馬水軍節度使巡察使大丘都護府使演謹跋." 초간은 김연이 안주목사 재직 시 간행, 중간은 김연이 경상감사 재직 시 목판으로 간행.

29 從子 감사 李箕鎭. 고선책보에는 『수곡집』의 간행을 건륭 말~가경 초라고 보았으나, 이기진의 경상감사 재임 기간을 볼 때 1739년이 판각 연대라 볼 수 있다.

30 현재 한국국학진흥원 장판각에는 1655년 金溝縣令 金壽恒이 제작한 『추강집』 5권 4책의 이른바 호남본에, 속록, 부록 등을 합쳐 1921년 청도군 신안에서 8권 5책으로 간행한 책판이 소장되어 있다.

- 『한수재선생연보(寒水齋先生年譜)』: 1761년 판각. 『누판고』에 의함.
- 『함종세고(咸從世稿)』: 1510년. 『고사촬요』. 경상감사 윤금손(尹金孫, 魚變甲의 사위) 간행.
- 『현주집(玄洲集)』: 윤신지(尹新之) 저, 1734년 판각. 『누판고』에 의함.

위에 제시한 책들이 영영판으로 분류할 수 있는지 여부는 차치하고, 우선 선행연구에서 이미 제시한 선정 방법과 동일한 기준을 적용하여 다시 26종의 책을 추가로 찾아보았다.

3. 영영판의 기준에 대한 재고(再考)

현재 선행연구에서 영영판의 기준으로 제시하고 있는 가장 큰 요인은 첫째, 책의 발간 장소로, 경상감영이라는 장소에서 간행한 서적은 전부 포함하고 있다는 점이며,[31] 둘째, 경상도 관찰사가 주도하여 간행한 책들은 그 책의 주인이 누구인가에 상관없이 영영판으로 분류하고 있다는 점이다. 마지막으로 조선 시대에 간행된 각종 책판목록집에 기록된 '영영장판'에 해당하는 책들을 모두 영영판으로 포함하고 있다는 점이다.[32]

이 기준에 의해 제작된 책들은 개국 초기의 정령과 교화, 성리학의 보급 등을 위해 국가에서 정책적으로 발간·보급한 책들로 사서오경(언해)을 비롯하여 교화를 위한 이륜행실도, 예학서, 각종 법률서, 농서, 의학서, 법률서, 운서(韻書), 중국 학자들의 문집, 시집 등

31 주 1 참조.
32 주 1 참조.

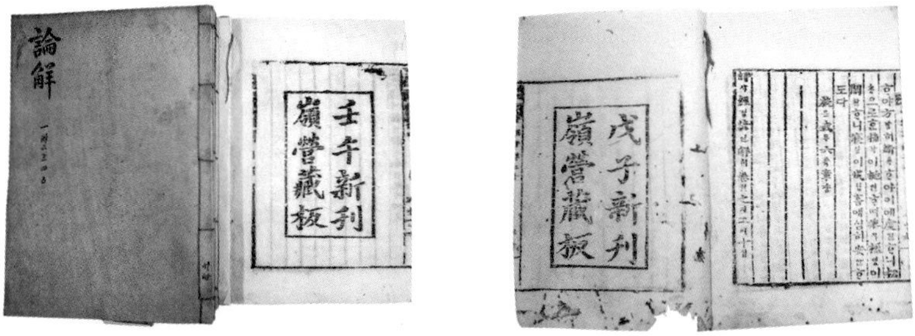

영영판 『논어언해』와 목기　　　영영판 『시경언해』와 목기

그림 1 영영판의 목기의 예[33]

이 여기에 해당된다. 이 서책들을 영영판의 범주에 포함하는 것은 아무 문제가 없을 것으로 생각된다. 특히 이런 종류의 책 말미에는 모든 감영의 판본이 그러하듯 예외 없이 경상감영에서 간행한 것임을 알리는 간기가 판각되어 있어 영영판으로 규정하는 가장 우선적인 조건이라 할 수 있다.(그림 1)

다음으로 영영에서 간행했다는 간기가 있다고 해서 이 책들 모두를 영영판으로 간주해야 하는가 하는 문제이다. 특히 경상감사와의 개인적인 인연, 후손·친족·사승 관계, 혹은 친분 있는 자의 청탁 등으로 영영에서 간행된 책을 영영판의 범주로 넣어야 하는가에 대해서는 재고의 필요가 있다고 본다. 이러한 책을 제작한 책판들은 대부분 영영에서 판각한 이후 경상관찰사에게 청탁한 인물의 연고지, 즉 경상도 이외의 지방으로 이판되었다는 점에서 더욱 영영판의 범주로 포함하는 데 의문이 든다. 대체로 시기적으로 영영이 대구에

33 사진은 한국국학진흥원 소장본을 촬영한 것이다.

자리 잡은 17세기 이후에 간행된 개인의 문집, 유고, 족보 등이 여기에 해당되며, 이 책들을 간행한 주체인 경상도 관찰사가 영남과 지연, 혈연의 인연이 있는 경우도 있지만, 대부분은 별다른 인연 없이 관찰사로 부임했다가 책을 간행하고, 남은 책판은 책 주인의 연고지로 이전하거나 대구 주변의 사찰에 보관하다 이전, 또는 현재까지 남은 경우로, 대체로 아래와 같은 형식을 거쳐 책이 간행되었다.

- 선생의 유고가 오랫동안 상자 속에 묻혀 있었는데 문인 김재순이 지금 영남 관찰사가 되어 아들 유언박과 상의하여 목판으로 판각하고, 양행[金亮行]에게 그 서문을 부탁하였다.[34]
- 나의 선조 입암부군의 유집이 세상에 나온 지 오래되었는데 임진왜란을 맞아 많이 산질되어 버렸다가 집안의 족증대부(族曾大父) 진의공[민진의(閔振衣)]께서 순안(順安)에서 완질을 구하시고 흥해부사로 나가셔서 이를 판각하여 장판하였으니, 이때가 만력 경술년(1610)이었다. 60년 뒤에 민시중(閔蓍重)이 영남관찰사로 부임하여 삼가 간본에 탈락된 부분을 보충하고 다시 묘도문자(墓道文字)를 책의 말미에 편차하고… 오대손수경상도관찰사겸병마수군절도사순찰사대구도호부사시중 근식(五代孫守慶尙道觀察使兼兵馬水軍節度使巡察使大丘都護府使蓍重 謹識).[35]

---

34 兪拓基, 『兼山集』, 「序」(金亮行). "…遺稿久在巾笥 門人金公載順 今爲嶺南伯 與嗣子彥傳相議入梓而屬亮行爲序…"

35 閔齊仁, 『立巖集』, 「跋」(閔蓍重). "我先祖立巖府君遺集行于世蓋久矣 逸於壬辰兵燹 族曾大父振衣公 得完秩於順安 適宰興海 刊藏于郡 實萬曆庚戌歲也 後六十年而蓍重謬承朝命 忝按本路 謹就刊本補塡刓缺 復以公墓道之銘 附于編末…己酉八月十九日 五代孫守慶尙道觀察使兼兵馬水軍節度使巡察使大丘都護府使蓍重 謹識"

- 이 해 겨울에 영남관찰사로 부임하여 봉급을 모아 책판의 판각 비용으로 보태고 권희학이 그 판각의 일을 담당하여 불과 수개월 만에 공역을 끝내 이 선생의 유집이 이로 말미암아 세상에 발간되었다. 신축년 5월 문인 통정대부수경상도관찰사겸병마수군절도사순찰사대구도호부사조태억(通政大夫守慶尙道觀察使兼兵馬水軍節度使巡察使大丘都護府使趙泰億)이 삼가 글을 쓴다. 책판은 합천 해인사에 보관하였다.[36]

일종의 공식과 같은 방법으로 우선 유고가 있고, 인연이 있는 자가 경상도 관찰사로 부임하며, 책의 간행에 대한 청탁을 받아 이를 수락하여 판각하고, 책의 말미에 관찰사의 발문이 들어가는 일정한 형식을 갖추고 있다. 일부에서는 책의 경비를 부담했다고 하지만 막대한 경비가 필요한 목판본의 출간 경비 전체를 부담한 것으로는 보이지 않고 거의 형식적인 수준의 경비 부담으로 보인다.

이때 간행된 서적의 책판은 모두 연고지로 이판되었든지, 혹은 대구와 이웃한 사찰, 주로 용연사,[37] 용천사 등과 동화사, 해인사 등의 사찰에 장판하기도 하였다. 아직 조사가 진행 중이기는 하지만 이 사찰들은 대구에서 대개 1시간 내외의 거리에 있는 사찰이라는 공통점이 있으며 해당 군현 향교의 속사(屬寺)로서 영영에서 판각된 책판을 옮겨 장판하기만 한 것이 아니라 현장에서 직접 판각하고 장

36 崔錫鼎, 『明谷集』, 「序」(趙泰億). "…是年冬 忝按嶺南 旣到營 卽捐俸鳩工鋟梓 使先生舊福裨權喜學董其役 不數月而功告訖 先生之遺集 將自此大行於世…辛丑端陽 門人通政大夫守慶尙道觀察使兼兵馬水軍節度使巡察使大丘都護府使趙泰億謹書" 册板藏于陜川海印寺.

37 현재 용연사에는 정도전의 『三峯集』 1장, 韓元震의 『儀禮經傳解補』 62장, 金鎭圭의 『竹泉集』 48장, 南有常의 『太華子稿』 11장 등의 목판만 남아 있다.

판했을 가능성이 있다는 것만 우선 제시하고자 한다.

앞의 사찰들 중에 현재 해인사와 용연사를 제외한 앞의 사찰에는 불경판은 보존되어 있으나, 당시 기록에 나오는 유교책판들은 흔적을 찾을 수 없다. 이들 책판이 어디로 갔는지는 문헌 기록으로는 확인이 되지 않지만, 해인사의 경우는 해당 문중에 연락하여 전부 찾아갈 것을 통보하고, 찾아가지 않은 문중의 책판을 현재 4천여 장 정도 보존하고 있다.[38]

경상감영에서 간행했다고 하는 책판의 행방을 몇 가지 살펴보면 우선 민제인(閔齊仁)의 『입암집』은 1610년에 흥해에서 판각되어 대구부로 옮겨져 용연사에 장판되어 있었다. 2년 뒤인 1612년 용연사의 장판각이 무너졌는데, 용연사 승려들이 힘을 합쳐 책판을 건져 내고, 이를 극락전 앞의 보광루에 옮겨 보관하였다. 이후 시간이 지나면서 책판에 습기가 차고 훼손되었다.[39] 민시중이 경상감사로 부임하여 빠진 책판을 보완하였고, 현재는 연고지인 부여로 이전해 현재 충남 문화재자료 341호로 지정되어 있다. 이정구(李廷龜)의 『월사집』은 경기도 가평에 보존되어 있다. 조호익(曺好益)의 『가례고증(家禮考證)』은 1649년에 경상감사 민응협(閔應協)이 1649년에 영영에서 간행하였지만[40] 이 책판은 이후 영천의 종가로 이판되어 보존되다가 현재 한국국학진흥원에 기탁되어 있다. 이현익(李顯益)의 『정암집(正庵集)』은

38 이 역시 기록에 남은 것이 아니라 해인사 성보박물관을 방문하여 박물관 관계자 측의 설명을 들은 것에 따른다. 관계자는 각 문중에 책판을 찾아갈 것을 요청한 시기는 기억하지 못하고 있었다. 해인사 소장 유교책판의 목록은 박상국, 『全國寺刹所藏木板集』(1987. 12.) 해인사 부분 참조.

39 閔齊仁, 『立巖集』, 「重刊跋」(閔達鎬), "惟我 先祖立巖先生遺集刱刊 今爲三百十八年之久 而中間爲其補塡刓缺 自興海郡移致大邱府 因藏于琵瑟山龍淵寺 而去壬子年 藏板閣至于顚覆 幸寺之僧齊心用力 諸家刊板 移儲于極樂殿前寶光樓一邊 而自是十四年間 爲漏濕所傷 幾至朽敗之漸矣 不肖得以聞之 詢議于宗約所…"

40 曺好益, 『芝山集』 附錄 권6, 年譜. "孝宗大王元年 庚寅. 刊行家禮考證 閔公應協爲嶺伯刊行"

경상감사가 아닌 대구판관(大丘判官)에 의해 간행되었으나 영영판으로 분류되어 있다.[41] 이는 경상감사가 대구부사를 겸임하는 관례에 의해 영영판으로 분류된 것으로 파악된다. 몇몇 책판들은 행방을 찾을 수 없는 경우도 있다.

다음으로 책판목록에 기재된 서적도 그 책판목록을 작성할 당시 영영에 장판되어 있다는 의미이지 영영판이란 증거는 아니다. 이은상(李殷相, 1617~1678)[42]의 문집 『동리집(東里集)』은 이은상의 외손 김진화(金鎭華)가 의성부사로 있을 때 의성에서 판각하고 경상감영으로 이판하였다.[43] 『습재집(習齋集)』은 습재(習齋) 권지(權摯)의 시문집으로 1578년에 공주에서 초간되고, 1653년에 증손 권집(權諿)에 의해 성주(星州)에서 중간되었다.[44] 이를 영영판으로 볼 수 있을까?[45] 정탁의 『약포선생문집』은 5대손 정옥(鄭玉)이 황해도 관찰사로 부임하였을 때 해주감영에서 간행한 문집이지만 『누판고』에서는 해주감영판이 아닌 안동부장판으로 표기되어 있다. 조선 시대 책판목록의 기록 형태가 일정하지 않다는 것을 보여 준 한 사례이다.

이의조(李宜朝)의 『가례증해(家禮增解)』도 선행 연구에서 영영판으

41 李顯益, 『正庵集』「序」(金亮行) "正菴李先生文集二十卷 其孫大丘判官商進 編次入梓 而屬亮行爲其序".

42 李殷相, 字 說卿, 號 東里, 본관 延安. 생몰 1617~1678. 月沙 李廷龜의 손자. 金萬重의 丈人.

43 李殷相, 『東里集』, 序(金昌協). "…今義城宰金君鎭華 公外孫也 以公集序見屬 噫 其又何辭…始公嗣子檢閱君潤朝早沒 遺孫稚弱 公嘗以其詩草 託其女壻尙書金公萬重 尙書就加删定 藏于家 及義城爲縣 則公沒且二紀 而尙書亦下世久矣 乃喟然曰 吾先人遺稿 尙未刻也 然此猶可緩 若外祖父詩 吾不及今鋟梓 不殆於湮滅無傳乎 遂因尙書所删定 而附以騈儷諸文 爲十六卷 捐其俸廪 以庀刻事 未半年而工告訖 公之文集 自今其將大行於世矣 昔楊惲能讀外祖父司馬遷書 班史紀之 若義城之爲 其亦可書也已. 崇禎紀元後七十五年壬午 安東金昌協謹書"

44 權摯, 『習齋集』, 識(權諿). "…逮至仁祖大王丁亥歲 不肖諿叨被謬恩 作宰公山 計將重刊 廣布於世 而日不暇給 坐事見遞 有志未就者 今又七年餘矣 上年冬 幸霑新化 復叨州紱 顧念孤露餘生 萬事灰心 而惟以償其願爲平生一大幸也 遂鳩材募手 數旬而訖功 斯文之不墜 其亦有待乎時矣…歲癸巳季冬月 不肖曾孫星州牧使權諿 謹識"

45 조정화, 앞의 논문(1987), 295쪽.

로 분류된 책이다. 그런데 『가례증해』는 김천의 경호영당(鏡湖影堂)에서 1824년에 판각되었으며 현장에 책판이 아직 남아 있고, 필자는 이를 직접 조사한 경험이 있다.[46] 이 책판의 간기에는 경호영당에서 간행되었다는 기록은 남아 있지만 경상도 감영과 관련된 기록은 어디에도 찾을 수 없는데, 왜 영영판의 목록에 들어갔는지 그 이유를 알 수가 없다.

4. 영영판의 범주

경상감영에서 판각된 책판이 규장각에 남아 있다는 것은 이미 오래전에 밝혀진 사실이다.[47] 영영판을 간행한 책판으로 현재 남은 것은 규장각에 소장된 18종 4,205장으로 확인되는데, 그 목록은 〔표 3〕과 같다.

물론 이는 규장각에 남은 책판의 목록이지, 간행된 서적의 전부라는 의미는 아니다. 앞에서 이미 사서오경(언해)도 간지가 다른 책들이 간행되었음을 적기하였다. 이 외에도 한국국학진흥원 소장 영영본이 다수 있는데, 앞의 사서오경을 제외한 목록은 다음과 같다.

『상례비요(喪禮備要)』(1812년), 『사한일통(史漢一統)』(乙未), 『신편고금사문

46 한국국학진흥원, 『경북 지역의 목판자료』 2, 2006. 8.

47 2015년에 대구의 일부 언론사에서 처음으로 영영본 책판의 존재를 확인했다고 하지만, 이는 잘못 알려진 사실이다. 이미 학계에서는 오래전부터 영영판 책판이 규장각에 소장되어 있다는 것을 알고 있었다. 다만 이 책판들이 어떤 경로를 통해 규장각으로 옮겨 간 것인가에 대해서는 정확한 고찰을 할 수 없다. 가장 잘 알려진 경로는 합방과 함께 관찰영이 없어지면서 경상감영의 책판들이 서울로 이판되어 총독부 도서관 소장이 되고, 경복궁의 회랑에 쌓여 보존되다가 1975년에 서울대학교가 동숭동에서 관악캠퍼스로 이전하면서 규장각 소장이 되어 현재의 장소로 옮겨졌다는 것이다.

표 3 규장각 소장 영영판 책판목록[48]

연번	책판명	판각연도	권수	판수	현 상태	비고
1	『논어언해』	1822년	4권	143판	완질	
2	『논어집주대전』	1822년	20권	385판	결	권6(55), 권8(9,10), 권10(31), 권11(33, 34)(번각)
3	『맹자언해』	1824년	14권	288판	완질	
4	『맹자집주대전』	1824년	14권	307판	완질	
5	『중용언해』	1828년		31판	완질	
6	『중용장구대전』	1828년		73판	완질	
7	『대학언해』	1828년		16판	완질	
8	『대학장구대전』	1828년		43판	완질	
9	『시경언해』	1828년	20권	282판	완질	
10	『시전대전』	1828년	20권	456판	완질	
11	『서전언해』	1826년	5권	203판	결	권3(77, 78)
12	『서전대전』	1826년	10권	412판	완질	(무신자번각)
13	『주역언해』	1828년	9권	207판	완질	
14	『주역전의대전』	1858년	24권	654판	결	권23(57), 권24(55).
15	『상례비요』	1888년	2권	70판	완질	
16	『少微家塾點校附音通鑑節要』	1772년	26권	321판	결	권1~권24 전체
17	『소학언해』	1744년	6권	248판	완질	
18	『鳴皐集』	1726년	10권	66판	결	任鈵의 시문집. 권1(2, 3), 권3(12, 13), 권4(6, 7), 권5(2, 3)

유취(新編古今事文類聚)』(辛卯), 『대전통편(大典通編)』(乙巳), 『증수무원록(增修無寃錄)』(丁巳), 『춘추좌전(春秋左傳)』[內題: 춘추경전집해(春秋經傳集解)/癸卯], 『이륜행실도(二倫行實圖)』(1730년), 『사기영선(史記英選)』(1750년), 『예기집설대전(禮記集說大全)』(1848년), 『찬도호주주례(纂圖互註周禮)』(乙卯), 『전운옥편(全韻玉篇)』(戊戌), 『두율분운(杜律分韻)』(乙未), 『동의보감(東醫寶鑑)』(己亥), 『팔대가(八大家)』(戊戌), 『병학지남(兵學指南)』(癸酉)(15종)[48]

48 이 표는 규장각에서 제공한 목록에 의거하여 작성한 것이다. 규장각 소장 책판 전체를 조사하지는 못하였으며, 표 안의 '비고' 역시 규장각에서 제공한 내용이다. 자료를 제공해 준 규장각 측에 감사드린다.

위의 규장각 책판목록과 한국국학진흥원 영영본의 목록을 비교하면 두 가지의 공통점을 찾을 수 있다. 그것은 영영판임을 표시하는 목기가 판각되어 있다는 점과 규장각의 『명고집』을 제외하고는 개인의 문집이나 족보 등이 없다는 점이다. 물론 유일한 예외인 『명고집』에는 목기가 없다는 것을 밝혀 둔다. '영영장판' 또는 '영영신(개)간'이란 목기가 있는 책만을 영영본으로 분류한다는 전제하에 선행연구에서 제시했던 203종의 영영판 목록을 아래의 131종으로 다시 정리해 보았다.

확인된 영영판 목록

『분류두공부시(分流杜工部詩)』(諺解), 『역학도설(易學圖說)』, 『홀기(笏記)』, 『용비어천가(龍飛御天歌)』, 『동래선생음주당감(東萊先生音註唐鑑)』, 『백가유찬(百家類纂)』, 『대명집례(大明集禮)』, 『정유식년사마방목(丁酉式年司馬榜目)』, 『수교집록(受教輯錄)』, 『내훈(內訓)』, 『이륜행실도(二倫行實圖)』, 『찬도호주주례(纂圖互註周禮)』, 『찬주두시택풍당비해(纂註杜詩澤風堂批解)』, 『국조오례의(國朝五禮儀)』, 『국조속오례의(國朝續五禮儀)』, 『숭정재경신증광사마방목(崇禎再庚申增廣司馬榜目)』, 『상례비요(喪禮備要)』, 『주서절요(朱書節要)』, 『증보만병회춘(增補萬病回春)』, 『천의소감(闡義昭鑑)』, 『국조상례보편(國朝喪禮補編)』, 『종덕신편(種德新編)』, 『육례의집(六禮疑輯)』, 『절작통편(節酌通編)』, 『양한사명(兩漢詞命)』, 『어제운한편(御製雲漢編)』, 『어제백행원(御製百行源)』, 『숭정재경신증광사마방목(崇禎再庚申增廣司馬榜目)』, 『주자어류대전(朱子語類大全)』, 『사한일통(史漢一統)』, 『명의록(明義錄)』, 『속명의록(續明義錄)』, 『당송팔대가문초(唐宋八大家文鈔)』, 『동의보감(東醫寶鑑)』, 『당송팔자백선(唐宋八子百選)』, 『춘추경전집해(春秋經典集解)』, 『돈효록(敦孝錄)』, 『어제

왕세자책례후각도신포절반탕감윤음(御製王世子冊禮後各道身布折半蕩減綸音)』, 『고금역대표제주석십구사략통고(古今歷代標題註釋十九史略通考)』, 『대전통편(大典通編)』, 『숭정삼병오식년사마방목(崇禎三丙午式年司馬榜目)』, 『주서백선(朱書百選)』, 『증정읍취헌유고(增訂挹翠軒遺稿)』, 『춘추좌씨전(春秋左氏傳)』, 『증수무원록대전(增修無冤錄大全)』, 『사기영선(史記英選)』, 『향례합편(鄕禮合編)』, 『흠휼전칙(欽恤典則)』, 『의례경전통해보(儀禮經傳通解補)』, 『두과휘편(痘科彙編)』, 『숭정기원후삼정유증광사마방목(崇禎紀元後三丁酉增廣司馬榜目)』, 『병학지남(兵學指南)』, 『신간증보삼략직해(新刊增補三略直解)』, 『신편고금사문유취(新編古今事文類聚)』, 『십구사략언해(十九史略諺解)』, 『소미가숙점교음통감절요(少微家塾點校音通鑑節要)』, 『두진회통(痘疹會通)』, 『어정규장전운(御定奎章全韻)』, 『두율분운(杜律分韻)』, 『송명신언행록(宋名臣言行錄)』, 『예기집설대전(禮記集說大全)』, 『육전조례(六典條例)』(62종)

간년미상 미확정도서

- 『훈의소학대전(訓義小學大全)』, 『신편의학정전(新編醫學正傳)』, 『유원총보(類苑叢寶)』, 『사마씨서의(司馬氏書儀)』, 『소학언해(小學諺解)』, 『아송(雅誦)』, 『역대통감찬요(歷代通鑑纂要)』, 『조주두율(趙註杜律)』, 『한서평림(漢書評林)』, 『예기천견록(禮記淺見錄)』, 『경세문답(警世問答)』, 『동국병감(東國兵鑑)』, 『병장도설(兵將圖說)』, 『격몽요결(擊蒙要訣)』, 『가례(家禮)』, 『강목(綱目)』, 『농가집성(農家集成)』, 『동국통감(東國通鑑)』, 『당시고취(唐詩鼓吹)』, 『병원식(病原式)』, 『수진운(袖珍韻)』, 『숭유중도윤음(崇儒重道綸音)』, 『시수(時藪)』, 『역학계몽(易學啟蒙)』, 『오유선생집(五柳先生集)』, 『오자(吳子)』, 『유문(柳文)』, 『주덕송(酒德頌)』, 『주자경재잠(朱子敬齋箴)』, 『천자(千字)』, 『청송서(聽訟書)』, 『풍아(風雅)』, 『한문(韓文)』, 『황명세설(皇明世說)』, 『황세소문(黃帝素問)』, 『우주두율(虞註杜律)』, 『계한서(季漢書)』(37종)

• 『논어집주대전(論語集註大全)』(壬午/丁巳), 『논어언해 선조명찬(論語諺解 宣祖命撰)』(壬午/壬戌), 『대학장구대전(大學章句大全)』(戊子/辛丑), 『대학언해(大學諺解)』(戊子/壬戌), 『맹자집주대전(孟子集註大全)』(甲申), 『맹자언해(孟子諺解)』(甲申), 『시전대전(詩傳大全)』(戊子), 『시경언해(詩經諺解)』(戊子), 『주역전의(周易傳義)』(戊寅), 『주역언해(周易諺解)』(戊寅/庚寅/壬戌), 『주역전의대전(周易傳義大全)』(庚寅/戊午), 『중용장구대전(中庸章句大全)』(戊子/戊午/丁巳), 『중용언해(中庸諺解)』(戊子), 『서전대전(書傳大全)』(丙戌), 『서전언해(書傳諺解)』(丙戌)(24종)

영영판의 범주로 포함할 수 있는 서적 목록

『경신사마방목(庚申司馬榜目)』, 『고문유선(古文謬選)』, 『두시비해(杜詩批解)』, 『삼강행실도(三綱行實圖)』, 『삼경사서대전(三經四書大全)』, 『영남견혜총록(嶺南蠲惠總錄)』, 『의학정전(醫學正傳)』, 『제영신편(濟嬰新編)』(8종)

이렇게 볼 때 영영에서 간행한 책들은 경전류와 역사서, 어정서, 중국 학자의 문집 등을 비롯하여 병서, 의학서, 중국 문학서와 같이 국가의 경영, 교육 등 공공의 목적에 필요한 책들을 중심으로 간행하였다고 볼 수 있다. 이들 서적 간행이 경상감영의 공식적인 경비를 집행하여 판각한 서적 간행 행위였다면 문집, 족보 등은 일종의 관례라고는 하지만 결국 경상감사가 자신의 직위를 이용해 경상감영의 물자와 각수를 편법으로 동원한 간행 행위일 뿐이며 이를 진정한 의미의 영영판으로 볼 수는 없다는 것이 필자의 생각이다.

영영판은 표본이 많지 않고 또 규장각에 남은 책판의 종수가 18종뿐이기 때문에 이를 바탕으로 영영판 책판의 특징을 찾기가 사실 힘

『논어언해』

『史記英選』[49]

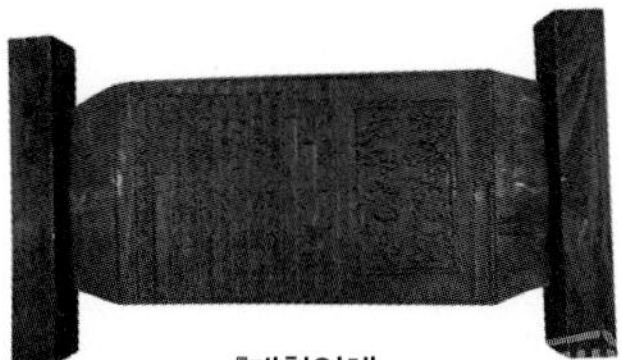

『대학언해』

『少微家塾點校音通鑑節要』

그림 2 목기의 종류[50]

들지만 우선 위 18종의 책판을 통해 찾을 수 있는 특징은 다음과 같다.

첫째, 예외 없이 책의 말미에 '○○신(개)간 영영장판(○○新(開)刊嶺營藏板)', '○○○○ 영영신간(○○○○ 嶺營新刊)' 등의 목기가 있다는 점이다.[51] 목기의 형태는 『논어』와 『대학』은 크기와 형식이 동일하며 대부분의 목기가 이와 동일한 형태를 가지고 있다. 이에 비해 『사기영선』은 형태는 동일하나 크기가 적고, 『소미가숙점교부음통감절요』는 크기는 동일하지만 양각이 아닌 음각으로 판각되어 있다. 책에 따라 크기와 판각의 방법에 차이는 있지만 기본적으로 동일한 형태라 볼 수 있다.(그림 2)

---

49 한국국학진흥원 소장.

50 이 장에서 사용하는 영영 판각의 책판 사진은 전부 규장각에서 제공한 것임을 밝혀 둔다.

51 ○○에는 干支, ○○○○에는 '丁巳五月'과 같은 간기가 들어간다.

영영판 『사기영선』

내지 목기

간기의 목기

내용

그림 3　번각본의 목기

그런데 경상감영만이 아니라 중앙정부에서는 교화나 정령과 관련된 책을 교서관, 주자소 등에서 활자로 간인한 후 이를 각 감영에 내려 목판으로 번각하는 일이 흔히 있었다. 다량의 책을 간행하여 널리 보급하기 위해서였다. 이 경우는 책의 서두와 말미에 각각의 목기를 넣어 번각본임을 구분한 것으로 보인다.

둘째, 책판은 예외 없이 인각(引刻)의 수법을 이용하여 판각되었다. 현재 책판을 판각하는 각수들은 거의 대부분 타각법(打刻法)을 사용한다. 두 기법은 칼날에서도 차이가 나는데 타각법에 사용하는 칼날은 주로 양날을 사용하며, 인각법에서는 외날을 사용하게 된다. 특히 인각을 사용하면 글자의 아래 부분이 거의 직각에 가깝게 판각되는 경우가 많은데 이는 외날 칼날을 사용한 결과라 할 수 있으며, 규장각 소장의 영영판 책판 18종은 모두 이러한 특징을 보여 주고 있다.[52] 사실 한국에서는 아직 전통적인 조선의 판각 기법이 무엇인지를 둘러싸고 각수들 사이에서 논란이 지속되고 있으며, 제각기 자신의 방법이 전통이라고 주장하고 있다. 이들은 전부 타각법을 사용하며 인각법을 사용하는 각수를 전통이 아니라고 몰아세우는 경우를 볼 수 있는데, 영영판도 그렇지만 한국국학진흥원에 소장된 책판 중에서도 인각으로 판각한 책판들이 상당량 있다는 점은 한국의 전통 목판 판각술에 대한 재고의 여지가 있음을 말해 준다.[53]

셋째, 글씨체, 판각 기법 등으로 미루어 볼 때 경상감영 소속 각수(또는 각수 집단), 또는 특정한 각수(각수 집단)들이 판각한 듯 동일한 판각 기법을 확인할 수 있다. '여출일수(如出一手)'라는 말처럼 도각수를 중심으로 판각 작업이 있을 때 함께 모여 공동 작업을 한 각수 집단의 존재가 있었음을 짐작케 하는 부분이다. 각수 집단의 존재는 잘 파악하기 어려운데 경상도에는 경상북도 영주 평은, 안동 묵계, 경상남도 합천 야로 등에 각수 집단이 있었다는 것이 확인된다.[54]

현존하는 책판들은 『대학』, 『논어』와 같은 경전(언해)인데, 책판이 닳아 있는 모습으로 보아 수요가 매우 많았던 것을 알 수 있다. 책판을 처음 제작하였을 때 계선(界線)은 1mm 이하의 칼날처럼 날카로운 형태를 유지하고 있으나, 이 책판들은 잦은 인출로 계선이 닳

52 이 부분은 판본에서는 확인할 수 없는 부분으로 반드시 책판에서만 확인이 가능하다. 문제는 규장각 소장의 영영판이 너무 낡아 사진으로 판독하기 불가능하다는 점이다. 이는 현장에서 직접 책판을 보고 내린 결론으로, 자료를 제공할 수 없다는 점이 아쉽다.

53 말하자면 한국의 전통적인 판각법이 타각이 아닌 인각일 수도 있다는 것이다.

54 남권희는 한국국학진흥원에 소장된 책판을 대상으로 각수들의 인명을 정리하여 보고서를 제출한 바 있다. 남권희, 『한국국학진흥원 소장 책판 각수 인명록』(2014. 12.) 참고.

아 버려 2~4mm 정도의 굵기가 되었으며, 책판의 글씨도 그만큼 닳아 목판으로서의 기능을 상실한 것도 다수 있었다.

5. 맺음말

필자는 오래전부터 한국에서 간행된 목판본의 종류를 확인하기 위해 전국적인 목판 조사를 하고 있는 중이다. 이 과정에서 기존의 목판목록집에 수록되지 않은 목판들이 수없이 나타났고, 조선 시대에 얼마나 많은 책들이 간행되었는지, 또 그 책들 중에는 목판으로 간행된 것이 얼마나 되는지에 대한 궁금증을 가지게 되었다. 이에 4~5년 전부터 목판목록집을 작성하기 시작하였고, 개인적으로는 현재 95% 이상의 목판목록집이 완성되었다고 생각하고 있다. 불경판은 따로 목록집을 작성하여 일부는 이미 발표를 했고, 유교책판에 대해서도 발표를 한 적이 있었지만, 발표 이후에 추가로 발견한 목록들이 있어 발표한 글을 수정해야 할 필요가 생겼다.

이 목록집에 의하면 조선 시대 전체를 통틀어 약 9천 종 정도의 목판본(불경판 제외)이 간행된 것으로 보이는데, 약 80% 이상은 개인의 문집과 실기, 유고 등이며, 경상도에서 가장 많은 목판본이 판각된 것으로 확인되었다.[55]

팔도 감영의 경우는 아직 통계를 작성한 것이 없기 때문에 정확한 것을 알기 어렵지만, 아마도 영영이 가장 많을 것으로 생각한다. 그러나 판각된 양이 많은 것에 비해 현재 남은 책판의 숫자는 규장

55 상세한 통계는 목록집의 해제에 수록할 예정이다.

각 소장 책판뿐인 것으로 확인되며 그 종류도 극히 일부에 지나지 않는다.

이 장에서는 기존의 선행연구에서 영영판으로 분류한 자료를 재고할 필요성을 느껴 목록을 새롭게 정리해 보았다. 물론 극히 개인적인 분류이기 때문에 충분한 재검토가 필요하다고 보고 있으며 목록에서 빠진 것들도 있을 것으로 사료된다. 이 부분은 시간을 두고 보충하기를 약속하며 현재 진행 중인 목판목록집이 완성되면 보다 자세한 목록이 작성될 것으로 기대한다.

참고문헌

실록

『英祖實錄』

문집

『攷事撮要』
『鏤板考』
『太虛亭集』
『保晩齋集』
『鶴泉集』
『醒翁先生逸稿』
『兼山集』
『立巖集』
『明谷集』
『芝山集』
『正庵集』
『東里集』
『習齋集』

단행본

류탁일, 『영남지방 출판문화 논고』, 세종출판사, 2001.
경상북도, 『경상도칠백년사』, 2006.
한국국학진흥원, 『경북지역의 목판자료』(2), 2006.
남권희, 『한국국학진흥원 소장 책판 각수 인명록』, 2014.

논문, 학위논문

조정화, 「조선조 후기 영남관판본에 관한 연구」, 성균관대학교 박사학위논문, 1996.
조정화, 「조선조 영남관찰영본에 관한 서지적 연구」, 『서지학연구』 2, 1987.
윤병태, 「경상감영 및 대구간행의 목판인쇄문화」,『도서관보』 3, 1979.
장인진, 「경상감영의 출판문화가 지역출판에 끼친 영향」, 『한문학연구』 17, 2003.

외국 단행본

前間恭作, 『古鮮册譜』

제6장

대구·경북 지역 근·현대 출판과 문학

_박용찬

1. 머리말

대구·경북 지역은 신라 시대 향가나 조선 시대 시조와 가사, 소설 등이 활발하게 창작되었고, 이들 작품들의 필사 또한 해방 이후까지 왕성하게 이루어졌던 장소이다. 이러한 문학적 자산은 서책 출판과 연계되면서 영남을 출판문화의 중심지로 부상시켰다. 대구·경북은 영남감영뿐만 아니라 문중, 사찰, 서원 등을 중심으로 족보, 문집, 불경 및 각종 유학 관련 서적들이 활발하게 간행된 지역이다. 책자를 인쇄하던 목판 유물 또한 다른 어느 지역보다 많이 남아 있는데, 짧은 시간 안에 거둔 한국국학진흥원의 성과[1]는 그러한 면모

1 1995년에 법인 설립이 허가된 한국국학진흥원은 목판 10만 장 수집운동을 선포하면서, 2006년 유교목판 5만 점을, 2014년 국학자료 40만 점을 수집하였다. 2015년에는 유교 책판이 유네스코 세계기록유산으로, 2016년에는 한국의 편액이 유네스코 아시아태평양 기록유산으로 등재되었다. 한국국학진흥원 홈페이지(http://www.koreastudy.or.kr) 연혁 부분 참고.

를 잘 보여 준다. 영영판(嶺營版)의 산지로서 대구·경북이 갖는 이러한 지역적 특성은 근대계몽기를 전후한 출판에도 많은 영향을 미쳤다고 할 수 있다.

경상도 관찰사였던 박중양(朴重陽)에 의해 대구 읍성이 헐리면서 일본인 상권이 대구 중심부로 밀려들어오고, 북성로(北城路)를 중심으로 한 식민지 근대도시가 탄생하게 된다. 그렇지만 이 시기 대구는 여전히 중세와 근대가 혼재하고 있던 도시였다. 학당, 학교를 중심으로 전파된 교육과 계몽의 논리 속에 유가적 사고와 근대적 사고가 서로 충돌하고 있었다. 한문의 위상이 달라진 1900년 이후에 오히려 더 많은 문집이 간행되었다는 사실[2]은 일제강점기에도 여전히 구출판이 성행하고 있었음을 보여 준다. 이는 근대계몽기 이후에도 출판의 내용이나 방식에서 구식 출판과 신식 출판이 서로 경쟁하고 있었음을 보여 주는 사례라 할 수 있다. 전통 서당이나 근대의 신식학교에서 교육을 받은 작가들 또한 유교, 동학, 기독교, 아나키즘, 마르크시즘 등을 넘나들면서 전통사상과 외래사상의 경계에서 자신들의 문학적 정체성을 모색하고 있었다. 이상화, 이상백, 현진건, 이장희, 백기만, 윤복진, 김문집, 장혁주 등 대구 출신의 작가는 물론이고 이육사, 이원조, 오일도, 이병각, 이병철 등 안동, 영양 등지의 경북 북부 지역 문인들, 박목월, 김동리, 하근찬, 백신애, 장덕조 등 경북 중·남부 지역인 영천, 경주 등지의 문인들의 경우에도 마찬가지이다. 근대계몽기 이후 대구·경북 지역은 지역과 중앙이라는 이중적 역할을 수행하던 유동적 공간이란 점을 주목할 필

2 황위주, 「일제강점기 문집 편찬과 대구 · 경북 지역의 상황」, 『대동한문학』 49, 대동한문학회, 2016. 12., 36~37쪽 참고.

요가 있다. 낙동강을 중심으로 형성된 영남의 정치, 경제, 사회, 문화는 대구에서 꽃피었다고 할 수 있다. 경상감영이 자리한 대구는 조선 후기부터 영남 지역 자원의 물적 집산지인 동시에 정신문화의 중심지였다. 그러나 이 지역 문화가 가진 특성을 규명해 내는 과정에서 정신문화의 물적 토대라 할 수 있는 출판문화에 대한 접근은 제대로 이루어지지 못하였다. 이들이 성장한 공간과 장소에 대한 주목 못지않게 그들의 정신적 자취와 고투의 흔적이 드러나는 매체에 대한 탐색은 지역문학의 정체성을 확보하는 데 중요하다고 생각된다. 그러므로 지역의 문화공간과 그 속에서 탄생된 제 매체들은 지역과 중앙의 동일성과 차별성을 규명하는 단초로서 큰 의미를 가진다고 할 수 있다.

출판 매체는 작가들의 정신적 자취와 고투의 흔적이 드러나는 정신문화의 부산물이다. 여기에 실린 내용들은 저자의 내적 욕망이 응결된 기호들의 집합체이다. 그러므로 출판 매체는 정신문화를 담아내는 물질적 그릇이라 할 수 있다. 근대 매체의 중심은 출판 매체이며 신문이나 잡지, 작품집 같은 매체는 대중과 쉽게 결합되는 특성을 지니고 있다. 근대에 접어들면서 출판 매체의 생산은 주로 상업적 출판사들이 담당하였다. 그러나 대구·경북 지역의 근대출판 내지 상업적 출판사에 대해서는 아직까지 본격적 연구가 진행되지 못하고 있다. 최근 들어 지역학의 중요성이 대두되면서 대구·경북 지역의 출판 매체 및 문학 공간에 대한 접근이 일부 이루어지고 있으나[3] 종합적이고 심층적인 연구는 제대로 이루어지지 못한 상태이

3 류탁일, 「대구지방 간행 달판방각본에 대하여」, 『서지학연구』 3, 서지학회, 1988.
류준경, 「달판 방각본 연구」, 『한국문화』 35, 서울대 한국문화연구소, 2005.

다. 근대가 학교, 출판, 신문 등의 각종 제도와 맞물려 형성된다고 할 때, 각종 매체의 생산, 유통, 소비의 중심에 위치한 출판사가 하는 역할은 지대하다고 할 수 있다.

출판 매체는 지식인이나 대중들의 의식을 계몽시키는 데 많은 역할을 한다. 출판 매체에는 이들 매체를 기획하는 기관이나 작가, 편집진들의 취향이나 이데올로기가 개입되기 마련이다. 잡지, 신문, 동인지, 시집 등의 각 단행본은 근대문화의 부산물이다. 근대문학이 학교, 신문, 잡지, 출판, 등단 등의 각종 제도와 관련되어 논의될 때 매체가 차지하는 역할은 결코 작다고 할 수는 없다. 문학을 둘러싼 각종 구술적 담론들이 근대의 출판 매체를 통해 문자문화로 다양하게 나타나고 있기 때문이다. 격변의 근현대사 속에 남아 있는 제반 출판 매체들은 우리의 과거를 새롭게 인식할 수 있게 하는 중요 자료들이다. 출판 매체는 당대든 후대든 기억과 전파의 가장 유용한 형식으로 자리매김된다. 일제강점, 해방, 한국전쟁이라는 격동의 시기를 거치면서 대구·경북의 출판 매체는 어떠한 역할을 하였는가? 또 각종의 문학 매체를 생산한 지역의 출판사는 대구의 문화공간 형성에 어떠한 영향을 미쳤는가? 아니면 역으로 정치·사회

최호석, 「대구 재전당서포의 출판활동 연구」, 『어문연구』 34-4, 2006.
대구 · 경북인쇄조합45년사 편집위원회, 『대구 · 경북인쇄조합45년사』, 대구 · 경북인쇄정보산업협동조합, 2006.
박용찬, 「출판 매체를 통해 본 근대문학 공간의 형성과 대구」, 『어문론총』 55, 한국문학언어학회, 2011. 12.
박용찬, 「1950년대 대구의 문학 공간 형성과 출판 매체」, 『국어교육연구』 51, 국어교육학회, 2012. 8.
박용찬, 「근대계몽기 대구의 문학장 형성과 우현서루」, 『국어교육연구』 56, 국어교육학회, 2014. 10.
박용찬, 「근대계몽기 재전당서포와 광문사의 출판과 그 특징 연구」, 『영남학』 61, 경북대 영남문화연구원, 2017. 6.
박태일, 「대구 지역 딱지본 출판의 전통」, 『현대문학이론연구』 66, 현대문학이론학회, 2016.
박태일, 「경북 · 대구 지역의 대중가사 출판」, 『열린정신 인문연구』 17(3), 원광대학교 인문과학연구소, 2016. 12.

적 상황이 출판 매체에 미친 영향은 무엇인가? 이는 영남학파의 강한 영향 아래 놓여 있던 대구·경북 지역 문학이 근대가 생산해 낸 신식출판이라는 제도를 통해 어떠한 변모를 겪고 새로운 문화의 장을 형성해 내고 있는가 하는 문제와 맞물린다고 할 수 있다. 또한 이러한 작업을 통해 지역 출판 매체의 실상과 특성이 보다 잘 드러날 수 있으리라 생각된다.

2. 근대계몽기: 재전당서포와 광문사

근대계몽기 대구·경북의 출판계를 주도한 출판사는 재전당서포(在田堂書鋪)와 광문사(廣文社)라 할 수 있다.[4] 칠성당서포(七星堂書鋪)도 있었으나 두 출판사에 비해 뚜렷한 성과를 내놓지는 못하였다. 칠성당서포(발행인 최선일)에서 발간된 서적으로는 현재 『통감절요(通鑑節要)』만 확인되고 있어,[5] 논의에서 제외하기로 한다. 조선 후기 경상도 지역에서는 영남감영이나 사찰, 문중 등을 통해 활자본, 목판본 등이 지속적으로 생산되고 있었다. 그러나 관(官)이나 사찰, 문중 주도의 이러한 출판은 근대적 의미의 출판과는 다소 거리가 있었다고 할 수 있다. 개인의 포부를 실현하거나 영리를 목적으로 하는 출판사업이 좀더 근대적인 것에 가깝다면, 방각본(坊刻本) 발간이 일단 주목의 대상이 된다.

4 이하 재전당서포와 광문사의 출판활동은 박용찬, 「근대계몽기 재전당서포와 광문사의 출판과 그 특징 연구」(『영남학』 61, 경북대 영남문화연구원, 2017. 6.)를 수정 · 보완한 것이다.

5 류준경, 「달판 방각본 연구」, 『한국문화』 35, 서울대 한국문화연구소, 2005, 35쪽; 전시도록 『영남 출판문화의 꽃, 영영장판과 목판본』, 경북대학교 박물관, 경북대학교 영남문화연구원, 2017, 67쪽 도판 참고.

방각본은 민간출판업자가 상업적 이익, 즉 영리를 목적으로 목판에 새겨 찍어 낸 서적을 말한다. 그러므로 방각본 간행의 주체는 관이 아닌 민간업자들이다.[6] 방각본의 판종의 범위를 넓게 보면 "목활자본, 목판본, 토판본, 석판본, 연활자본"[7]까지 해당된다. 서울의 경판본(京板本), 전주의 완판본(完板本), 안성의 안성판본(安城板本), 태인(泰仁)의 손기조(孫基祖), 전이채·박치유(田以采·朴致維)본 등의 방각본이 19세기 말까지 크게 성행하였다. 경상도 지역에서의 방각본 출판은 다른 지역에 비해 상당히 늦게 시작되었다. 서울, 안성(安城), 전주(全州), 태인(泰仁) 등에서 방각본이 주로 발간되었는데, 그 지역들은 대개 상업이 발달하고 인구가 모여들어 시장이 크게 형성된 곳이었다. 방각본은 17세기부터 그 존재가 자주 드러나며,[8] 류탁일은 서울 지방은 19세기 중엽, 전주 지방은 19세기 말과 20세기 초, 대구 지방은 전주 지방보다 늦은 20세기에 방각본이 발달되기 시작해 1910년 전후에 유행하였다고 본다.[9]

대구 지역의 방각본 출간은 시장성이나 제반 환경에 비해 상당히 늦었는데, 이러한 원인을 몇 가지 차원에서 생각해 볼 수 있다. 첫째, 영남감영(嶺南監營)이 다른 지역의 감영보다 많은 출판을 다양하

---

6 방(坊)에는 동네 또는 읍리(邑里)의 뜻 이외에 저자[市], 즉 상고무역(商賈貿易)하는 곳이라는 뜻이 있으며, 저자의 뜻으로 방한(坊閈), 방시(坊市), 방사(坊肆), 방고(坊賈)의 용어를 사용한 데서 방각본이 관용된 것으로 여겨진다. 이 용어는 본시 중국의 남송 때 서방 또는 방사에서 민간이 판매의 목적으로 책을 목판에 새겨 찍어 낸 데서 쓰여졌음은 주지의 사실이다. 문헌을 상고하면 책을 찍어 파는 곳을 서사(書肆), 방사(坊肆), 서방(書房), 서포(書鋪) 등으로 다양하게 일컫고 있으나, 어느 것이든 오늘날의 책방 또는 서점과 같은 뜻을 지니고 있다. 천혜봉, 『한국서지학』, 민음사, 1997, 230쪽.

7 류탁일, 『완판방각소설의 문헌학적 연구』, 학문사, 1981, 64쪽.

8 천혜봉, 앞의 책(1997), 232~234쪽.

9 류탁일, 「대구지방 간행 달판방각본에 대하여」, 『서지학연구』 3, 서지학회, 1988, 69쪽.

게 지속해 왔다는 점이다.[10] 둘째, 영남 유림들이 산재해 있던 이 지역에서는 영리를 목적으로 한 방각본 출판보다도 문중이나 개인, 사찰 중심의 족보나 문집, 불경이 중심을 이루었다는 점이다. 셋째, 경판본이나 완판본에서 주류를 이루고 있는 고소설의 경우 영남 지역 독자층이 방각본 소설의 필요성을 크게 느끼지 않았을 것이라는 사실이다.[11] 한 조사에서는 대구·경북의 향유층이 방각본 발행이 용이한 『춘향전』, 『홍길동전』 같은 전책(傳冊)보다 『유씨삼대록』, 『창선감의록』 같은 록책(錄冊)을 선호하였다는 점을 들기도 한다.[12] 경상북도 북부 지역 고전소설의 독자들은 대부분 보수적인 양가(良家)의 여인들이었으며, 이들 상층 계급 여인들은 자연스레 가문 중심의 장편고전소설을 선호하였고, 장편대하소설은 필사본으로 유통되고 있었음을 염두에 둔 것이라 할 수 있다. 넷째, 근대 이전이나 이후 대구가 교통·교역의 중심 도시였다는 환경 내지 경제지리적 특성에서 찾아볼 수도 있다. 근대에 접어들면서는 서울-부산 간 경부선 철도의 중심지였던 대구의 지리적 특성과 근대의 왕성했던 출판유

10 류탁일은 대구 지방 방각본이 늦게 간행된 이유로 영남감영의 서적 간행을 들고 있다. 영남감영은 다른 감영보다 경서류(經書類), 유가류(儒家類), 사서류(史書類), 의가류(醫家類), 시문류(詩文類) 등 다양한 종류의 책들을 월등히 많이 간행하였는데, 이 지역의 필요서적을 영남감영 간본으로 충당했으리라 보고 있다. 무인년(1878년)에도 경서(經書)를 간행한 것을 볼 때 대구 지방은 방각본 출간이 쉽게 이루어질 수 없는 환경이었다는 것이다. 즉 영남감영 간본들이 19세기 말까지도 수요자의 다양한 서적 요구를 충족하고 있었으므로 자연 민간의 영리적 출판인 방각본은 간행이 쉽지 않았다고 보았다. 류탁일, 위의 논문(1988), 88쪽.

11 국문소설의 주 독자층은 여성들이었는데, 영남 지방에서 이들은 심심파적으로 책을 베끼기도 하고 글씨를 쓰기 위해 소설 내용을 등서하기도 하였다. 이러한 과정 속에서 소설의 유통은 사본(寫本)에서 사본으로 전파되었기 때문에 인쇄된 방각본의 필요성을 느끼지 않았을 것으로 본다. 대구·경북 지방에서 지금 전하는 수많은 필사본 소설이나 가사들을 볼 때 이러한 추측이 가능하다는 것이다. 류탁일, 위의 논문(1988), 89쪽.

12 이원주, 「고전소설 독자의 성향—경북 북부 지역을 중심으로」, 『한국학논집』 3, 계명대학교 한국학연구원, 1980, 560~562쪽.

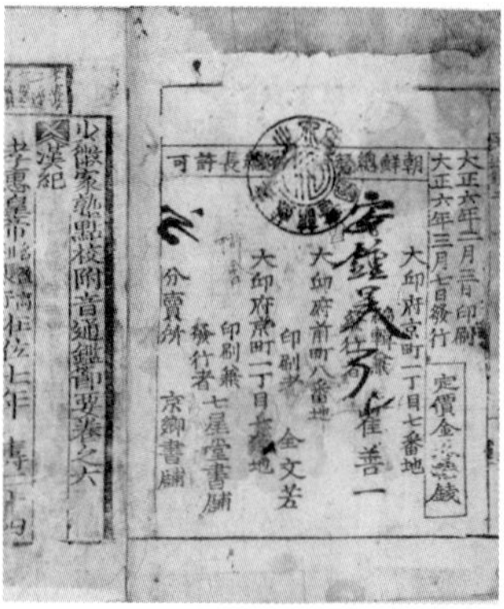

朝鮮總督府警務總長許可
大正六年二月三日印刷
大正六年三月七日發行
大邱府京町一丁目七番地
崔善一
大邱府前町八番地
印刷者 金文若
大邱府京町一丁目七番地
印刷兼發行者 七星堂書舖
分賣所 京鄉書舖

그림 1 칠성당서포 발행, 『통감절요』 판권

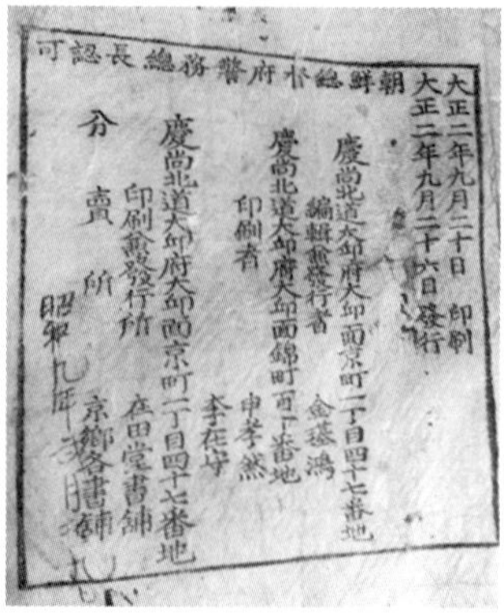

朝鮮總督府警務總長認可
大正二年九月二十日 印刷
大正二年九月二十六日 發行
慶尙北道大邱府西京町一丁目四十七番地
編輯兼發行者 金琪鴻
印刷者 申孝然
李在守
慶尙北道大邱府西京町一丁目四十七番地
印刷兼發行所 在田堂書舖
分賣所 京鄉各書舖

그림 2 재전당서포 발행, 『전운옥편』 판권

통 환경도 관련이 있을 수 있다. 이는 다른 지역에서 출간된 방각본의 유입을 용이하게 하는 동시에 대구가 딱지본 출판과 유통이 성행하는 장소로 기능하는 데 한 원인이 되기도 했다.[13]

대구·경북 지역에서의 방각본 출판은 재전당서포에 와서야 활성화되었다. 재전당서포는 1910년 이전부터 대구의 김기홍(金琪鴻)이 경영한 출판사로 서적의 발간 및 판매를 겸하였다. 재전당서포는 1900년대 초부터 대구에서 방각본 간행을 시도한 출판사였다.

재전당서포를 중심으로 한 대구의 방각본 출판은 1920년대 이후 연활자(鉛活字)로 그 영역을 확장하고, 딱지본 고소설까지 생산하게 된다. 재전당서포에서 발간한 중요 서적 목록을 살펴보면 다음과 같다.

- 『동몽선습』, 목판, 1책.
- 『보유신편(保幼新編)』, 목판, 1책.

13 박태일, 「대구 지역과 딱지본 출판의 전통」, 『현대문학이론연구』 66, 2016, 144~145쪽.

- 『고금역대표제주석십구사략통고』, 목판, 1책.
- 『소미가숙점교부음통감절요(少微家塾點校附音通鑑節要)』, 목판.
- 『주해천자문(註解千字文)』, 목판, 1책.
- 『부별천자문(部別千字文)』, 목판, 1책.
- 『상례비요(喪禮備要)』, 목판, 2책.
- 『대학장구대전』, 목판, 1책.
- 『대학언해』, 목판, 1책.
- 『효경대의』, 목판, 1책.
- 『효경언해』, 목판, 1책.
- 『주서백선(朱書百選)』, 목판, 3책.
- 『통학경편(通學徑編)』, 목판, 1책.
- 『의감중마(醫鑑重磨)』, 목판, 3책.
- 『일선문사체천자문(日鮮文四體千字文)』, 목판, 1책.
- 『통감구해(通鑑句解)』, 목판, 연활자, 3책.
- 『진본황극책수(眞本皇極策數)』, 연활자, 1책.
- 『필감 부 진초천자문(筆鑑附眞草千字文)』, 연활자, 1책.
- 『옥단춘전』, 연활자, 1책.
- 『권익중전』, 연활자, 1책.
- 『박효낭전』, 연활자, 1책.

위의 목록은 재전당서포가 발간한 도서 목록 전체는 아니지만 이를 통해 재전당서포의 출판 경향을 짐작해 볼 수 있다.[14] 재전당서

14 재전당서포의 발간 목록으로 류준경은 목판 25종, 연활자 내지 석판본 17종을, 최호석은 목판, 연활자 모두 합쳐 98종을 제시하고 있다. 인용된 목록은 재전당서포 발간도서 중 필자가 재전당서포의 출판경향과 관련해 중요하다고 판단되는 것을 선정한 것이다. 류준경(2005)과 최호석(2006)의 앞의 논문 참고.

포는 유학서나 초학 교재류, 의학서, 방각본 고소설 등의 출판에 힘을 쏟았는데, 이는 다른 지역 방각본 출판사의 출판 목록과 별반 다름이 없었다. 방각본으로 발간된 대부분의 서적들이 "아동의 학습용 교재를 비롯하여 과거(科擧) 및 교육용의 경서, 역사서 및 시문류, 일상생활에 긴요한 각종 자료, 이를테면 예의제서(禮儀諸書), 한의서(韓醫書), 농가서(農家書), 산학서(算學書), 술수서(術數書), 간독집(簡牘集), 그리고 서민들 사이에서 읽혀진 한글 소설류가 주류"[15]란 사실은 이를 뒷받침한다.

재전당서포는 영리적 목적을 위해 목판본은 물론이고 연활자본 발간까지 시도하였다.[16] 또한 재전당서포에서 발간한 책자가 아니더라도 다른 출판사의 판목을 구매하거나 빌려 와 찍기도 하였다.[17] 전라도 태인(泰仁)에서 발간한 방각본을 복각하여 발행하기도 하였으며, 영남감영에서 간행한 책들도 인출, 판권지를 재전당서포로 붙여 판매하기도 하였다.[18] 재전당서포는 그들이 발간한 서책을 대구뿐만 아니라 서울 등지의 여러 곳에 발매소를 두고 판매하고자

15 천혜봉, 앞의 책(1997), 234쪽.

16 연활자본으로 박희온의 『혼상비람(婚喪備覽)』(재전당서포, 1924), 김기홍의 『전체대용(全體大用)』(재전당서포, 1929) 등이 있음.

17 경북 영천군 신녕면의 황응두(黃應斗)가 저작자인 『통학경편』의 판권지에서 그러한 사실을 알 수 있다. 『통학경편』은 현재 세 개의 다른 판본이 존재한다. 첫 번째 판본은 1916년 간행된 석판본(영천군수 남필우의 서문, 인쇄소 대구부 대화정 만성당석판인쇄소, 발행소 혜연서루, 발매소 신구서포), 두 번째 판본은 1917년에 간행된 목판본(남필우의 서문, 유한필의 발문, 발행소 영천 혜연서루, 발매소 대구 영흥서림), 세 번째 판본은 이전의 판본을 개편 · 증보한 목판본으로 1921년에 간행(인쇄 겸 발행소 영천 혜연서루, 총발매소 대구 영흥서림)되었다. 1921년판과 동일한 판본인데 인쇄 겸 발행소가 혜연서림에서 재전당서포로, 총 발매소가 영흥서림에서 재전당서포로 바뀐 책이 발견된다. 류준경은 재전당서포가 1921년 이후 어느 시점에 혜연서루에서 발행한 이 판목을 입수하여 판권기의 발행인과 발매소를 수정하여 판매한 것이라 추정하였다. 류준경, 「달판 방각본 연구」, 『한국문화』 35, 서울대 한국문화연구소, 2005, 60~61쪽.

18 류준경, 위의 논문(2005), 68~71쪽. 류탁일, 앞의 논문(1988), 80쪽 참고.

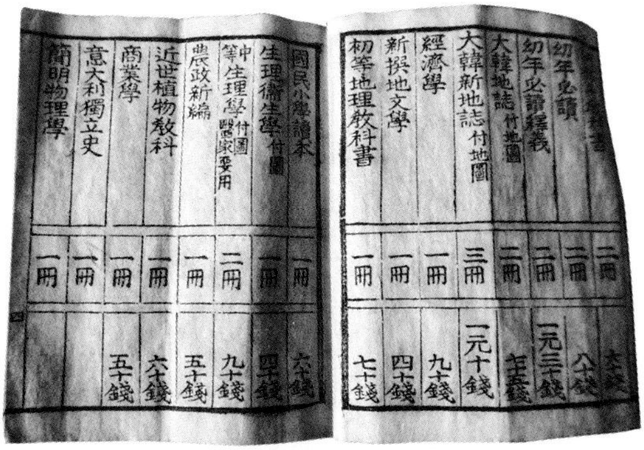

[illegible]	幼年必讀	幼年必讀釋義	大韓地誌 付地圖	大韓新地誌 付地圖	經濟學	新撰地文學	初等地理教科書	國民小學讀本	生理衛生學 付圖	中等生理學 付圖 醫家要用	農政新編	近世植物教科	商業學	意大利獨立史	簡明物理學
二冊	二冊	二冊	二冊	三冊	一冊	一冊	一冊	一冊	一冊	二冊	一冊	一冊	一冊	一冊	一冊
[illegible]	八十錢	一元二十錢	[illegible]	一元十錢	九十錢	四十錢	七十錢	六十錢	四十錢	九十錢	五十錢	六十錢	五十錢		

그림 3 재전당서포, 『출판발매목록』

하였다.[19] 이러한 사실은 재전당서포가 근대적 영업 전략을 시도한 출판사였음을 보여 준다. 재전당서포는 출판사와 발매소를 겸하고 있었기에 재전당서포의 도장이 찍힌 책자가 대구 지역 대학의 도서관이나 대구 인근의 고서점에서 자주 발견된다. 이들 책자들은 재전당서포가 간행한 책자라기보다는 재전당서포에서 판매했던 책자라 보면 더 정확할 것이다.

융희 연간에 발행된 재전당서포의 『출판발매목록』을 보면 '신구학문대헐가판매총목(新舊學文大歇價販賣總目)'이란 이름하에 역사지리류, 관민용법(官民用法)류, 교과서류, 지도류, 요용잡서급소설(要用雜書及小說), 어학(語學), 산술, 의학, 지리급역도문(地理及易道門), 일용예문(日用禮文)류, 경자서(經子書)류 등의 책을 발매하고 있었음이 확인된

19 1909년 발간된 『보유신편』은 인쇄소 대구 재전당서포/발행자 대구 재전당서포 김기홍/발매소 경성 광교 회동서관 고유상(京城 廣橋 匯東書館 高裕相), 경향 유명서포(京鄕 有名書鋪)로 되어 있다.

다.[20] 대구광문사에서 발행한 서적들도 일부 보인다. 『출판발매목록』은 발매소로서의 재전당서포의 모습을 밝혀 줄 수 있는 자료이다. 판매목록을 살펴보면 재전당서포는 자신들이 출판한 서적 발매 외에도, 경향(京鄕) 각지에서 출판한 근대계몽기의 여러 서적들을 판매대행하던 서적상이었음을 알 수 있다. 목록의 '출판발매'란 표기는 재전당서포가 출판사와 발매소를 겸하고 있었음을 보여 주는 증좌라 할 수 있다. '판매목록' 항목의 분류가 정확하지는 않으나 이를 통해 볼 때 재전당서포는 개화기의 교과용 도서는 물론이고 『혈의 누』, 『귀의 성』 같은 신소설류 및 『애급근세사』, 『이태리독립사』, 『월남망국사』, 『보법전기』, 『애국부인전』, 『중국혼』, 『파란말년전사』 같은 다량의 역사전기문학까지 판매하고 있었다. 출판사로서의 재전당서포는 방각본을 중심으로 구독자를 겨냥한 구식출판을 지향하고 있었다. 그러나 판매대행소로서의 재전당서포는 신구(新舊) 서적을 가리지 않고 판매하는 근대적 의미의 서점이었다고 할 수 있다.

1900년대 중·후반 대구 지역에서 재전당서포에 맞설 수 있는 출판사는 광문사(廣文社)였다. 광문사는 주로 전통적 유학서나 실용서적을 출판하고 있던 재전당서포나 칠성당서포(七星堂書鋪)와 달리 개화기의 주류 담론이었던 신교육이나 신문명과 관련된 계몽서적을 발간하였다. 대구광문사의 사장은 김광제(金光濟)였다. 김광제는 충남 보령 출신으로, 광문사와 대동보사(大同報社) 사장으로 있으면서 광문사 부사장 서상돈(徐相敦)과 함께 각종 계몽서적을 발간하는 한편, 국채보상운동을 주도한 인물이다. 대구의 광문사는 "1906년 1월, 한때

20 재전당서포, 『내외국서적 출판발매목록』, 융희 년 월 일. 표지에 '경상북도 대구군 동상(東上) 후동(後洞) 서포 김기홍 재전당 실가어매(實價御賣)'란 표기가 되어 있다.

황국협회의 기관지였던 『시사총보(時事叢報)』를 접수하여 시대에 맞도록 개화자강 노선에 따라 개편한 출판사"[21]였다. 이들은 대구광문사 안에 '대구광문회'란 문회를 두어 신교육과 자강운동을 추진하게 하였다. 국채보상운동은 1907년 1월 29일 문회(대구광문회)의 회명을 대동광문회(大東廣文會)라 개칭하는 특별회의가 끝나고 부사장인 서상돈이 국채보상운동을 제안하면서 시작되었다.

> 대구광문사의 회명을 대동광문회라 개칭하는 일로 음력 12월 16일(1907년 1월 29일)에 특별회를 열고 사무를 필한 후에 회원 서상돈씨가 동의하기를 국채 일천 삼백만원을 갚지 못하면 장차 토지라도 허급할거신대 지금 국고금으로는 갚지 못할지라. 우리 이천만 동포가 담배를 석달만 끊고 그 대금을 이십전씩만 수합하면 그 빚을 갚을 터인데 우리나라 인종이 강단과 열심이 없어 일제히 담배끊기 극난하다 하나 그렇지 않은 것은 우리가 충의를 주상하던 바라. 어찌 힘 아니 드는 담배 석달이야 못 끊을 자 어디 있으며 설혹 사람마다 못 끊더라도 일원으로 천백원까지 낼 사람이 많을지니 무엇을 근심하리오. 나부터 팔백원을 내노라 한 대 만장이 일치하여 서상돈씨의 동의가 같다 하난지라. 광문사 사장 김광제씨가 말하기를 이 일은 개 왈가라(모두 옳다) 하니 물론 모 사하고 실시하는 것이 귀홈인즉 당장에 실시하노라 하고 연죽(담뱃대)과 초갑(담배쌈지)를 없이 하고 삼삭 담뱃값 륙십전과 돈 십원을 내니 제인(諸人)이

21 『책임을 다하다 국채보상운동』(국채보상운동기념사업회 편), 2015, 23쪽.

그림 4 광문사 터(대구수창초등학교 옆)

> 다 회장의 결심을 찬성하며 담배 끊은 자 무수하고 각각 출의하여 당장에 이천여원에 달하였고 그 회장은 박해령씨로 추선되야 각군에 통첩하였는데 일본 헌병도 그 회사에 와서 사실을 탐지하고 그러이 여겼다더라.[22]

을사늑약 이후 대한제국이 안고 있던 1천 3백만 원의 부채는 조선에 대한 정치·경제적 침략을 수행하기 위한 일제의 차관 공세 때문이었다. 국채보상운동은 이러한 일제의 침략 행위에 대한 경종이자 선각자와 민중들의 가슴 속에 불타오르던 항일구국의식이 발로된 것이라 할 수 있다. 국채보상운동의 취지가 『대한매일신보』, 『황성신문』, 『제국신문』 등을 통해 보도되면서 이 운동은 대구를 넘어 전국 각지로 퍼져 나갔다. 경술(庚戌) 국치(國恥) 이전의 대구는 국채보상

22 「국채보상계」, 『대한자강회월보』 9호, 1907. 3., 72쪽.

운동을 주도해 나가는 중심지로, 민족계몽의식이 충만한 장소였다.

대구광문사가 대동광문회를 통해 국채보상운동의 발원지 역할을 한 것을 볼 때, 광문사가 단순히 상업적 영리만을 추구하던 출판사가 아님을 알 수 있다. 광문사의 주요 사업을 "도내 각 군에 대한 교육을 확대하고 사회를 발전시키는 것"[23]이라고 밝힌 사장 김광제의 연설은 광문사의 설립 목적을 잘 보여 주는 것이라 하겠다. 광문사는 김광제, 서상돈 같은 의식 있는 개화지식인이 주축이 된 출판사였다. 그들은 출판을 통해 근대지식 보급과 민족 계몽의 선도적 역할을 수행하고자 하였던 것이다. 민족계몽운동을 주도해 가는 데 출판사로서 광문사가 한 역할 또한 적지 않았다. 지금까지 필자가 확인한 광문사가 발간한 서적들을 나열해 보면 다음과 같다.[24]

- 『유몽휘편(牖蒙彙編)』 상·하 1책, 달성광문사, 1906.
- 『만국공법요략(萬國公法要略)』, 달성광문사 중간, 1906.
- 『월남망국사(越南亡國史)』, 현채 역, 달성광문사, 1907.
- 『중국혼(中國魂)』 상·하, 음빙실주인 편집, 대구광학회 동인, 대구광문사, 1907.; 국한문본, 1908.
- 『중등산학(中等算學)』, 이원조 찬, 김광제 교열, 대구광문사, 1907.
- 『상업학(商業學)』, 장지연 역, 달성광문사, 1908.
- 『경제교과서(經濟敎科書)』, 이병태 역, 대구광문사, 1908.

---

23 김광제, 「국채보상발기회 연설」, 『책임을 다하다 국채보상운동』(국채보상운동기념사업회 편), 2015, 26~27쪽.

24 박용찬, 「출판 매체를 통해 본 근대문학 공간의 형성과 대구」, 『어문론총』 55, 한국문학언어학회, 2011, 39쪽. 이 부분에 있는 목록 일부를 보완하였음.

광문사에서 출판된 위의 서적들을 살펴보면 전통적인 유학서인 문집이나 경서(經書)류의 책들은 제외되어 있다.[25] 이로 미루어 볼 때 광문사는 처음부터 교과용 도서나 애국계몽서적을 중심으로 한 신식출판을 표방한 것으로 보인다.

『유몽휘편』은 이미 1895년 대한제국 학부 편집국에서 아동용·교과용 도서로 목활자로 발간한 바 있다. 『국민소학독본』, 『소학독본』, 『숙혜기략』, 『신정심상소학』 등과 함께 발간된 『유몽휘편』은 학부의 교과용 도서 중 하나였다. 그런데 1906년 달성광문사에서 『유몽휘편』 상·하 1책을 다시 목판본으로 발간하였는데, 이는 영남 지역에서 교과용 도서 수요가 많았음을 입증하는 것이라 할 수 있다. 『유몽휘편』은 현재 발견된 광문사 책 중 유일하게 한지 바탕에 목판으로 찍은 구출판 방식의 책자였다는 점에서 주목된다. 그러나 이후 『만국공법요략』, 『월남망국사』, 『중국혼』, 『중등산학』, 『상업학』 등 나머지 도서들은 모두 신식 연활자 인쇄방식을 따랐다. 이 중 『상업학』이나 『중등산학』, 『경제교과서』 등은 신식 학교에서 사용되는 전형적인 교과용 도서인 데 반해, 『월남망국사』나 『중국혼』 등은 국가의 위기를 극복하기 위한 애국계몽 서적의 일종이다. 이를 통해 볼 때 광문사는 두 가지 출판 전략을 구사하였다고 할 수 있다. 한편으로는 근대지식 보급을 위한 신식학교의 교과용 도서를 기획하고, 다른 한편으로는 국가의 위기상황을 극복하기 위한 애국계몽의 전략을 구사하였다. 방각본을 바탕으로 구식 출판을 시도하고 있던 재전당서포와

25 광무 5년(1901) 정약용의 『흠흠신서(欽欽新書)』(전 4권)나 『목민심서(牧民心書)』(전 4권)가 '광문사 신간(廣文社 新刊)'이란 표제로 발간되었는데, 이는 대구광문사와 완전히 다른 출판사이다. 대구광문사는 1906년 설립되었으며, 김광제가 주도하던 광문사는 반드시 대구광문사, 달성광문사란 표기를 쓰고 있음이 확인된다.

는 그 시작부터 출판 방향이 달랐다고 할 수 있다. 『중국혼(中國魂)』이나 『월남망국사(越南亡國史)』는 비록 번역서이기는 하나 당시의 국내 독자들에게 경종을 울리고자 한 책자이다.

『중국혼』은 청(淸) 말의 개화지식인 양계초(梁啓超)의 저술이다. 양계초는 무술변법운동(1898), 신해혁명(1911), 5·4운동(1919) 등의 큰 역사적 변혁을 거치면서 신문, 잡지 및 교육을 기반으로 변법유신을 도모하고, 서구 자본주의의 정치, 사회, 경제, 법률학 및 기타 과학사상 등 근대화된 서구문명을 소개하고자 한 자강론적 계몽주의 사상가였다.

양계초는 『시무보(時務報)』(1896), 『청의보(淸議報)』(1898), 『신민총보(新民叢報)』(1902) 등 언론과 강학회(强學會), 대동학교(大同學校) 등의 학회·학교 활동을 통해 적극적으로 중국을 개혁시키고자 하였다.[26] 양계초는 스승 캉유에이(康有爲)와 더불어 변법유신에 참여하였으나 무술(戊戌)변법운동이 서태후(西太后) 등에 의해 실패로 돌아가자, 일본으로 망명하여 『청의보(淸議報)』(1898~1901)와 『신민총보(新民叢報)』(1902~1907) 등을 창간하였다.

양계초는 『청의보』와 『신민총보』 등에 실린 초기의 대표적 문장을 편집하여, 1902년 광지서국(廣智書局)에서 『중국혼』(2책)을 발행하였다.[27] 『중국혼』은 격랑에 처한 근대전환기 중국에서 '국혼(國魂)'의 호명을 통해 국민의식을 고취시키고, 세계사의 조류 속에 중국의 앞날을 논의하고자 한 책자이다. 『중국혼』의 국내 유입은 광문사를 통

---

26 최형욱, 「량치차오의 학술세계와 그 문학혁명운동」, 『오늘의 문예비평』, 2003. 5.(여름), 255~257쪽 참고.

27 차태근, 「량치차오(梁啓超)와 중국 국민성 담론」, 『중국현대문학』 45, 한국중국현대문학학회, 2008, 23~24쪽.

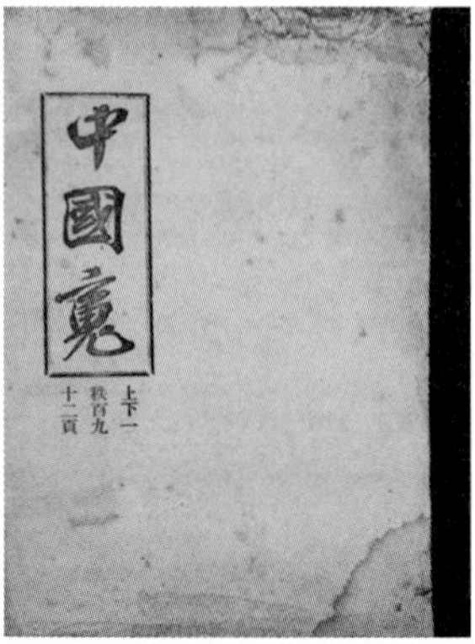

그림 5 광문사 발행, 『중국혼』

해 처음 이루어졌다. 1907년 간행된 『중국혼』 초판의 발행인은 대구광학회동인(大邱廣學會同人)이며, 인쇄소는 대구광문사(大邱廣文社)이다. 상·하 두 책으로 출판된 이 책은 양계초가 쓴 원문을 그대로 가져왔다. 1년 후인 1908년에 대중들이 좀 더 쉽게 접근할 수 있도록 국한문혼용체 상·하 합본으로 다시 발간하였는데, 발행소는 대구석실포(大邱石室舖), 인쇄소는 달성광문사(達城廣文社)로 되어 있다. 이 책은 지나인(支那人) 양계초가 저술한 것을 한국(韓國) 숭산인(嵩山人) 장지연(張志淵)이 역술한 것으로 표기되어 있다. 상해(上海)에서 발행된 『음빙실문집(飮氷室文集)』이나 『음빙실자유서(飮氷室自由序)』 등 양계초의 문집들은 개화기 애국계몽론자들에게는 필독서라 할 수 있었다. 양계초의 문집에 실려 있던 『이태리건국삼걸전』, 『중국혼』, 『월남망국사』, 『헝가리애국자갈소사전』, 『근세제일여걸 라란부인전』 등이 뜻있는 지식인들에 의해 번역된 바도 있다. 이 중 『중국혼』은 다른 출판사에서는 발간된 적이 없고, 광문사에서만 두 번 출판되었다. 이는 번역 책자를 선택할 때에도 광문사가 매우 신중을 기했음을 보여 준다. 애국계몽운동의 취지에 부합되는 서적의 간행은 광문사가 행한 주요 출판 전략의 하나였다. 『월남망국사』의 발간도 마찬가지이다.

광문사는 양계초가 찬(纂)한 『월남망국사(越南亡國史)』를 발간하였는데, 1900년대 『월남망국사』의 발간 경위를 살펴보면 다음과 같다.

- 신문 연재(6회), 「讀越南亡國史」, 황성신문, 1906. 8. 28.~9. 3.
- 현채 역, 『越南亡國史』, 국한문혼용본, 1906. 11., 보성관; 1907. 5. 27, 재간.[28]
- 쥬시경 역, 『월남망국스』, 국문본, 로익형 칙스, 1907. 11. 30., 초판; 1908. 3. 10., 2판; 1908. 6. 15., 3판.[29]
- 리샹익 역술, 현공렴 교, 『월남망국스』, 국문본, 1907. 11. 21.[30]
- 현채 역, 『越南亡國史』, 국한문혼용본, 달성광문사, 1907. 5.

『월남망국사』의 이본으로는 위에서 보는 바와 같이 현재 다섯 종류가 남아 있다. 단행본으로 발간되지는 않았지만 국내에 가장 먼저 소개된 「독월남망국사(讀越南亡國史)」는 황성신문 연재본이다. 이는 『월남망국사』의 첫 국내 번역이라 할 수 있는데 저자가 표시되어 있지 않다.[31] 『월남망국사』에 대해서는 여러 연구자들이 중요성을

28 현채 역의 재간본에는 발행소인 보성관이 표기되어 있지 않다.

29 초판, 2판 발행 일자는 『월남망국스』(쥬시경 역), 박문서관, 1908. 6. 15., 3판본 판권에 의함.

30 리샹익이 역술하고 현공렴이 교정한 『월남망국스』는 아세아 문화사가 펴낸 『역사전기소설전집』 5권 영인본에서 표지, 목차, 판권지가 누락되어 발행연도를 확인할 수 없었다. 그래서 『일제하의 금서 33권』(『신동아』 1977년 1월호 부록), 254쪽에 나온 발행연월일을 참고하였다.

31 김주현은 황성신문에 연재된 「독월남망국사(讀越南亡國史)」가 단재 신채호의 저작임을 고증하였다.(김주현, 「『월남망국사』 및 『이대리건국삼걸전』의 첫 번역자」, 『신채호문학연구초』, 소명출판, 2012, 299~327쪽 참고.)

인식하고 연구를 진행한 바 있으나[32] 판본의 경우 달성광문사 판본은 지금까지 제대로 소개되지 않았다. 광문사 발행의 『월남망국사』를 소개하기 위해 그것의 바탕본이라 할 수 있는 현채가 번역한 보성관 재간본의 판권부터 잠깐 살펴보기로 하자.

> 광무 11년 5월 27일 재간
> 　　정가 금(金) 신화(新貨) 이십오전
> 발행자　오영근
> 　　　　현공렴
> 발매소　종로(鐘路) 대동서사(大東書市)
> 　　　　대광교(大廣橋) 고유상서사(高裕相書肆)
> 　　　　포전병(布廛屛)문하(門下) 김상만서사(金相萬書肆)
> 　　　　동구월변(洞口越邊) 주한영서사(朱翰榮書肆)
> 　　　　수동하우(壽洞下隅) 김효연서사(金孝演書肆)

현채 역 보성관 재간본 판권을 보면 현채가 번역한 『월남망국사』가 여러 서사(書肆)에서 발매되고 있음을 알 수 있다. 그런데 필자 소장의 재간본 『월남망국사』의 경우 '신구학문병판매소 대구본관전 김기홍(新舊學文幷販賣所 大邱本官前 金琪鴻)'[33]이라는 자주색 스탬프가 찍혀 있는 것으로 보아 대구의 경우 김기홍이 세운 재전당서포에서 발매 대행 역할을 하고 있었음을 알 수 있다. 재전당서포는 『월남망국사』를 출간하지는 않았지만 서울에서 발간한 현채의 『월남망국사』를 판

---

32 최원식, 「아시아의 연대 — 『월남망국사』 소고」(백낙청 · 염무웅 편), 『한국문학의 현단계 II』, 창작과비평사, 1983.
정환국, 「근대계몽기 역사전기물 번역에 대하여 — 『월남망국사』와 『이태리건국삼걸전』의 경우」, 『대동문화연구』 48, 2004.
정선태, 「번역이 몰고 온 공포와 전율 — 월남망국사의 번역과 '말년/망국'의 상상」, 『한국근대문학의 수렴과 발산』, 소명출판, 2008.
이종미, 「『월남망국사』와 국내 번역본 비교 연구」, 『중국인문과학』 34, 중국인문학회, 2006. 12.

33 『월남망국사』(현채 역), 1907, 93쪽.

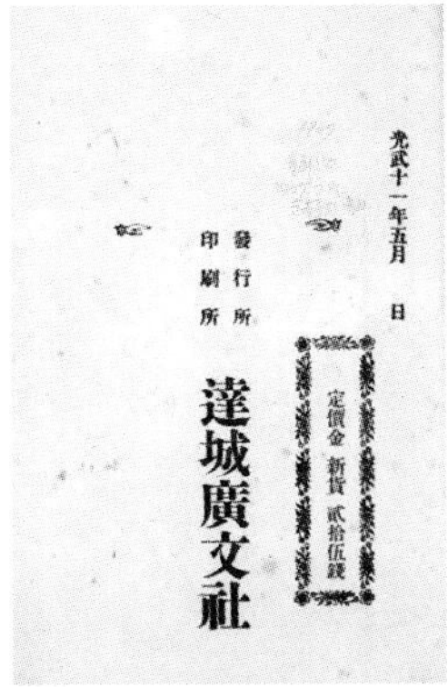

光武十一年五月 日

定價金 新貨 貳拾伍錢

發行所
印刷所

達城廣文社

그림 6 광문사 발행, 『월남망국사』 표지 및 판권

매하고 있었다는 것이다. 그럼에도 불구하고 광문사가 『월남망국사』 출판에 직접 뛰어들었다는 점은 주목을 요한다. 이는 영남 지역에 『월남망국사』에 대한 지식인 독자들의 수요가 그만큼 많았다는 것을 의미한다. 현채가 역(譯)한 달성광문사의 『월남망국사』는 보성관 『월남망국사』 재간본과 비교하면 번역 문장은 크게 차이가 나지 않는다. 다만 내용의 행이나 면수가 서로 일치하지 않는 것을 볼 때 새로 조판해서 인쇄했음을 알 수 있다. 달성광문사의 『월남망국사』에는 보성관 판에 없는 '광무 11년 정미(丁未) 청화절(淸和節) 인동(仁同) 장상철(張相轍)'이 쓴 「월남망국사서(越南亡國史序)」와 말미에 「부월남제독유영복격문(附越南提督劉永福檄文)」이 첨부되어 있다. 청화절(淸和節)은 음력 4월[34]이니, 「월남망국사서」는 장상철이 1907년 4월에 월남망국사를 간행하는 목적을 쓴 것이라 할 수 있다.

34 홍성훈, 「청화절」, 『한국세시풍속사전』, 한국국립민속박물관 사이트, 2010. 11. 11. 갱신.

나라의 존망과 일의 성패에 있어 패사(稗史)를 읽어 보면 비록 땅이 만 리나 떨어지고 세대가 천년 뒤일지라도 왕왕 몸소 직접 그것을 목도한 것처럼 마음에 부합되어 오히려 감격하여 눈물을 흘리게 된다. 지금 6대주의 여러 나라들 중에서 간혹 부강하여 위풍당당하게 타국을 내려다보면서 경쟁을 그치지 않는 나라도 있고, 간혹 쇠약하여 타국에 굴복하여 종묘사직(宗廟社稷)[35]이 웅덩이가 되는 나라도 있다. 그들은 장차 천명에 일임하고 "사람이 힘쓸 수 있는 일이 아니다."라 말하고서 모두 하늘이 부여한 자유의 의무를 잃어버리니, 육체는 살아 있지만 기상이 죽어서 남의 부림에 빨리 나아가면서도 마치 미치지 못할까 두려워하니, 이것이 어찌 풀을 엮어 만든 인형, 나무를 깎아 만든 인형, 진흙을 빚어 만든 인형, 돌을 다듬어 만든 사람과 다르겠는가?

대개 악을 미워하고 선을 좋아하는 것은 진실로 지금과 옛날, 멀고 가까움에 차이가 없다. 그러나 시국이 급변하여 (나라가 망함이) 월남 한 나라에 그칠 뿐만이 아님에 있어서랴? 전후(前後)에 강직한 품성을 지닌 여러 선비들이 『월남망국사』를 번역한 것은 진실로 까닭이 있다. 옛날의 본보기가 있으니 뒤따르는 수레가 마땅히 경계로 삼아야 한다.[36] 지금 장차 본 출판사가 (『월남망국사』를) 간행하여 배포함은 백성의 뜻을 공고히 함에 해가 되지 않고 물에 빠진 사람들을 한 번 도와 모두 구

35 원문에 나오는 '사옥(社屋)'은 사묘(社廟), 곧 사직과 종묘를 말한다.

36 『대대례기(大戴禮記)』에 "앞의 수레가 엎어진 것을 뒤의 수레가 경계로 삼아야 한다.[前車覆, 後車戒.]" 라는 내용이 나온다.

제하려는 것일 뿐이다.

광무 11년 정미년(1907) 청화절(淸和節, 음력 4월)에 인동(仁同) 장상철(張相轍)이 쓰다.[37]

장상철은 누구인가? 장상철은 광문사 내 대동광문회의 회원이며,[38] 김광제, 서상돈과 더불어 국채보상운동 발의에 가담한 발기인 중의 한 사람이다.[39] 장상철은 '광문사 사원'으로 광문사가 발간한 『월남망국사』의 서문을 쓰거나, 『상업학』을 교열하면서 광문사의 출판활동에 관여하였다고 할 수 있다. 장상철의 「월남망국사 서」는 결국 광문사가 『월남망국사』를 펴내는 출판 기획의 변(辨)이라 보아도 무방하다. 장상철의 서문을 볼 때 광문사가 『월남망국사』를 펴낸 의도는 분명하다. 이 당시 '강직한 품성을 지닌 여러 선비들'이 『월남망국사』를 여러 번 번역한 까닭은 월남망국의 원인과 결과가 월남 한 나라의 문제가 아님을 인식하고 있었기 때문이라는 것이다. 다

---

37 장상철의 서문에 실린 아래의 한문 원문을 번역한 것이다. 한문 원문은 원래 이어쓰기로 되어 있으나 해석의 편의를 위하여 끊어 띄어쓰기하였다. "讀稗史於國之存亡 · 事之成敗, 雖地距萬里, 世後千載, 往往有契合如身親覩之, 猶爲感激流涕也. 現今六洲列邦之內, 或富强而雄視, 競爭不熄, 或萎靡而屈服, 社屋宮瀦. 其將一任天數, 而曰非人能力, 都喪其天賦自由之義務, 而肉生氣死, 趣走駈役, 如恐不及, 是何以異於芻靈木偶泥人石漢也. 夫惡惡善善之地, 固無今古遐邇之別, 而况時局之駸駸然, 非止一越南者乎? 前後血性之諸彦, 繙譯越史, 良有以也. 前鑑攸在, 後車宜戒. 今且本社之刊布, 不害爲民志鞏固, 共濟胥溺之一助云爾. 光武十一年丁未淸和節 仁同張相轍書"
장상철(張相轍), 「월남망국사서(越南亡國史序)」, 『월남망국사』, 달성광문사, 1907, 1쪽.

38 대동광문회의 회장은 박해령, 부회장은 김광제, 회원은 서상돈, 장상철, 강영주, 심정섭, 김우근, 서병오, 윤하선, 정재덕, 이종정, 길영수, 이우열, 강신규, 정규옥, 추교정 등이다.

39 「국채일천삼백만원보상취지발기인 대구광문사장 김광제 부사장 서상돈 등 공함(公函) 각도(各道)」란 제목으로 『대동보』 1호(대동보사, 1907)는 7~8쪽에 1907년 2월 21일 자 『대한매일신보』 기사를 다시 게재하고, 취지서 말미에 광무 11년 1월 31일(음 12월 18일) 광문사 사원 장상철(張相轍), 권석우(權錫禹), 강영주(姜永周), 이종정(李種楨), 김우근(金愚根), 최일홍(崔一弘), 김봉준(金鳳俊), 심정섭(沈廷燮), 강신규(姜信圭), 길영수(吉永洙), 이우열(李愚烈), 정규옥(鄭圭鈺), 박병옥(朴炳鋈), 윤하선(尹夏璿) 등 발기인 명단을 덧붙였다. 이들은 대부분 대동광문회 회원으로, 사원이라 하였지만 광문사에 관여하였던 대구 지역의 지식인으로 보는 것이 옳을 듯하다.

시 말하면 월남 망국을 본보기로 삼아 마땅히 타산지석의 교훈으로 삼고자 광문사가 또 월남망국사를 간행·배포한다는 것이다.[40] 광문사의 『월남망국사』 판권을 보면, '광무 11년 5월　일'이라 하여 출간 일자만 없애고 발행소·인쇄소를 '달성광문사(達成廣文社)'라 큼지막하게 표기하였다. 보성관 재간본이 광무 11년 5월 27일 발간되었으니 출판 시기는 거의 같다고 보면 된다. 그런데 보성관 재간본에는 없는 「부월남제독유영복격문(附越南提督劉永福檄文)」이 수록된 것을 보면[41] 달성광문사본 『월남망국사』는 보성관 초간본을 바탕으로 새롭게 조판하여 배포한 것이라 할 수 있다.

역사전기물인 『중국혼』이나 『월남망국사』의 출간은 김광제의 출판사업이 애국계몽활동이나 국채보상운동과 밀접히 관련되어 있음을 보여 주는 사례라 하겠다.[42] 『월남망국사』는 원래 월남의 애국지

40 주시경 역의 『월남망국사』(박문서관, 1907. 11. 30.)는 달성광문사판(1907. 5.)보다 6개월 후에 나왔는데, 국한문본이 아닌 순국문 문체로 출간하여 더욱 많은 사람들이 접할 수 있도록 하였다. 주시경 역 『월남망국ᄉᆞ』의 서문은 박문서관 사장 노익형이 썼는데, 장상철의 서문과 유사한 인식을 보여 주고 있다. "슬프다. ᄇᆡᆨ여년ᄅᆡ로 셔양의 강셩ᄒᆞ는 형뎨가 조슈밀듯 구름닷듯 동편으로 더퍼오매 아세아 여러 디방이 거진 다 나라는 망ᄒᆞ고 인민은 노례가 되는지라. 그 화가 졈졈 극ᄒᆞ여 우리나라에셔 남편으로 바라보이는 월남국ᄭᆞ지 불란셔 사람의게 망ᄒᆞ고 우리나라에셔 북편으로 졉한 동만쥬에는 아라사 군항을 ᄇᆡᆨ셜ᄒᆞ니 이ᄯᅢ에 독립권을 보젼ᄒᆞ는 쟈는 대한과 일본과 청국ᄲᅮᆫ이라. 그러나 이 세나라도 조곰만 잘못ᄒᆞ면 몃시각이 못되여 마자 ᄇᆡᆨ인죵에게 멸ᄒᆞᆷ을 당ᄒᆞᆯ지라.…… 월남이 망ᄒᆞᆫ ᄉᆞ긔는 우리에게 극히 경계될 만ᄒᆞᆫ 일이라. 그러나 이제 우리나라 사람들이 무론 귀쳔남녀로쇼ᄒᆞ고 다 이런 일을 알아야 크게 경계되며 시셰의 크고 깊흔 ᄉᆞ실을 ᄭᆡᄃᆞ라 우리가 다 엇더케ᄒᆞ여야 이 환란 속에서 ᄉᆡᆼ명을 보젼ᄒᆞᆯ지 ᄉᆡᆼ각이 나리라. 이럼으로 한문을 모르는 이들도 이 일을 다 보게 ᄒᆞ랴고 우리 셔관에서 이ᄀᆞᆺ치 순국문으로 번역ᄒᆞ여 젼파ᄒᆞ노라." 로익형, 「월남망국ᄉᆞ 서」, 『월남망국ᄉᆞ』(주시경 역), 박문서관, 1907, 1~3쪽.

41 보성관에서 발간한 현채의 『월남망국사』 초간본에는 양계초가 다른 지면에서 발표한 논설 「滅國新法論」(1901)과 「日本之朝鮮」(1904) 2편과 유영복(劉永福)의 「越南提督劉永福檄文」(1883)이 실려 있다. 그런데 유영복(劉永福)의 「越南提督劉永福檄文」은 보성관의 재간본이나 기타의 다른 번역본에는 나타나지 않는다. 그 이유는 양계초의 글이 아니었기에 제외된 것으로 본다. 송엽휘, 「『월남망국사』의 번역 과정에 나타난 제 문제」, 『어문연구』 34-4, 2006. 겨울, 186쪽.

42 광문사 사장 김광제와 부사장 서상돈이 발의한 '국채일천삼백원보상취지서'에도 월남의 사례가 거론되고 있음을 볼 때, 『월남망국사』의 발간이 광문사가 행한 구국 출판의 한 예임을 알 수 있다. "근세의 새 역사를 찾아보면 나라가 망하면 민족도 따라서 진멸(殄滅)된 것으로서 곧 이집트, 베트남,

사인 망명객 소남자(巢南子) 판 보이 쩌우(潘佩珠, 1867~1940)가 일본에 망명한 양계초를 방문하여 월남이 프랑스에 망한 이야기를 술(述)하고, 그것을 들은 중국의 양계초가 찬(纂)한 것이다. 양계초가 찬하거나 저술한 『월남망국사』나 『중국혼』은 서양제국주의 침략에 속수무책으로 당할 수밖에 없던 근대계몽기 동아시아의 대응과 방책을 제시한 책이라 할 수 있다. 1900년대 후반은 조선의 앞날을 한 치도 내다볼 수 없던 혼돈의 시기였다. 많은 지식인들은 베트남과 조선의 상황이 별반 다를 바 없다는 생각을 하였을 것이고, 조만간 '망국을 상상'[43]할 수밖에 없던 시기였다. 그 결과 『월남망국사』는 그 당시 '독서계의 주목'과 '출판탄압의 표적'[44]이 되었던 것이다. 『월남망국사』나 『중국혼』은 광문사가 외세의 침탈, 즉 제국주의의 야욕장이 되어 버린 위기의 현실 앞에 민족의 주체적 대응을 촉구하고자 기획한 도서라 할 수 있다. 광문사는 출판을 통해 근대계몽기의 지식인 또는 민중을 계몽하고자 하였다. 광문사의 출판활동은 앞에 제시된 출판목록에서 본 바와 같이 1906에서 1908년 사이 활발하게 이루어졌다. 김광제, 서상돈이 국채보상운동을 주도하던 시기가 1907년임을 감안할 때 『월남망국사』나 『중국혼』의 출간은 국채보상운동과 밀접한 연관이 있음을 알 수 있다.

광문사는 역사전기물 이외에도 다양한 출판을 시도하였는데 주

폴란드가 모두 가히 증거가 됩니다.……토지는 한 번 없어진다면 자못 회복할 길이 없을 뿐만 아니라 어찌 베트남 등의 나라와 같이 되지 않을 수 있겠습니까?"(「국채일천삼백만원 보상 취지 대구광문사장 김광제 서상돈씨 등 공함(公函)」, 『대한매일신보』, 1907. 2. 21. 번역은 『국채보상운동 책임을 다하다』(국채보상운동기념사업회, 2015), 31쪽을 따랐음.)

43 정선태, 「번역이 몰고 온 공포와 전율 — 월남망국사의 번역과 '말년/망국'의 상상」, 『한국근대문학의 수렴과 발산』, 소명출판, 2008.

44 최원식, 「아시아의 연대 — 『월남망국사』 소고」, 『한국근대소설사론』, 창작사, 1986, 215쪽.

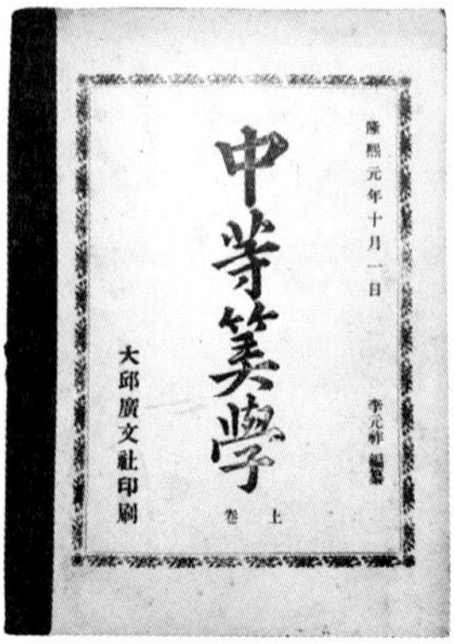

그림 7 광문사 발행, 『중등산학』

로 서양의 근대지식 전파와 관련된 도서들임을 알 수 있다. 이들 도서를 살펴보면 개화기에 세워진 신식학교에 사용되는 교과용 도서들이다. 이 당시 교과용 도서 출판은 주로 서울 지역의 출판사에서 많이 시도하였는데, 대구의 광문사에서도 『중등산학』(1907), 『상업학』(1908), 『경제교과서』(1908) 등을 발간하였다. 광문사는 처음부터 유학과 관련된 구식출판이 아니라 새로운 시대의 정신을 담아내는 신식출판을 시도하고 있었다고 할 수 있다.

『중등산학』은 융희 원년(1907) 10월 1일 학부(學部) 검정도서로, 탁지부(度支部) 양지과(量地科) 대구출장소 수학교수였던 이원조(李元祚)가 편찬하고 김광제가 교열한 심상중학교 수학교과서이다. 상·하 두 권이며, 심상중학교 학도들이 익혀야 할 수학의 제 개념과 원리를 설명하고 그것과 관련된 많은 문제와 예제를 싣고 있다. 『중등산학』의 경우 발행소는 대동보사(大同報社)이고 인쇄소는 달성광문사이다. 내지 2면의 「중등산학 서」에 '융희 원년 10월 1일 달성광문사장, 황성대동보사장 석람 김광제 근식(達成廣文社長, 皇城大同報社長 石藍 金光濟 謹識)'이란 표기가 있는 것을 보면 대동보사와 달성광문사는 김광제가 동시에 관여하고 있는 매체 내지 출판사임을 알 수 있다.[45] 표지에는 발행소인 대동보사를 표시하지 않고 '대구광문사인쇄'란 표기를 크게 드러내었다. 판권지에는 '달성광문사', 표지에는 '대구광문사'라 표기한 것을 보면 이 당시 광문사는 사명으로 달성광문사와 대구광문사를 동시에 사용하고 있었던 것으로 보인다. 광문사는 출판과 발매를 겸하던 재전당서포와 달리 출판만 하던 회사였다. 그런 까닭에 발매소는 대구는 물론이고 전국을 대상으로 하지 않을 수 없었다. 『중등산학』의 판권지는 이러한 사실을 잘 보여 주고 있는데, 상권의 판권지에는 발매소를 대구본관전(大邱本官前) 김기홍, 경성광학서포(京城廣學書鋪) 김상만(金相萬)으로 표기하였고, 하권의 판권지에는 서울의 광학서포 이외에 대광교 고유상(大廣橋 高裕相)까지 추가하고 있다. 광문사는 대구에 있는 김기홍의 재전당서포는 물론이고 서울에 있는 김상만의 광학서포, 고유상의 회동서관(匯東書館)과도 협약을 맺어 서책을 발매하고 있었음을 보여 준다.

세계가 크게 열려 삼라만상 중에서 형체가 있는 것을 눈으로 보고 형체가 없는 것을 마음으로 깨닫는 것이 몇 천만 억 개인

45 대동보사는 1907년 5월에 잡지 『대동보(大同報)』 1호를 창간(통권 6호)하였는데, 1호의 경우 발행소는 대동보사, 인쇄소는 보문관(普文舘), 월보(月報) 정가 15전으로 되어 있다. 판권지 「광고」란 제목하에 월보 『대동보』가 다룰 내용 및 방향을 밝히고 있다. "본사 월보 주지(主旨)ᄂᆞᆫ 인민의무에 당행(當行)과 학문지식에 전보(前步)와 세계기문(世界奇聞)과 시사요점(時事要點)을 수집성편(蒐輯成編)ᄒᆞ야 동포의 공익상패익(公益上稗益)을 면진(勉進)케 ᄒᆞ며 현금(現今) 국채보상(國債報償)에 대ᄒᆞ야 경향유지인(京鄕有志人) 취지서와 의연인(義捐人) 성명(姓名)과 금액계수(金額計數)를 무유편록(無遺編錄)ᄒᆞ야 대동공현(大同供現)케 ᄒᆞ오니 첨군자(僉君子)ᄂᆞᆫ 구람(媾覽)하시읍", 『대동보』 1호, 대동보사, 1907. 5., 판권지 참고.

지 모르겠다. 그러므로 성문(聖門)의 육예지학(六藝之學)에서 산수(算數)가 그중의 하나를 차지하는데, 말을 할 줄 아는 이 중에서 가르침을 받는 첫 과정에 나가는 사람은 대개 유형과 무형의 사이에서 계발을 받고자 한다. 그러나 옛날 구장(九章)의 산법(算法)[46]은 다만 그 대략을 발췌했을 뿐이고, 또 산판(算板)에 가득하게 산가지를 펼쳐 놓아 그 번거로움을 이길 수 없었다. 그래서 산수의 정밀한 이치와 빨리 하는 셈법은 아득하여 쉽게 깨칠 수가 없었으니, 이것이 진실로 배우는 사람들의 한 가지 유감이 된다.

근세 이래로 문명이 날로 진보하여 이전에 계발하지 못한 바와 옛날에 발명하지 못한 바가 날로 새로워지고 달로 증가하였으니, 『신정산술(新訂算術)』, 『정선산학(精選算學)』 등과 같은 부류는 이전 구장의 산법과 비교할 때 일찍이 자세하면서도 세밀하고 간략하면서도 빠르지 아니함이 없으나 이 책들 또한 미비한 점이 있다. 그래서 겨우 심상소학(尋常小學)의 첫걸음이 될 뿐이었다.

이 때문에 이원조(李元祚) 군은 일찍이 해외에서 널리 공부한 선비로서 높은 단계의 기이한 산술(算術)을 깊이 연구하여 서명(書名)을 『중등산학(中等算學)』이라 짓고, 못난 나에게 부탁하여 교정을 해 달라고 하였다. 그래서 나는 한편으로 이군의 정성스러운 힘에 감동하고 한편으로 학생들의 배움의 과정을 위하여 이에 (서문을) 새겨 부치니, 바라건대 교육계의 큰 수요가

46 황제의 신하인 예수(隸首)가 만든 산법(算法)이다. 방전(方田)·속미(粟米)·쇠분(衰分)·소광(少廣)·상공(商功)·균수(均輸)·영부족(贏不足)·방정(方程)·구고(句股)의 아홉이다.

> 있기를 바란다.
>
> 융희 원년(1907) 10월 1일에 달성광문사 사장이자 황성대동보 사장인 석람(石藍) 김광제(金光濟)가 삼가 짓다.[47]

위의 글은 『중등산학』에 실린 김광제의 서문이다.[48] 근대계몽기 지식인의 주요 과제 중 하나는 새로운 문명을 배우고 그것을 보급하는 일이라 할 수 있다. 그런데 유교적 관념론과 명분론에 빠진 조선 후기의 유학자들과 정치사상가들은 서구 과학지식으로 무장한 서구 근대문명을 기민하게 수용하지 못하는 우(愚)를 범했다. 이들은 서양 근대문명이 제국주의자들과 더불어 동아시아로 밀려들어오기 시작하는 근대계몽기에 접어들어서야 비로소 근대 과학문명과 실학(實學)의 중요성을 깨닫기 시작했다. 개화기의 신식학교에서는 역사, 정치, 법률, 경제, 지리, 생물, 산술, 천문학 등 제 분야의 교과용 도서를 교재로 사용하기 시작하였다. 수학에 관한 새롭고도 적합한 교재의 발간이 시급한 때 김광제는 해외에서 공부한 박학지사(博學之士)인 이원조가 쓴 『중등산학』을 발간하였던 것이다. 『중등산학』 같은 근대지식을 전파하는 교과용 도서의 연속 출간은 김광제가

47 인용문은 김광제의 서문에 실린 아래의 한문 원문을 번역한 것이다. "世界大闢, 萬象森羅, 寓目於有形之間, 會心於無形之外者, 未知其幾千萬億矣. 故聖門六藝之學, 數居其一, 使其能言語者, 爲受敎之初程者, 盖慾其啓發於有形無形之間. 然古者九章之法, 但撮其大略而已, 且布筭滿盤, 不勝其煩, 則其精藴之理 · 堆捷之法, 渺不易曉, 此實爲學者之一憾矣. 自近世以來, 文明日進, 前所未發, 昔所未明, 日新月增, 如新訂筭術 · 精選筭學等類, 較之於前日九章之法, 未嘗不精而密, 簡而捷, 然此亦其未備者存焉. 故僅可爲尋常小學之初程而己. 是以李元祚君, 曾以海外博學之士, 深究大層之奇術, 名之曰中等筭學, 付與不佞而校之. 故一以感李君之誠力, 一以爲學生之程度, 玆付剞劂, 以冀敎育界之大要需焉.　隆熙元年十月一日 達成廣文社長 皇城大同報社長 石藍金光濟謹識"
김광제, 「중등산학 서」, 이원조 편찬, 『중등산학』 상권, 대동보사, 1907, 1쪽.

48 『만국공법요략』의 서문 또한 김광제가 쓰고 있다.

근대 출판인으로서의 역할과 출판의 방향을 정확히 잡고 있었다는 것을 말해 준다. 다시 말하면 김광제는 시대의 조류를 정확히 파악하고 그것에 적합한 도서들을 공급한 애국계몽론자였다고 할 수 있다. 『경제교과서』와 『상업학』도 그러한 결과의 산물이라 할 수 있다.

『경제교과서』는 일본 법학박사 와다가키 겐조(和田垣謙三)가 저술한 책을 이병태(李炳台)가 번역한 것이다. 1908년 4월 발간된 이 책은 교열자 김봉준(金鳳俊), 인쇄소 대구광문사, 발행자 이병삼, 특매소 경성 광학서포, 발매소 경향(京鄕) 각 서포(書鋪)로 되어 있다. 1편 서론에는 경제, 국민경제발달의 차제(次第), 경제학의 정의와 급기공용(及其功用)경제, 2편 재(財)의 생산에는 생산의 개념, 생산의 요소, 생산의 조직과 급기방법(及其方法), 3편 재의 교환에는 교환의 개념, 가치와 급물가(及物價), 화폐, 신용, 무역, 운수통신, 4편 재의 분배에는 분배의 개념, 지대(地代), 이자, 임금, 이윤, 5편 재의 소비에는 소비의 개념, 생산과 소비의 관계, 보험, 6편 재정에는 재정의 개념, 경비, 수입, 세계예산(歲計豫算), 공채(公債)의 각 장(章)으로 구성되어 있다.[49] 이를 통해 볼 때 『경제교과서』는 근대를 구성하는 중심 인자인 자본주의 경제학의 일반 개념과 원리 등을 간명하게 다루고 있음을 알 수 있다. 근대계몽기 신교육의 교과목에서도 경제학이 중요시될 수밖에 없었는데, 『경제교과서』는 경제학에 관한 개론류 교과서라 할 수 있다. 이 당시 많은 교과용 도서를 발간하고 있던 보성관(普成舘)[50]에서 나온 『보통경제학』(1907)이나 『상업대요』(1908)도 대구

49 和田垣謙三, 『경제학교과서』(이병태 역), 대구광문사, 1908, 1~3쪽 목록.

50 보성관은 개별 각론을 다룬 『화폐론』(1907)이나 『외국무역론』(1908), 『은행론』 등을 발간하기도 하였다. 『상업대요』(1908)의 말미에 실린 「보성관 신간서적 광고」에 의하면 융희 2년(1908) 8월 15일 당시 보성관이 37종의 신간서적들을 출간하고 있었음을 보여 준다.

광문사의 『경제교과서』와 유사한 서책이다. 대구광문사는 보성관의 『상업대요』와 유사한 교재용 도서인 『상업학』을 출간하기도 하였다.

『상업학』은 융희 원년(1907) 10월 12일 달성광문사에서 발행한 것으로, 일본서를 장지연이 역술하고 광문사 직원이자 대동광문회 회원인 장상철(張相轍)이 교열한 것이다. 판권지에 나와 있듯 '황성포병하 광학서포 김상만(皇城布屛下 廣學書鋪 金相萬)', 즉 광학서포를 발매소로 둔 것으로 보아 전국을 대상으로 판매한 서책이라 할 수 있다. 『상업학』은 전 20장으로 구성되어 있는데 각 장의 내용은 상가(商家)에 입(入)하는 자의 명심, 자본, 개업 일개인급(及)결사(結社)영업, 매매, 투기, 대리상인, 화폐급(及)이식(利息), 수형(手形)세계, 은행 은행가급(及)은행업, 각종취인소(取引所)급(及)기(其)득실, 해상보험, 생명화재급(及)각종보험, 창고업, 매교증서송장급제회계서(賣敎證書送狀及諸會計書), 선복외국무역(船卜外國貿易), 선박대차계약서급선복증서(船舶貸借契約書及船卜證書), 부기(簿記), 각종상업기관, 파산 등이다.[51] 이를 통해 볼 때 『상업학』은 상업과 관련된 제반 업무와 상업에 종사하는 자의 태도 등을 설명하고 있는 책자라 할 수 있다.

경술국치 후 광문사의 출판활동은 위축된다. 이는 애국계몽운동의 일환으로 시작된 광문사의 출판 경향이 식민통치의 주체였던 일제(日帝)의 언론출판 정책과 부합되지 않았음을 보여 준다. 신문지법(1907), 출판법(1909) 등을 통해 언론, 출판의 자유를 옥죄기 시작하던 일제는 1910년 이후 더욱 검열을 강화하고 사상을 통제하였다. 이러한 외적 상황은 출판사 광문사의 성장을 가로막게 된다.

---

51 『상업학』(장지연 역, 장상철 교열), 달성광문사, 1907, 1~2쪽 목록.

흥미로운 사실은 김광제가 1917년 9월 10일 『동국풍아(東國風雅)』(상·하)를 발간했다는 사실이다. 편집 겸 발행인은 김광제이지만 발행소는 경북 대구부 삼청당(三淸堂), 인쇄소는 경북 대구부 본정 일정목 41번지로 되어 있다. 광문사를 통해 계몽서적을 주로 발간하던 김광제가 『동국풍아』 같은 구식출판[52]을 시도하고 있는 것이 특이하다. 더구나 광문사란 출판사명도 사용하지 않고, 내용 또한 구식출판의 내용을 따르고 있다. 출판사로서 광문사가 했던 역할이 이 시기에 이미 끝나 가고 있음을 보여 준다. 이는 출판을 통해 애국계몽운동과 서양 근대지식을 전파하고자 했던 김광제의 의욕이 좌절된 사례로 볼 만하다. 반면 처음부터 영리를 목적으로 하였던 재전당서포는 여전히 남아 있는 한문세대나 구독자층의 욕구를 수용하여 고소설 딱지본 등[53]을 발간하면서 1930년대 중반까지 그 명맥을 유지하게 된다.

3. 일제강점기: 문예지와 교지(校誌)들

경술국치 후 대구·경북의 출판계는 민족자본과 일본자본이 경쟁하고, "목활자와 연활자가 병존"[54]한 시기였다. 근대가 철도, 학교,

52 『동국풍아』는 최치원 이후 조선 시대까지 명현(名賢)들의 한시를 모은 책으로, 조선 시대 목판본으로 간행된 『청구풍아(靑丘風雅)』와 내용이 크게 다르지 않다고 할 수 있다. 이러한 책의 수요가 많았는지 대구 지역에서 석판본으로 『대동풍아(大東風雅)』가 발간되기도 했다. 『대동풍아』는 1934년 8월 6일 건 · 곤 2책으로 나왔는데, 저작 겸 발행자는 대구부 남정 132번지의 진희태(秦喜泰)이다. 인쇄소는 달성군 수성면 상동 231번지 교남서사인쇄부(嶠南書社印刷部), 발행소는 달성군 수성면 상동 227번지 청석당(廳石堂)이다.

53 1930년대 들어서면서 재전당서포는 딱지본 형태의 연활자 고소설을 발간 또는 발매하였다. 재전당서포에서 발간한 딱지본으로 현재 『옥단춘전』, 『권익중전』, 『박효낭전』 등이 확인된다.

54 『대구 · 경북인쇄조합 45년사』, 대구 · 경북인쇄산업협동조합, 2006, 106쪽.

병원, 신문, 잡지 같은 제도를 통해 형성된다고 할 때, 출판이 문화나 문학 공간 형성에 미치는 영향은 매우 크다고 할 수 있다. 문학의 경우로 좁혀 보면 1910년대 후반 나타난 『거화(炬火)』는 본격적인 문학 매체의 단초가 된다고 하겠다. 『거화』는 『금성』 동인이었던 목우 백기만의 다음과 같은 회고, 즉 "그는 1900년 8월 1일생인데 1917년 그가 상해에서 돌아왔을 때 처음으로 알게 되었고 서로 뜻이 맞아서 곧 친밀해졌으며, 그와 상화와 상백과 나와 네 사람이 작문집 『거화』를 시험해 본 것도 그 해 일"[55]이란 글에서 그 모습을 드러내 보인다. 여기서 그는 현진건을 지칭한다. 그렇다면 이 글은 백기만이 현진건을 회상하는 과정에서 그와 함께했던 매체 『거화』에 대한 기억이라 할 수 있다. 현재 남아 있지 않은 『거화』는 "문화를 이끌어 가는 다양한 매체에 대한 기억"[56]인 '문화적 기억'의 한 형태로 존재한다고 할 수 있다. 기억이 때로는 왜곡되고 주관화되기도 하지만 그것은 "문자 매체의 도움으로 경험과 사유를 기록하고 전수"[57] 되기 마련이다. 대구 근대문학 형성의 장에서 『거화』가 주목되는 이유는 『거화』에 참여했던 현진건, 백기만, 이상화, 이상백이 1920년대 동인지 문단의 형성에 중요한 역할을 했던 인물들이기 때문이다. 이상화와 현진건이 『백조』의 동인으로, 백기만과 이상백이 『금성』지의 중요 동인으로 활동하였는바, 이들이 함께 공유한 작품집인 『거화』의 존재는 이들 문학의 출발지로서 그 의미가 있다고 하겠다. 횃불을 상징하는 『거화』는 "대구를 중심으로 모여든 젊은 청년들의 문예

55 백기만, 「빙허의 생애」, 『문학계』 1집, 경북문학협회, 1958. 3., 84쪽.

56 최문규, 「문화, 매체, 그리고 기억과 망각」, 『기억과 망각』, 책세상, 2003, 363쪽.

57 최문규, 위의 글(2003).

와 사회에 대한 열정과 방향성을 나타내"[58]는 매체로서 중요 기능을 하였던 것으로 추정된다.

한편 1920년대 중반에 들어서면서 김승묵이 펴낸 『여명(黎明)』이 주목된다. 『여명』은 1925년 7월 1일 여명사에서 발간하였다. 총 통권 4호(1호-1925. 7., 2호-1925. 9., 3호-1926. 6., 4호-1927. 1.)를 발간하였으며, 나중 이를 묶어 1928년 5월 5일 『여명문예선집』을 발간[59]하기도 하였다. 『여명』의 편집인은 대구의 김승묵(金昇默)이며, 대구의 대동인쇄주식회사에서 인쇄하였다. 『여명』은 대구에서 편집·인쇄한 잡지로 서울의 경우 청조사(靑鳥社)에 경성총발매소를 두고 있었다. 비록 대구에서 발간된 잡지이긴 하나 그 필진과 내용은 서울의 다른 어느 잡지와 비교해도 뒤지지 않았다.

『여명』은 김창숙, 신채호, 장건상 같은 민족운동가, 이광수, 최남선, 김억, 오상순, 노자영, 현진건, 김기진, 박영희, 염상섭, 나도향, 최학송(서해), 조명희, 방인근, 양주동, 이익상, 김탄실(명순), 변영로, 변영만, 백기만, 이상화, 이장희 같은 당대의 명망 있는 작가의 작품을 싣고 있다. 이는 '엄정중립', '불편부당'[60]을 표방한 『여명』지의 편집 방침에 힘입은 바 크다고 할 수 있다. 이 중 현진건의 「향토문학을 일으키자」는 대구 지역문학의 활성화와 관계 깊은 글이라 할 수 있다. "『여명』이 나의 고향에서 출생한다는 말을 듣고 삼가이 일문(一文)을 우리 고향에 계신 형제, 자매께 드립니다. 총망(悤忙)한 몸이

58 박용찬, 「1920년대 시와 매개자적 통로」, 『어문학』 94집, 한국어문학회, 2006, 298쪽.

59 『여명문예선집』의 경우 편집 겸 발행인은 김승묵이며, 발행소는 경성부 홍파동 111번지 여명사, 소화 3년 5월 5일 발행된 것으로 되어 있다. 이를 통해 볼 때 대구에 본부를 두고 있던 여명사가 『여명문예선집』을 내면서 서울로 옮긴 것으로 추정된다.

60 「편집을 마치고」, 『여명』 창간호, 여명사, 1925. 7., 103쪽.

그림 8 『여명』 창간호　　**그림 9** 윤복진 작시, 박태준 작곡 『물새발자옥』

라 위선(爲先) 이것으로 색책(塞責)이나 하고, 향토문학에 대한 실질과 이론을 후일로 미룰가 합니다."[61]라는 현진건의 부기(附記)나 '향토문학을 일으키자'라는 글의 제목만으로도 지역문학 공간에 대한 그의 관심이 어느 정도인지를 짐작해 볼 수 있다. 『여명』의 편집진은 중앙문단에서 이미 문학적 성취를 이룬 현진건[62] 같은 대구 지역 출신 문인들을 적극 활용하였다. 『여명』은 "현진건, 백기만, 이상화, 이장희, 최해종, 이원조와 같은 경북·대구 지역 청년문학인들"은 물론 앞에서 살펴본 1920년대 문단의 쟁쟁한 인물을 필진으로 삼음으로써 "1920년대 우리 근대문학의 중요매체"[63]로 자리 잡을 수 있었다. 『여명』은 『거화』에서 성장한 대구 지역 문인들이 적극 참여

61 현진건, 「향토문학을 일으키자」, 『여명』 창간호, 1925. 7., 9쪽.

62 현진건은 1920년부터 『개벽』과 『백조』지를 중심으로 본격적인 문학활동을 시작하였으며, 『여명』 창간호 발간 이전에 「희생화」, 「빈처」, 「타락자」, 「할머니의 죽음」, 「술권하는 사회」, 「지새는 안개」, 「발」, 「운수좋은 날」, 「불」 등의 작품 외에 단편집 『타락자』(조선도서주식회사, 1922) 등을 발표한 바 있다.

63 박태일, 「1925년 대구 지역매체 『여명』 창간호」, 『근대서지』 3, 근대서지학회, 2011, 113쪽.

하는 한편 전국적인 문인들을 포섭함으로써 일제강점기 대구 지역 문학 공간 형성의 견인차 역할을 하였다. 『여명』 이후 대구 지역에서 나온 문예 종합지로 『동성(東聲)』(1932. 9.)과 『문원(文園)』(1937. 4.) 등이, 작곡집으로는 『물새발자옥』(교문사, 1939.)이 있다. 『물새발자옥』은 윤복진의 시에 박태준이 곡을 붙인 작곡집인데, 이인성의 실제 판화가 표지에 부착되어 있다. 문학, 음악, 미술을 통해 대구 지역 예술인들의 교유를 확인할 수 있는 아름다운 장정의 책이다.

한편 1930년대 접어들면서 발간되기 시작한 각급 학교의 교지 또한 살펴볼 필요가 있다. 이 당시 대구 지역에서는 대구고보, 계성학교, 신명학교, 대구사범학교 등이 교지를 펴내고 있었다. 『교우회지』(대구공립고등보통학교), 『계성』(계성학교), 『신명』(신명학교), 『교우회지』(대구사범학교) 등이 바로 그것이다. 이들 교우지들은 학교의 특색을 반영한 다양한 체재를 바탕으로 교육과 관련된 근대지식과 학생들의 문예 작품을 싣고 있다. 일제강점기의 경우 작품을 발표할 공간이 부족한 상황에서 교지는 문예지와 다를 바 없는 위상을 가지고 있었다고 할 수 있다. 지금과 달리 많은 학생(예비문인)들이 교지에 그들의 글을 발표하였고, 학교 또한 교지 발간에 심혈을 기울였다. 서울 지역에서 나온 『이화』나 『연희』 등은 상당한 수준의 문학적 역량을 보여 준 것으로 평가되고 있다. 대구공립고등보통학교(대구고보)의 『교우회지』 10호(1935. 12.)를 보면 학생들의 글을 실은 '문원(文苑)'이 교지의 대부분을 차지하고 있다. 특히 10호는 대구고보의 다른 교지와 달리 학생들의 시 9편, 채록된 영남민요 16편이 한글로 표기되어 있다. 1930년대 중반 대구에서 발행된 각급 학교의 교지들은 대부분 일어로 표기되어 있는 데 반해 한글로 표기되어 있음이 특이하다. 이는 한글과 일어가 병용되고 있던 이중언어적 상황에서 매체의 균열된 모습을 보여 주는 예라고 할 수 있다. 반면 대구사범학교에서 펴낸 『교우회지』 3호(1935)는 대구고보의 『교우회지』 10호와 같은 연도에 나왔지만 전체가 일본어 전용이다. 내용이나 편집체재 속에도 군국주의 담론이 훨씬 많이 배치되어 있다. 목차만 보더라도 조선총독부 시정(施政) 25년에 대한 총독의 유고(諭告), 학무국장 훈화 외에도 일제의 조선정책을 치하하고 일본정신을 강조하는 여러 글들이 실려 있다. 이는 교지를 만드는 주체가 대구사범학교가 식민지 국민을 양성하는 교사 배출 기관임을 잘 알고 있었음을 보여 준다. 교육의 중요성을 잘 알고 있는 일제는 교지의 언어와 그 구성담론을 통해 식민지 지식인을 훈육하고 관리하고자 했던 것이다.

4. 해방기: 『죽순』과 아동문학 매체

해방이 되면서 출판계는 다른 어느 부문보다도 활기를 띠었다.[64] 새 나라에 거는 기대와 새로운 지식을 배우고자 하는 욕구는 해방 직후 출판시장의 흥기(興起)를 가져왔다. 해방이 되자 우리말과 우

64 김창집이 쓴 아래 글은 해방기 출판계의 상황을 잘 요약해 보여 주고 있다. "해방 후에 우리 한국의 출판계는 다른 어느 부면보다도 가장 활발하게 움직이었고 또한 그 업적도 찬란한 바 있다고 할 수 있다. 오랫동안 일정의 압박 아래서 언론출판의 자유를 누리지 못하여 우리의 문화를 살릴 길이 없던 비참한 환경에서 자유해방을 얻자 가장 씩씩하게 신문화 건설의 발걸음을 나아가게 되어 소속 신문잡지가 발행되고 출판사가 우후죽순같이 생겨 각종 도서가 출판되었다. 해방 4년 동안의 정치, 경제, 문화 등 각 방면의 업적을 돌아보면 문화방면에서도 출판계가 가장 뚜렷한 활약면을 보여 주었고 그 공적도 다대하다고 할 수 있다. 용지난, 인쇄난 등 여러 가지 난관으로 더불어 고투를 거듭하여 왔지마는 4년 동안에 해마다 천 종의 도서를 수백만 부씩 출판하였다." 김창집, 「출판계의 4년」, 『출판문화 7호 — 출판대감』, 출판문화협회, 1949, 4쪽.

리 역사를 배우기에 적합한 교재는 물론이고 여러 계몽서적, 정치 팸플릿, 문학작품집 등이 한꺼번에 쏟아져 나왔다. 해방이 가져온 언론, 출판의 자유는 해방의 열기 속에 급속도로 증폭되면서 수많은 출판물을 생산하게 만드는 계기가 되었다. 대구 지역에서도 많은 신문과 잡지들이 생산되었는데, 1949년 1월 8일 당시의 정기간행물 일람표에 의하면[65] 신문이 11종, 잡지가 7종이 간행된 것으로 되어 있다. 해방의 열기가 수그러든 이 시점에도 신문 11종, 잡지 7종이 간행되고 있었다는 사실은 대구 지역이 출판의 소외지대가 아님을 말해 준다. 좀더 거슬러 올라가 해방 당시의 책자인 『경북총감－해방1주년판』(영남일보사, 1946. 12.)을 보면 1946년 대구·경북 지역에서 잡지 21종, 신문 17종, 교과서류 14종 등이 출판[66]되었다 하니 대구 지역 출판의 열기가 어느 정도였는지 짐작 가능하다.

『무궁화』와 『건국공론』은 해방기 대구 지역 문화공간의 형성을 주도한 대표적 종합지이다. 이들은 해방 4년 동안 대구·경북 지역의 사회·문화적 욕구를 대변하고 있었다.

『무궁화』는 1945년 12월 15일 계림서관에서 펴낸 종합 잡지이다. 발행인은 이광우이며, 대구·경북 지역의 인사들이 주요 필진으로 가담하였다. 이 잡지는 김승묵이 펴낸 1920년대의 『여명』처럼 전국적인 필진을 확보하지는 못하였다. 그 이유는 달라진 출판환경의 변화에 있었다. 해방 직후에는 대부분의 출판사나 명망 있는 필진

---

65 신문은 『영남일보』, 『대구공보』, 『민중일보』, 『대구시보』, 『남선경제신문』, 『대구합동신문』, 『대중신보』, 『산업시보』, 『문화신문』, 『대구신문』, 『중년신문』 등이며, 잡지는 『새싹』, 『죽순』, 『협동전선』, 『무궁화』, 『아동』, 『아동회그림책』, 『건국공론』 등이다. 「현행정기간행물 일람표」, 『출판문화7호 — 출판대감』, 조선출판문화협회, 1949, 77쪽.

66 『경북총감 — 해방1주년판』, 영남일보사, 1946. 12., 83~84쪽 참고.

들이 서울에 몰려 있었다. 자연스레 지역의 각계각층에서 활약하고 있는 지식인들이 주요 필진으로 참가하게 되었다. 종합지를 지속적으로 내기 위해서는 금전적 문제도 문제려니와 필진의 지속적인 확보가 무엇보다 중요하다고 할 수 있다. 『무궁화』가 필진을 확보하는 방법은 주로 투고를 통한 원고 모집이었다. 그래서 문예면은 독자투고란 형식을 활용하였다. 『무궁화』는 철저하게 대구 지역의 필진으로 만들어진 지역 종합잡지였다. 출판사의 이름도 계림서관, 잡지의 표제도 무궁화라 한 것을 보면 발행인 이광우가 민족적 의식을 가진 인물임에는 틀림없다. 1945년 12월 창간된 『무궁화』는 아단문고의 장서목록에 의하면 1949년 2월호의 존재까지 확인된다.[67] 1945년부터 1949년 사이 발간된 『무궁화』를 제대로 발굴하는 것이 중요하다고 할 수 있다.

『건국공론』은 1945년 12월 25일 창간호(처음 발행인 명의는 정태영)를 시작으로 1949년 11월까지 통권 28호를 발간하였다. 『건국공론』의 편집 겸 발행인은 나중 현암사를 세운 조상원이다. 그는 창간호가 곧 종간호가 되던, 아니면 2호 내지 3호로 폐간되던 그러한 시대에 『건국공론』을 4년 동안이나 지속적으로 펴냈다. 『건국공론』은 해방 직후 '지도적 언론의 필요'에 부응하여 만들어진 종합지이다. 「창간사」에는 정치, 경제, 문화 등 제 분야에서 해방조선의 선도적 역할을 수행하고자 하는 열기가 가득하다. 다시 말하면 『건국공론』은 민족을 각성시키고 해방조선에서 독립조선으로 나아가기 위한 나름대로의 방책 제시란 목표를 가진 매체라고 할 수 있다. 건국 도정에

67 강태영, 『아단문고장서목록(1)』, 아단문화기획실, 1995, 189쪽.

있는 조선이 나아갈 방향을 제시하고자 했던 『건국공론』은 '용지난, 판매망의 애로'[68] 속에서도 대구 지역 출판을 흥기하는 모태로 작용하였다. 타블로이드 2면짜리 신문 『민론(民論)』(1946년 4월)도 『건국공론』의 자매지였다고 할 수 있다. 1947년 7월 5호부터 최석채가 편집진으로 가담하면서 『건국공론』은 더욱 내용이 풍성해졌다. 『건국공론』은 1949년 12월 『한국공론』으로 개제되어 1952년 4월까지 통권 12호가 나오기도 했다.

『무궁화』나 『건국공론』과 비교될 만한 문학 부문의 중요 매체로 『죽순(竹筍)』, 『아동(兒童)』, 『새싹』 등이 있다. 이 중 『죽순』과 『아동』은 대구 지역의 성인시단과 아동문단을 이끌어 간 대표적 문학 매체였다. 이들 매체는 죽순시인구락부와 조선아동회가 관여하고 있었다. 이들 두 단체는 뚜렷한 문학적 경향을 보여 주지 못하고 있던 해방 직후 대구 지역 문학 공간에서 문학인들을 규합하고 문학 매체를 생산해 내는 소중한 작업을 해내었다.

『죽순』은 대구의 죽순시인구락부(대표 이윤수)에서 발간한 시동인지로 대구의 대표적인 시문학 동인지이다. 『죽순』은 1946년 5월 1일 창간호가 발간된 이후 한국전쟁 전까지 11호(1949. 7.)까지 나왔으며, 임시증간호까지 합하면 통권 12호가 발간되었다. 『죽순』 창간호의 「편집후기」에서 『죽순』은 시문학지로 시에만 전념할 것임을 천명하고 있다.

실제 창간호의 경우 시 외의 글은 단 한 편도 실리지 않았다. 『죽순』은 해방기 대구 지역의 주된 매체였던 종합지인 『무궁화』나 『건국

68 조상원, 「'건국공론 주변'」, 『책과 30년』, 현암사, 1974, 38~48쪽 참고.

그림 10 『죽순』 창간호

공론』과 달리 본격적인 순문학 매체로서 그 역할을 수행하였다. 작품도 평론이나 소식 알림 정도의 몇 편의 글을 제외하면 『죽순』은 전체가 시로만 구성되었다. 해방 이후 대구가 시 우위의 도시로 성장한 것은 『죽순』에 힘입은 바 크다. 한편 『죽순』은 1947년 4월 18일 임시증간호를 내었다. 3집을 1946년 12월 23일, 4집을 1947년 5월 18일에 내었으니 그 간극은 대략 5개월이다. 불과 한 달 후인 5월 18일에 4집이 나오는데 한 달 전인 4월 18일에 임시증간호를 낼 만큼 동인들의 창작 열의는 대단했다고 할 수 있다. 죽순시인구락부는 해방이란 격동의 와중에 대구 지역 성인 시인들이 결집할 수 있는 장소였고, 『죽순』이란 시문학 매체를 통해 시에 대한 그들의 순수한 열정을 드러내었다. 또한 죽순시인구락부는 이상화시비를 제막하는 등[69] 대구 지역 문학의 전통을 선양하는 데에도 일조

69 이윤수, 「고 상화시비 건립경과세보 ― 부 제막기」, 『죽순』 8집, 1948. 3.), 54~59쪽.

하였다.

한편 해방기 대구 지역 아동문학은 1945년 12월 30일 결성된 조선아동회에 의해 주도되었다. 조선아동회 이전 아동문학단체로는 서울의 조선아동문화협회가 있다. 1946년 1월 정식 발족한 '아협'은 기관지격인 『주간소학생』(1~46호, 46호는 제호만 '주간'일 뿐 월간임)과 『월간소학생』(47~79호)을 발간하는 한편 많은 어린이 관련 도서를 출판하였다. 조선아동문화협회의 『소학생』 이외에 서울에서는 『별나라』, 『새동무』, 『아동문학』, 『소년』, 『어린이』, 『아동문화』 등의 아동잡지가 명멸하였다. 해방 직후 문인들의 서울지향주의[70]로 말미암아 지방의 경우 문학 공간이 제대로 형성되지 못하였다고 할 수 있다. 그렇지만 대구의 경우 다른 지역에 비해 아동문학 공간이 유독 활성화되었다. 이는 조선아동회라는 아동문학단체와 관련이 있다고 하겠다. 조선아동회는 1945년 12월에 결성되었다. 조선아동회는 아동을 '오늘날의 새싹', '다음 날의 기둥'으로 인식하고, 이러한 아동을 '한 줌 거름되여 북돋우고', 그들의 '앞길을 보살피려는' 의도에서 결성되었다.[71] 조선아동회는 조선아동회출판국을 통해 여러 사업을 시도하였다. 조선아동회가 출판국을 두었다는 것은 이들이 그들의 사업에서 출판을 중요시했음을 보여 주는 예증이라 할 수 있다. 조선아동회 출판국은 조선아동회의 기관지격이었던 잡지 『아동』과 회원들의 문학작품집 발간을 주도하였다. 그 결과 조선아동회는 『아동』

---

70 함경도 경성 출신 이용악의 「하나씩의 별」에 나오는 다음과 같은 구절은 해방 직후 서울로 향하는 시인의 내면 풍경을 잘 보여 주고 있다. "두만강 저쪽에서 온다는 사람들과/ 자무스에서 온다는 사람들과/ 험한 땅에서 험한 변 치르고/ 눈보라 치기 전에 고향으로 돌아간다는/ 남도사람들과/ 북어 쪼가리 초담배 밀가루 떡이랑/ 나눠서 요기하며 내사 서울이 그리워/ 고향과는 딴 방향으로 흔들려 간다"

71 「조선아동회취지서」, 『아동』 창간호, 조선아동출판국, 1946. 4., 내표지.

그림 11 『아동』 창간호

그림 12 『새싹』 3호

을 1권(1946. 4.)부터 7권(1948. 4.)까지 발간하여 대구 지역 아동문학 공간 형성에 크게 이바지하였다. 동시에 박영종의 『동시집』(1946. 6.)과 연희전문 문과를 졸업하고 당시 신명여중에 근무하던 황윤섭의 『규포시집(葵圃詩集)』(1947. 9.)을 출판하기도 했다. 『아동』의 판권란을 보면 대표자는 이영식(李永植), 이원식(李元植), 김상신 등으로 자주 바뀌었으나 주간은 주로 박영종(朴泳鐘)이 맡았다. 『아동』의 경우 이 당시 '아동문학의 장 안에서 안정된 상징 자본'[72]을 갖고 있던 박영종(목월)과 윤복진이 참여함으로써 조선아동회나 『아동』의 위상을 드높였다. 특히 『아동』은 통권 7권을 발행함으로써,『소학생』을 제외하고 대부분 1, 2권으로 단명하던 서울 지역의 아동잡지에 비해서도 내용 면이나 형식 면에서 크게 뒤질 것이 없었다. 이런 사실로 미루어 볼 때 조선아동회는 대구 지역의 아동문학 공간을 활성화시키는

72 선안나, 「문단형성기 아동문학 장과 반공주의」, 『반공주의와 한국문학의 근대적 동학 I』, 한울, 2008, 129쪽.

데 중요한 역할을 수행하였던 것이다.

한편 1946년 12월 조선아동회가 결성되고 1946년 4월 『아동』이 나오기 전 그 사이인 1946년 1월 10일 새싹사에서 『새싹』 창간호가 나왔다. 새싹사는 최해태(崔海泰)가 중심이 된 잡지로 통권 17호까지 발간되었다. 『새싹』은 『아동』과 달리 '초등교육'[73]에 깊은 관심을 가진 최해태가 '아동교육'을 주 목적으로 발간한 아동문학 매체임을 알 수 있다. 『새싹』의 필진 중 이응창, 윤복진, 김진태, 김홍섭, 박영종, 이호우, 황윤섭, 김신일, 김성도, 윤백 등은 『아동』의 필진과 중복된다. 대구 지역에서 『아동』과 『새싹』이란 두 아동문학 매체가 동시에 발간, 경쟁함으로써 필진 중복은 피할 수 없는 일이었다. 『새싹』의 경우는 『아동』보다 교육계 인사가 주로 참가하고 아동계몽적인 내용을 담고자 하였던 것이 특징이라면 특징이랄 수 있다.

해방기 대구는 박영종, 윤복진은 물론이고, 서울 중심 아동문학 매체에 못지않은 『아동』과 『새싹』을 탄생시킴으로써 한국 아동문학의 형성에 크게 기여하였다고 할 수 있다. 이들 매체는 서울처럼 좌·우익의 정치적 혼란에 크게 휩쓸리지 않고 지역 아동문학 공간의 확보와 아동계몽에 노력한 점이 돋보인다고 할 수 있다. 이처럼 죽순시인구락부나 조선아동회, 또 일부 뜻있는 인사들에 의해 발간된 잡지 등은 대구 지역 근대문학 형성의 문화적 풍토를 진작시키는 계기가 되었다.

해방이 가져온 문자보급의 열기와 새로운 근대지식을 배우려는 욕구는 교과서나 교재류 책자의 발간으로 나타났다. 실제 대구 지

73 「창간사」, 『새싹』 창간호, 새싹사, 1946. 1., 2~3쪽 참고.

역에서 교재류 책자의 발간이 성행했음을 쉽게 확인할 수 있다. 반면 대구 지역 문학출판 시장의 경우 시집 출판의 열기가 소설집이나 수필집에 비해 상당히 높았음을 알 수 있다. 이러한 성향은 한국전쟁 이후 대구문학이 소설보다는 시 중심의 문학 판도를 형성하는 한 요인이 되었다. 이는 이상화, 백기만, 이장희 등의 시적 전통과 해방기 죽순시인구락부와 조선아동회 등의 영향 때문이라고 할 수 있다. 해방 직후 발간된 창작시집으로는 박영종의 『동시집』(조선아동회, 1946. 6.), 이설주의 『들국화』(대구민고사, 1946. 10.), 황윤섭의 『규포시집』(조선아동회, 1947. 9.), 이원희의 『옛터에 다시 오니』(평화도서주식회사, 1948. 1.), 윤계현·박목월·황규포·김성도의 『청과집(靑顆集)』(동화사, 1948. 1.), 신동집의 『대낮』(교문사, 1948. 8.), 이설주의 『방랑기』(계몽사서점, 1948. 9.), 윤주영의 『상형문자』(철야당서점, 1948. 11.), 이원희 편, 『학생시원 — 경북남녀중학학생시집 제1집』(경북중학교 문예부, 1948. 11.), 이원희 편, 『학생시원 — 경북남녀중학학생시집 제2집』(경북중학교 문예부, 1949. 6.), 전상열의 『피리소리』(철야당서점, 1950. 4.) 등이 있다. 이 중 『학생시원』 1·2집은 성인 시인이 아닌 대구·경북 지역 각급 학교 문예부 학생들의 작품을 모은 시집이라는 점에서 주목을 요한다. 『학생시원』이나 경북중학교 문예부 작품집인 『새벽』 1·2집,[74] 황윤섭이 중심이 되어 펴낸 신명여자중학교 학우회문예부의 『동산』 1·2집[75] 등은 이 당시 대구 지역 학생들의 문예에 대한 열망을 보여 준다.

74 『학생시원』 1 · 2집과 『새벽』 1 · 2집은 박용찬, 「해방기 대구 · 경북 지역 문학 매체와 학생시단의 위상」, 『국어교육연구』 47(국어교육학회, 2010. 8.) 참고.

75 박용찬, 「규포 황윤섭론 — 기독교적 시정신과 아동 · 학생문단의 진작」, 『국어교육연구』 58(국어교육학회, 2015. 6.) 참고.

5. 1950년대: 전선매체들과 지역의 출판사들

해방 직후 진작되기 시작한 대구의 출판문화는 한국전쟁을 기점으로 큰 전환을 이루게 된다. 한국전쟁은 서울 중심의 문화를 대구, 부산으로 이동시키는 계기가 되었다. 대구와 부산은 한국전쟁 중 낙동강 방어선의 구심점이 되면서 정치, 경제, 문화의 중심지로 부상하였다. 특히 대구는 육군·공군 본부가 자리 잡으면서 군 관련 출판 매체가 다른 어느 지역보다 많이 생산된 지역이다. 『전선문학』, 『전선시첩』, 『전시문학독본』, 『창궁』 같은 전시 매체들이 대구에서 발간되었다. 이러한 전시 매체들은 대구가 한국전쟁이란 특수 국면 속에서 전시담론을 주도해 간 장소였음을 보여 준다. 동시에 '피난문단'과 지역문단이 뒤섞이면서 중앙문단과 대등한 역할을 수행하던 장소였다는 것도 보여 준다. 문학 장의 형성에는 정치, 경제, 문화의 제 요소가 관여하기 마련이다. 1950년대는 특히 한국전쟁이 대구 문학 장의 형성에 미친 영향이 결정적이었다고 할 수 있다. 한국전쟁 종전 직전 대구에서 출판된 『1954년판 한국연감』에 실린 출판 관계 증언을 잠깐 보도록 하자.

> 사변이 1년이 경과한 후부터 수도 서울의 출판사는 거개 간판을 부산과 대구를 중심으로 해서 걸게 되었다. 그들의 대부분이 불의의 남하로 겨우 간판만 내어걸었을 뿐 약 1년간은 속수무책이었던 것도 사실이었다. 그러다 점차 인쇄시설의 이전과 더불어 사변 2년째에는 벌써 서울에서의 출판능률에는 못 따라간다 할지나 피난살이로서는 의외의 호경기를 보인 적이 있었고 특히 군관계의 수요가 격증(激增)함에 이에 따르는 출

> 판성적은 대성황을 이룬 것도 사실이었다. … 경북지방을 예로 들면 피난 출판사가 적지 않았지만 지방에서 소규모로 운영하던 출판사까지 중앙의 출판사와 어깨를 겨눌 만큼 출판성적에 있어 종전에 보지 못하던 기록을 보인 적도 있은 것이 출판물로 여실히 드러나고 있으니 출판계도 일진일퇴의 고삽(苦澁)을 맛보면서도 점차 활기를 띄우게 된 것을 신규로 탄생하는 출판사의 간판이 나날이 늘어가고 출판물의 등록이 증가됨으로써 알 수 있는 것이다.[76]

이 글에서 지적하고 있다시피 한국전쟁 동안 대구의 출판사들은 서울의 출판사들과 어깨를 겨룰 만큼 성장하였다. 특히 한국전쟁 초기에는 서울에서 온 피난 출판사와 지역의 신생 출판사들이 서로 경쟁하고 있었다. 한국전쟁을 전후하여 계몽사, 철야당, 청구출판사, 현암사, 영웅출판사, 문성당, 동서문화사, 문화당 등이 출판업에 뛰어들었다. 이 중 현암사(조상원), 계몽사(김원대), 동아출판사(김상문), 학원사(김익달) 등은 대구에서 출발하여 나중 서울로 그 근거지를 옮기면서 한국의 대표적인 출판사로 성장하였다.[77] 한국전쟁이란 큰 재난하에서 유독 많은 신생 출판사가 대구 지역에 집중된 것은 전쟁 수행의 중심지로서 대구가 가진 이점 때문이었다.

한국전쟁으로 인해 많은 매체의 폐간과 변화가 있었고, 새로운 매체의 탄생이 시작되었다. 인적·물적 상황의 악화 속에서 한정된

76 『1954년판 한국연감』, 영남일보사, 1953, 255~256쪽.

77 해방과 한국전쟁 전후 대구의 출판계 상황에 관해서는 「8 · 15 직후의 대구출판계①②」(현암사의 조상원 회장, 계몽사의 김원대 회장과의 대담 내용)를 통해 일부 짐작해 볼 수 있다. 이경훈, 『속 · 책은 만인의 것』, 보성사, 1993, 316~332쪽.

독자를 확보하기 위해서는 무엇보다 매체를 기획하고 유통하는 전략이 필요하였다. 성인 또는 학생 독자를 대상으로 한 대중잡지인 『신태양』과 『학원』이 등장한 것도 이러한 것과 관련이 깊다. 『신태양』이나 『학원』 같은 대중지들은 주로 개인 출판사의 상업적 전략을 바탕으로 편집방침을 독자의 흥미나 취향에 맞추고 있었다. 『신태양』은 황준성이 발행인으로 1952년 8월 대구에서 대중지로 출발하였으나 나중 종합지로 전환하면서 1961년 6월까지 계속되었다. 『학원』은 '교양'과 '취미'를 내세운 '중학생 종합잡지'로 출발하였다. 대구시 삼덕동에 임시 본사를 둔 대양출판사에서 1952년 11월 창간호를 발간하였다. 『학원』은 이후 연재물, 만화, 기자들의 탐방기사, 학생문예란 등의 비중을 높이면서 중고생 잡지로 그 영역을 넓혀 나갔다. 『학원』지의 독자문예란은 나중 '학원문학상' 같은 현상공모를 통해 전국 중고등학생들의 문예열의 창구로 기능하였다. '학원문학상'은 청소년 독자들의 문학에 대한 관심을 제고시켰으며, 문단이란 제도에 청소년 독자들이 진입할 수 있는 통로가 되었다. 『소년세계』 또한 1952년 7월 대구에서 창간된 아동문학잡지이다. 『소년세계』는 대구에 피난 와 대한단식인쇄주식회사와 고려서적주식회사를 경영하던 오창근이 만든 아동잡지이다. 『소년세계』의 편집인은 오창근, 김원룡, 이원수, 최계락, 정영희 등이었고, 편집고문은 김소운이었다. 해방 직후 『아동』, 『새싹』 등을 통해 아동문학의 싹을 마련했던 대구의 아동문학은 전쟁기 『소년세계』를 통해 본격적인 아동문학 공간을 확장할 수 있었다.

한편 국방부, 육군본부, 공군본부 등에서 발간된 정훈매체들은 전후방 군인들과 지식인 독자를 대상으로 국가주의 담론을 유포하고 있었다. 국방부 기관지 『국방』[78] 이외, 『전선문학』, 『사병문고』, 『공군순보』, 『코메트』, 『전선시첩』 등이 대구에서 나온 정훈 관계 출판물들로 그러한 역할을 담당했다. 이들 매체에 참가한 작가들은 주로 육군종군작가단과 공군의 창공구락부에 관여하고 있었다. 1951년 5월 26일 대구에서 육군본부 정훈감 박영준(朴英俊) 대령의 협력하에 결성된 종군작가단(육군)은 최상덕, 김송, 최태응, 이덕진, 박영준(朴英濬) 등이 주도하였는데, 이후 김팔봉, 구상, 정비석 등이 가담하였다. 주로 "대구에 피난했던 문필가만을 중심으로 하여 조직"[79]된 육군종군작가단이었지만 일선종군, 종군보고 강연회, 문학의 밤 개최, 기관지 『전선문학』 발간(7호), 문인극 상연 등 다양한 활동을 하였다. 창공구락부(공군)에는 1951년 3월 9일 공군본부 정훈감인 김기완(金基完) 대령의 주도하에 마해송, 조지훈, 최인욱, 박두진, 박목월, 이상로, 이한직, 곽하신, 유주현, 최정희, 방기환, 박훈산 등이 참가하였다. 여기서 기관지 『창공』, 공군기관지 『공군순보』(후에 『코메트』로 개제) 등이 발간되었다. 이 외에도 공군본부정훈감실에서 공군문고로 시집 『창궁』(1952), 소설집 『훈장』(1952), 수필류 『날개의 성지』(1954) 등을 출판하기도 하였다.

『전선문학』은 육군 종군작가단의 기관지로 창간호(대건인쇄소, 1952. 4. 10.)부터 종간호인 7호(1953. 12. 1.)까지 대구시 계산동 2가 70번지인 육군본부 정훈감실 내 육군종군작가단이 발행하였다.

78 국방부 기관지인 『국방』은 1949년 1월 창간되었으나 1950년 12월 대구에서 나올 때는 재창간되어 속간 1호로 시작되었다. 『국방』 13호(1952. 5.)부터는 대구에서 부산으로 옮겨 출판하였다. 『국방』의 출판 환경과 그것에 실린 문학작품의 모습에 대해서는 박태일, 「국방부 정훈 매체 『국방』의 문예면 연구」, 『어문론총』 55, 한국문학언어학회, 2011, 255~256쪽 참고.

79 국방부, 『정훈대계』 1, 청구출판사, 1956, B238쪽.

『전선문학』은 일반독자 대상의 영리 목적 잡지가 아니라 군인과 전시 문화인을 대상으로 한 잡지이다. 그러므로 군인들이 이 잡지를 읽고 승전의욕을 고취할 수 있어야 하는 것은 자명한 사실이다. 육군종군작가단은 “원래 시국에 호응한 문학운동과 위기에 봉착한 조국의 건국을 목적으로”[80] 1951년 5월 26일 결성되었다. 그 기관지인 『전선문학』은 “일선 장병의 사기를 헌앙(軒昂)케 하고 총후국민의 전의를 앙양(昂揚)케 하는 특수임무”[81]를 수행하기 위해 만들어진 것이다. 그렇다면 『전선문학』은 “이제 우리들이 가지고 싸우려는 ‘펜’은 그야말로 수류탄이며 야포며 화염방사기며 원자수소의 신무기가 되어야 할 것”[82]이라는 육군종군작가단장 최독견(최상덕)의 말마따나 전쟁에 승리하기 위한 호국적 성격을 띤 군기관지에 가깝다 할 것이다. 그러나 『전선문학』이 종군작가단의 기관지이자 전시 문화인 전체에게 제공된 문학지의 성격을 가졌기에 편집자의 고민이 컸던 것으로 판단된다. 이상로의 「군잡지 편집자의 변」(『전선문학』 창간호)은 실무적 차원의 어려움 외에도 이러한 고민의 측면을 잘 보여 주고 있다. 종군작가들에 의해 많은 작품이 생산되었지만 종군작가단 내에서도 줄곧 ‘형상성’ 및 ‘예술성’의 문제가 제기되었고, 전쟁소재가 곧 예술이 되는 ‘참호예술’[83]이 진정한 전쟁문학이 아님을 편집진들은 인식하고 있었다. 『전선문학』도 전쟁을 소재로 한 많은 시와 소설을 실었지만 이호우의 「깃발」(『전선문학』 창간호)이나 박영준의 「용초도 근해」(『전선문학』 7호)를 제외하고는 크게 문제작을 산출

80 「작가단 결성과 사업」, 『전선문학』 창간호, 육군본부종군작가단, 1952. 4., 39쪽.
81 최독견, 「창간사」, 『전선문학』 창간호, 육군본부종군작가단, 1952. 4., 9쪽.
82 최독견, 위의 글(1952).
83 구상, 「종군작가단 2년」, 『전선문학』 제5호, 육군종군작가단, 1953. 5., 59쪽.

그림 13 『전선문학』 2집

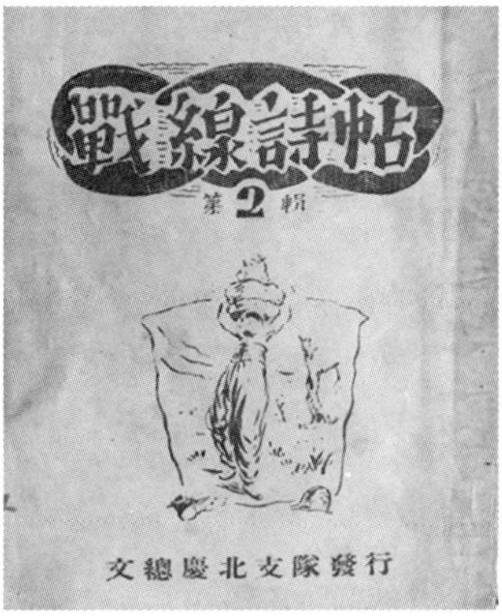

그림 14 『전선시첩』 2집

하지는 못하였다. 위기에 빠진 국가적 재난을 극복하기 위해 정신무장이 필요하고, 이러한 정신무장을 하기 위해서는 문학이 전쟁수행의 무기가 되어야 한다는 것이 『전선문학』 발간 주체들의 주된 시각이었다.

한국전쟁 기간 대구에서 나온 위의 시집 중 전쟁을 직접적 제재로 삼고 있는 것은 『전선시첩』과 『풍랑』이 있다.

『전선시첩』 1집은 뒷표지의 문총구국대 편집, 국방부 정훈국이란 표기 이외에는 어떠한 표시도 없다. 책 전체가 장정도 없이 갱지로 되어 있어 전쟁이란 급박한 시국 속에서 긴급히 호명된 매체의 얼굴을 잘 보여 주고 있다. 『전선시첩』 1집의 정확한 발간날짜를 알 수 없지만 『전선시첩』 2집이 1951년 1월 20일임을 감안할 때 전쟁이 한창이던 1950년 가을쯤 발간되었을 것으로 추정된다. 『전선시첩』 1집의 필진은 서정주, 조지훈, 박목월, 구상, 김기완, 이효상, 이호우, 이윤수, 김윤성, 박화목 등인데, 이 중 서정주를 제외하면 『죽순』의 중심인물이거나 피난 시인들이다. 그런데 『전선시첩』 2집에 오면 대구·경북의 지역 시인들로 완전 교체된다. 『전선시첩』 2집은 구성원으로만 볼 때 『죽순』의 전시판 형식이라고 불러도 될 정도였다. 편집인 또한 『죽순』의 실무를 맡았던 이윤수가 「편집후기」를 썼고, 판권란에 편집인으로 되어 있음이 이를 증명한다. 『전선시첩』 2집은 1집(국방부 정훈국)과 달리 발행인이 문총 경북지대이며, 서문 또한 국방부 정훈국장인 이선근이 아닌 문총구국대 경북지대장인 이효상이 쓰고 있다. 1집이 서정주, 조지훈, 박목월, 구상 등이 가지고 있는 문학판 내에서의 상징 권력을 이용했다면, 2집은 『죽순』을 중심으로 한 대구 지역 시인들(이효상, 이용상, 김사엽, 신동집, 김진태, 박양균, 김동사, 이윤수, 최광렬, 나운경, 윤근필, 심재원)의 종군시첩이라 할 수 있다.

『풍랑』(문성당, 1951)은 모윤숙의 한국전쟁기 시집으로 '수난 편', '전쟁 편', '서정 편' 3부로 이루어져 있지만 이 시집의 중심은 수난 편과 전쟁 편으로 대부분 한국전쟁을 겪은 시인의 직접적 체험과 감정을 드러내는 데 치중되어 있다. 『풍랑』은 인공 치하 3개월 동안 느낀 시인의 적에 대한 노골적인 적개심과 국가주의 이념이 충일한 시집이다. "이 책을 조국을 위해 희생된 애국자와 국군 장병의 영전에 삼가 바치나이다."[84]라는 헌사는 한국전쟁을 '풍랑'으로 인식하는 작가의 현실관을 잘 보여 주고 있다.

『전시문학독본』(김송 편, 계몽사, 1951)은 시, 소설, 수필, 평론 등 전 장르에 걸친 전쟁문학의 성과를 모은 것이다. 여기에 실린 31명의 필자들 중에는 전쟁기 대구에서 활동한 작가들도 있지만 아닌 작가

84 모윤숙, 『풍랑』, 문성당, 1951, 내제지 뒷면.

도 있었다. 그만큼 독본이란 이름에 걸맞게 전쟁문학의 전 부문을 망라할 수 있는 작품집이라 할 수 있다. 이 독본이 한국전쟁 발발 9개월 만에 성급히 만들어질 만큼 전시의 정신무장이 긴박했음을 보여 준다. "중등 이상 학도들의 교재에 빈곤을 받고 있는 이 시기에 이 책의 역할은 적지 않을 것으로 믿는다."[85]라는 김송(金松)의 발언으로 미루어 볼 때, 『전시문학독본』은 사상전으로 치닫고 있는 한국전쟁 후반기, 사상전 승리의 중요 학습 교재로 기획되었던 것이다.

한편 전쟁 수행의 중심지인 대구에서 발간된 각종 출판 매체들이 반드시 전쟁의 이념을 담고 있은 것만은 아니다. 전쟁을 소재로 한 작품 이외에도 다양한 책자들이 대구 지역에서 발간되었다. 『중국유기』(청구출판사, 1950)나 『사변과 우리의 각오』(경상북도경찰국 공보실, 1953)는 문학과 큰 관련이 없지만 이상정 장군의 유고인 『중국유기』의 경우 『금성』 동인이었던 백기만이 편집했다는 점, 그리고 독립운동가 이상정 장군이 이상화의 형이라는 점, 『사변과 우리의 각오』는 전쟁에 처한 우리 국민의 정신자세를 다루고 있는 점에서 주목을 요한다. 방인근의 『복수』(문성당, 1951)는 대중 독자를 대상으로 한 탐정소설이고 최정희의 『사랑의 이력』(계몽사, 1952)은 김환기가 장정한 수필집으로, 이 중 「전진(戰塵) 속에서」와 「최근 수첩에서」 난에 실린 수필은 피난기 대구에서의 생활과 단상을 엮은 것이다.

휴전(休戰)이 되면서 많은 문인들의 서울 귀환과 더불어 대구의 문학 공간은 한국전쟁의 열기에서 차츰 벗어나게 된다. 그러나 전쟁이 휩쓸고 간 1950년대 후반의 대구 지역 문단이 침체 일로에만 있

85 김송, 「후기」, 『전시문학독본』, 계몽사, 1951, 180쪽.

었던 것은 아니다. 지속적으로 발간된 여러 출판 매체들은 전시담론 중심의 문학 공간을 재편하고 새로운 문학담론을 탄생시켜 나갔던 것이다. 휴전 이후에도 대구 지역에서는 잡지, 시집, 소설집, 수필집 등이 지속적으로 발간되었다. 1950년대 대구의 출판사를 중심으로 문학 매체의 발간 현황과 그 특성을 개괄적으로 정리해 보면 다음과 같다.

청구출판사는 1949년 이형우(李亨雨)가 설립[86]하였는데 한국전쟁 중에는 『조국의 노래』, 『시집 구상』, 『상화와 고월』, 『호롱』 등을, 한국전쟁 후에는 『귀환』, 『초토의 시』 등을 발간하였다. 청구출판사는 대구시 동성로 3가 12번지에 주소를 두면서 한국전쟁 중 이런 문학서적 말고도 군사서적을 다량으로 출판하였다. 『전선문학』 6호에 실린 청구출판사의 「군사서적 안내」 광고를 보면 78권이나 되는 군 관계 서적을 간행하였음이 확인된다.[87]

문성당은 계몽사 회장 김원대의 회고에 의하면 "대구의 합진인쇄소가 사조사라는 출판사를 차렸고, 6.25 직전 문성당이란 서점을 내"[88]었다고 한다. 문성당은 계몽사와 더불어 시내의 큰 서점으로 출발했지만 많은 문학 관련 서적을 출판하였다. 1951년 4월 30일 발간된 모윤숙의 시집 『풍랑』의 판권을 보면, 발행자는 주인용(朱仁龍)이고 대구시 용덕동 8번지에 그 주소를 두고 있었다. 인쇄소가 합진인쇄소인 것을 보면 김원대의 회고와 일치함을 알 수 있다. 문성당은 한국전쟁 직후인 1954년에 『1953년 연간시집』, 『1954

86 대구 · 경북인쇄조합45년사 편집위원회, 『대구 · 경북인쇄조합45년사 — 대구 · 경북 근대인쇄 100년』, 대구 · 경북인쇄정보산업협동조합, 2006, 109쪽.

87 「군사서적안내」, 『전선문학』 6호, 1953, 101쪽.

88 「8 · 15 직후 대구 출판계② — 계몽사 편」, 이경훈, 『속 · 책은 만인의 것』, 보성사, 1993, 331쪽.

년 연간시집』을 연이어 발행하고, 『현대시인선집』(상·하)를 기획하여 한국시단의 성과와 현재의 모습을 정리하였다. 그런데 『현대시인선집』(상·하)의 겉표지를 보면 '서울 문성당 발행'이란 표기가 있어 흥미롭다. 문성당이 실제 『현대시인선집』을 서울에서 발행하였는지는 분명하지 않다. 출판의 전후 사정을 고려해 볼 때 서울문성당이란 표기는 전국적인 판매 부수를 확보하기 위해 합진인쇄소의 주인용이 출판사를 서울에 하나 더 등록한 이름뿐인 출판사임을 알 수 있다. 이후 문성당은 유치환의 『청마시집』(1954), 김요섭의 『체중』(1954), 이설주의 『순이의 가족』(1954), 『수난의 장』(1956), 『애무의 장』(1956), 『거화』(1957), 『방랑기』(1957) 등을 출판하기도 하였다. 백기만 편의 『씨뿌린 사람들』 역시 주인용의 사조사에서 펴낸 '경북작고예술가평전'이다.

영웅출판사는 한병용(韓秉庸)이 사장으로 1951년 7월 2일 김소운의 『목근통신』을 펴내 크게 주목을 받았다. '일본에 보내는 편지'란 부제를 단 『목근통신』은 표지 조병덕, 비화(扉畫) 김환기 장정의 9×16.5㎝의 조그만 책자였다. 이 책은 원래 부산의 「대한신문」에 3월 21일부터 30일까지 10회에 걸쳐 연재되었던 것을 일부 증보하여 대구의 영웅출판사가 출간한 것이다. 영웅출판사는 대구시 북성로에 자리잡으면서 『목근통신』을 시작으로 박두진의 『오도』(1953. 7. 30.) 등 문학관계 서적 출판에 앞장섰다. 『오도』의 경우 박두진의 「자서」에 의하면 4편을 제외한 19편의 시들 "전부가 이번 대구로 피난 와 있는 약 2년 동안에 쓴 것들"[89]이라고 한다. 이후 영웅출판사는

89 박두진, 「자서」, 『오도』, 영웅출판사, 1953, 9쪽.

서울시 종로구 통의동으로 주소를 옮겨[90] 신동집의 『서정의 유형』(1954. 10. 10.), 이호우의 『이호우시조집』(1955. 6. 20.) 유치환의 『생명의 서』(1955. 11. 15. 재판), 박목월의 『산도화』(1955. 12. 20. 인쇄는 청구출판사), 박양균의 『빙하』(1956. 12. 15.) 등을 발간하였다. 영웅출판사는 대구와 관련 있는 작가의 작품집을 주로 내었는데, 장정 또한 대구 출신인 정점식, 변종하, 강우문 화백이 주로 담당하였다. 광고에 의하면 박훈산의 『노정(路程)』을 간행한다고 했으나 실제 박훈산의 『노정』은 발간되지 않은 것으로 보이며,[91] 현대시집 이외에도 앙드레 지드 선집, 헤르만 헤세 선집 같은 번역문학에도 관여하는 등[92] 출판의 다각화를 꾀하면서 대구 지역의 문학 공간 진작에 큰 영향을 끼쳤다.

한편 대구가톨릭청년연합회가 대구교구와 합자하여 대구시 남산동에 세운 대건출판사는 한국전쟁 당시 공군인쇄소로 징발되기도 하였지만 이효상의 2시집 『바다』와 3시집 『인생』을 간행하기도 하였다. 이은상의 『조국강산』(1954)은 서울의 민족문화사에서 발행하였지만 대구시 칠성동에 있던 공군인쇄소에서 인쇄한 것이 이채롭다.

동서문화사는 『청조다이제스트』 1호의 뒷표지 앞면 광고에 의하면 대구시 봉산동에 자리 잡고 있었으며 대표는 박근희(朴根熙)였다. 동서문화사는 한국전쟁기에 김순기의 시집 『용사의 무덤』과 『이등병』을, 한국전쟁 직후에 황윤섭의 『규포시초』, 윤혜승의 『애가』, 홍성문

90 『1963년 한국출판연감』에 의하면 1963년경 서울의 출판사로 영웅출판사나 문성당이란 이름은 보이지 않는다. 한병용이 사장인 영웅출판사와 주인용이 사장인 사조사는 대구 지역의 출판사로 등록되어 있다. 대한출판문화협회, 『1963 한국출판연감』, 대한출판문화협회, 1963, 834쪽.

91 박훈산은 그의 첫 시집 『날이 갈수록』을 영웅출판사가 아닌 1958년 12월 15일 철야당(대표 신삼수)에서 발간하였다.

92 『문학계』(1958)의 표지 뒷면의 영웅출판사의 「양서안내」 광고 참고.

그림 15 『예술집단』 창간호

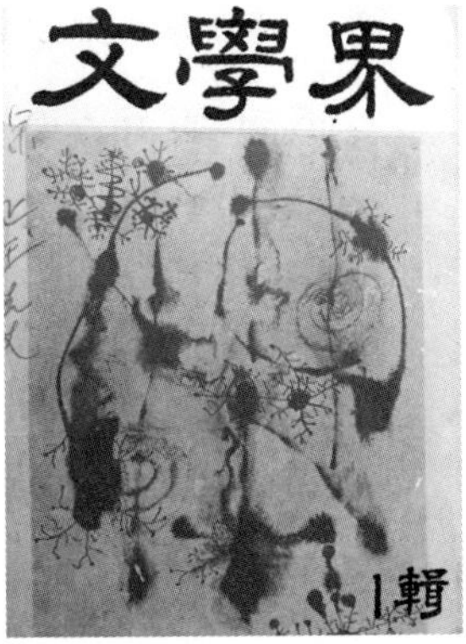

그림 16 『문학계』 창간호

의 『꽃과 철조망』, 여영택의 『담향』, 홍영의의 『인생춘추』 등을 내었다.

전쟁이 끝난 후 많은 문인들이 서울로 돌아간 자리에서 대구 지역의 문학적 전통을 이어 가고 있었던 것은 출판 매체들이었다. 이러한 노력들은 잡지 발간으로 이어졌는데 『예술집단』, 『시와비평』, 『문학계』 등으로 나타났다. 최해운이 기획한 『예술집단』(1955)은 문학, 미술, 음악, 연극, 영화 등 예술의 전 분야를 망라한 잡지를 표방하였으나, 창간호는 주로 문학을 주 특집으로 하고 있었다. 『예술집단』은 "전통파와 전위파의 상극대립하는 예술관을 지양하고 올바른 모더니즘을 발견함으로써 진정한 현대의 좌표를 확정하여 예술의 정통을 찾고 한발 더 나아가서는 세계예술과의 교류를 기하고저"[93] 한다는 의욕을 내보이고 있으나 이 지역 대부분의 문인들이 참여한 관계로 뚜렷한 경향을 내보이지는 못하였다. 이 중 이규헌

93 「편집후기」, 『예술집단』 창간 제1집, 현대출판사, 1955, 159쪽.

의 소설 「포(泡)」는 백철에 의해 실존주의 문학 작품이란 상찬을 받으면서 문단의 주목을 받았다. 백기만이 편집인으로 되어 있는 『문학계』(1958)는 지역 잡지로서의 특색을 더욱 분명히 보여 준다. "문학마저 중앙집권제로 쏠린다면 그러한 통폐를 지양하기 위하여 마땅히 지방은 지방대로의 새로운 개화가 있어야 할 것"[94]이라는 편집후기는 『문학계』의 지향을 잘 나타내 보여 준다. 『문학계』는 편집인도 백기만이고, 편집후기란에 '경북문학협회행사 초'를 싣는 등 경북문화협회의 기관지라 할 수 있는 잡지이다.

한편 1962년 출판사 등록을 한 대구의 향민사(鄕民社)는 고전소설 딱지본을 간행하여 차츰 쇠퇴해 가고 있던 고전소설 독서시장의 일익을 담당하였다. 일제강점기와 1950년대 초까지만 하더라도 박문서관, 세창서관 등 서울의 출판사들이 딱지본 발행의 주역이었으나 1960년대의 경우 향민사가 그 역할을 이어받았다. 향민사는 대구·경북 지역의 장터에 팔리는 딱지본 고소설을 유통시키는 한편, 서울 등에 판매소를 두고 활자본 고소설을 활발하게 공급하였다. 1962년에서 1978년까지 향민사는 구소설 독자를 겨냥한 딱지본 발간에 상당히 적극적이었는데, "41종 57회 발행"[95]된 것으로 확인된다. 향민사는 지역의 재전당서포가 해낸 딱지본 출판의 전통을 이어받아 쇠락해 가던 딱지본을 부활·유통시킨 공(功)을 남겼다.

94 「편집후기」, 『문학계』, 영웅출판사, 1958, 205쪽.

95 박태일, 「대구 지역과 딱지본 출판의 전통」, 『현대문학이론연구』 66, 2016, 177쪽.

7. 맺음말

한 나라의 문화는 그 나라의 지역문화들이 모여 형성된다. 최근 들어 지역학이나 지역의 정체성에 대한 관심이 고조되는 것도 이러한 근본에 대한 인식에서부터 시작된다고 할 수 있다. 학문의 글로벌화 못지않게 지역학의 정체성을 확보하는 것이 중요한 것도 이 때문이다. 대구는 조선 후기 영영판(嶺營版)의 산지로 영남 지역 선비문화를 주도하던 정신적 거점이다. 경상감영을 중심으로 이루어진 영영판(嶺營版)이나 종중(宗中) 또는 사찰(寺刹)의 출판물은 근대계몽기부터 활발히 전개된 대구·경북 지역 출판문화의 원류라 할 수 있다. 이러한 지역적 배경은 근대에 접어들면서 서울을 제외한 다른 어느 지역보다 대구·경북 지역이 출판 매체를 많이 생산한 지역으로 자리 잡게 만들었다. 재전당서포로부터 향민사까지 이어져 내려온 대구·경북 지역의 근대출판은 때때로 계몽적 욕구와 마주치면서 출판문화 공간을 가치 있게 만들어 내기도 했다. 서책 출판과 연계된 대구·경북 지역의 출판문화 전통은 대구·경북 지역 근·현대 출판의 원류로 작용한다고 할 수 있다.

참고문헌

김봉희, 『한국개화기 서적문화 연구』, 이화여자대학교출판부, 1999.

김창집, 『출판대감』, 조선출판문화협회, 1949.

대구·경북인쇄조합45년사 편집위원회, 『대구·경북인쇄조합45년사』, 대구·경북인쇄정보산업협동조합, 2006.

류준경, 「달판 방각본 연구」, 『한국문화』 35, 서울대 한국문화연구소, 2005.

류탁일, 「대구지방 간행 달판방각본에 대하여」, 『서지학연구』 3, 서지학회, 1988.

민족문학연구소 편역, 『근대계몽기의 학술·문예사상』, 소명출판, 2000.

박용찬, 「한국전쟁 전후 문학 매체의 현황과 성격 연구」, 『어문론총』 50, 한국문학언어학회, 2009.

박용찬, 「출판 매체를 통해 본 근대문학 공간의 형성과 대구」, 『어문론총』 55, 한국문학언어학회, 2011.

박용찬, 『한국현대시의 정전과 매체』, 소명출판, 2012.

박용찬, 「1950년대 대구의 문학 공간 형성과 출판 매체」, 『국어교육연구』 51, 국어교육학회, 2012. 8.

박용찬, 「근대계몽기 재전당서포와 광문사의 출판과 그 특징 연구」, 『영남학』 61, 경북대 영남문화연구원, 2017. 6.

박태일, 『한국 근대문학의 실증과 방법』, 소명출판, 2004.

박태일, 「'여명문예선집' 연구」, 『어문론총』 43, 한국문학언어학회, 2005. 12.

박태일, 「한국지역문학의 논리」, 청동거울, 2004.

박태일, 「대구 지역 딱지본 출판의 전통」, 『현대문학이론연구』 66, 현대문학이론학회, 2016.

영남대학교 인문과학연구소, 『대구근대문학예술사』, 대구직할시, 1991.

오영식, 『해방기 간행도서 총목록』, 소명출판, 2009.

윤장근, 『대구문단인물사』, 대구광역시립서부도서관, 2010.

이경훈, 『속·책은 만인의 것』, 보성사, 1993.

이재철, 『한국현대아동문학사』, 일지사, 1978.

이중연, 『책, 사슬에서 풀리다—해방기 책의 문화사』, 혜안, 2005.

조상원, 『책과 30년』, 현암사, 1974.

천혜봉, 『한국서지학』, 민음사, 1997.

최덕교, 『한국잡지백년』 1·2·3, 현암사, 2004.

최호석, 「대구 재전당서포의 출판활동 연구」, 『어문연구』 34-4, 2006.

황위주, 「일제강점기 문집 편찬과 대구·경북 지역의 상황」, 『대동한문학』 49, 대동한문학회, 2016. 12.